編著者簡介

吴國昇，湖南漣源人，漢語言文字學專業博士，中國文字學會理事，貴州師範大學文學院教授，“古文字與中華文明傳承發展工程”協同攻關創新平臺、鄭州大學漢字文明傳承傳播與教育研究中心外聘教授。主要從事汉字学和古漢語研究。主持國家級及省部級社科課題多項。

項目資助

本書爲“古文字與中華文明傳承發展工程”資助項目“春秋金文集釋、字詞全編及春秋戰國字詞關係對應圖譜”（項目號：G3208）階段性整理研究成果

本書由“古文字與中華文明傳承發展工程”協同攻關創新平臺、鄭州大學漢字文明傳承傳播與教育研究中心資助出版

春秋金文全編

第三册

吴國昇　編著

古文字與中華文明傳承發展工程

社會科學文獻出版社
SOCIAL SCIENCES ACADEMIC PRESS (CHINA)

筥

卷五	早期				
	中期	 簷叔之仲子平鐘　00174 簷(筥)叔  簷叔之仲子平鐘　00177 簷(莒)叔	 簷叔之仲子平鐘　00180 簷(筥)叔		
	晚期	 簷太史申鼎 02732 簷(莒)太史		 莒戈 sh812 ☐簷造戈  簷戟 mt16604 ☐簷(莒)☐戟	 楚王戈 ms1488 克簷(莒)
	時期／區域	莒			楚

簋

 秦公簋q mt04250 寶𣪘(簋)	 秦公簋g mt04251 寶𣪘(簋)	 秦公簋 xs1342 用𣪘(簋)	 秦公簋 mt04388 用𣪘(簋)	 秦公簋g mx0334 寶𣪘(簋)	 秦公簋g mx0335 寶𣪘(簋)
 秦公簋g mt04250 寶𣪘(簋)	 秦公簋 mt04251 寶𣪘(簋)	 秦公簋 mt04387 用𣪘(簋)	 秦公簋 mt04389 用𣪘(簋)	 秦公簋q mx0334 寶𣪘(簋)	 秦公簋q mx0335 寶𣪘(簋)
秦					

 秦公簋 ms0427 用毁(簋)	 内公簋蓋 03707 從㱃(簋)  内公簋蓋 03708 從㱃(簋)	 内公簋蓋 03709 從㱃(簋)  仲姜簋 eb403 尊毁(簋)	 芮公簋 eb391 旅毁(簋)  芮公簋g mx0350 旅毁(簋)	 芮公簋q mx0350 旅毁(簋)  仲姜簋q mt04534 尊毁(簋)	 仲姜簋g mt04532 尊毁(簋)  仲姜簋q mt04532 尊毁(簋)
秦	芮				

 仲姜簋g mt04533 尊𣪘(簋)	 仲姜簋g mt04535 尊𣪘(簋)	 仲姜簋q mt04534 尊𣪘(簋)	 芮公簋 ms0428 旅𣪘(簋)	 芮公簋g ms0429 旅𣪘(簋)	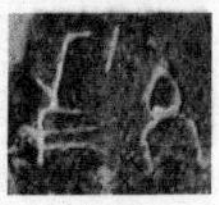 芮公簋g ms0430 旅𣪘(簋)
 仲姜簋q mt04533 尊𣪘(簋)	 仲姜簋q mt04535 尊𣪘(簋)	 仲姜簋g mt04532 尊𣪘(簋)		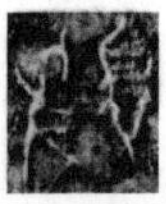 芮公簋 ms0429 旅𣪘(簋)	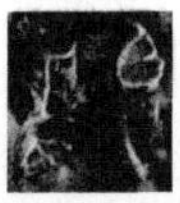 芮公簋q ms0430 旅𣪘(簋)

芮

 芮公簋g ms0431 旅段(簋) 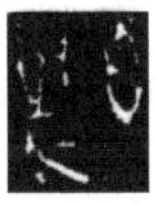 芮公簋q ms0431 旅段(簋)	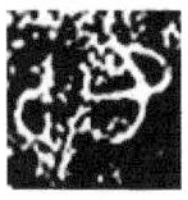 虢季段q xs16 寶段(簋)  虢季段q xs17 寶段(簋)	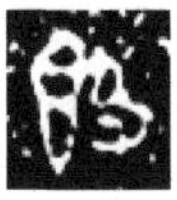 虢季段g xs18 寶段(簋)  虢季段q xs18 寶段(簋)	 虢季段 xs19 寶段(簋) 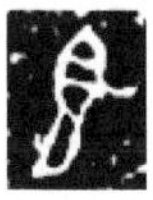 虢季段q xs20 旅段(簋)	 虢季段g xs20 旅段(簋)  虢季段q xs21 寶段(簋)	 虢季段g xs21 寶段(簋)  虢季氏子組簋 03971 作段(簋)
芮	虢				

 虢季氏子組簋 03972 作毁(簋)  虢季氏子組簋 03973 作毁(簋)	 晋侯簋g mt04712 作…毁(簋)  晋侯簋q mt04712 作…毁(簋)	 晋侯簋 ms0467 作…毁(簋)	 晋侯簋g mt04713 尊毁(簋)  晋侯簋q mt04713 作…毁(簋)	 仲考父盤 jk2020.4 毁(簋)兩	 燕太子簋 kw2021.3 行毁(簋)
虢	晋			黎	燕

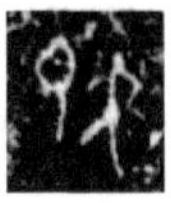 毛叔虎父簋g mx0424 尊𣪘(簋)  毛叔虎父簋q mx0424 尊𣪘(簋)	 毛叔虎父簋g hx2021.5 尊𣪘(簋) 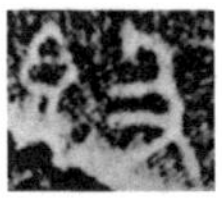 毛叔虎父簋q hx2021.5 尊𣪘(簋)	 穌公子𣪘 04014 尊𣪘(簋)  穌公子𣪘 04015 尊𣪘(簋)	 陳侯作嘉姬𣪘 03903 寶𣪘(簋)	 曹伯狄𣪘 04019 尊𣪘(簋)	 杞伯每亡𣪘 03897 寶𣪘(簋)  杞伯每亡𣪘 03898.1 寶𣪘(簋)
			 有兒簋 mt05166 𩰫𣪘(簋)		
毛		蘇	陳	曹	杞

 杞伯每亡段 03898.2 寶段(簋)	 杞伯每亡段 03899.2 寶段(簋)	 杞伯每亡段 03900 寶段(簋)	 杞伯每亡段 03902.2 寶段(簋)	 魯司徒仲齊盨 04440.1 𩟄盨段(簋)	 魯司徒仲齊盨 04441.1 𩟄盨段(簋)
 杞伯每亡段 03899.1 寶段(簋)	 杞伯每亡段 03901 寶段(簋)	 杞伯每亡段 03902.1 寶段(簋)	 杞伯每刃簋 mt04860 圂段(簋)	 魯司徒仲齊盨 04440.2 𩟄盨段(簋)	 魯司徒仲齊盨 04441.2 𩟄盨段(簋)
杞				魯	

 魯伯大父作季姬婧簋　03974 賸毁(簋)  魯伯大父作孟姜簋　03988 賸毁(簋)	 魯大宰邍父簋 03987 賸毁(簋)  魯伯大父作仲姬俞簋　03989 賸毁(簋)	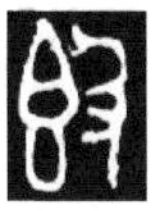 魯伯悆盨 04458.1 旅盨毁(簋)  魯伯悆盨 04458.2 旅盨毁(簋)	 禽簋 hx2022.2 寶毁(簋)	 鑄子叔黑臣簋 03944 寶毁(簋)	 滕侯穌盨 04428 旅毁(簋)  滕侯蘇盨 mt05620 旅毁(簋)
魯				鑄	滕

 郜譴簋 04040.1 寶𣪕(簋)  郜譴簋 04040.2 寶𣪕(簋)	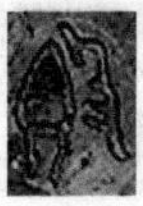 郜譴簋 mt05022 寶𣪕(簋)			 曩侯簋 xs1462 滕尊𣪕(簋)	 鄧公簋 03775 滕𣪕(簋)  鄧公簋 03776 滕𣪕(簋)
		 公豆 04654 公𩛥(簋)  公豆 04656 公𩛥(簋)	 公豆 04657 公𩛥(簋)		
		 𨛭侯少子簋 04152 祭器八𩛥(簋)			
郜		莒		曩	鄧

 鄧公簋 03858 旅𣪘(簋)  鄧公牧簋 03591 餴𣪘(簋)	 鄧公牧簋 03590.1 餴𣪘(簋) 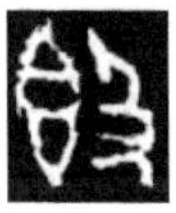 鄧公牧簋 03590.2 餴𣪘(簋)		 曾伯文簋 04051.1 寶𣪘(簋)  曾伯文簋 04051.2 寶𣪘(簋)	 曾伯文簋 04052.1 寶𣪘(簋)  曾伯文簋 04052.2 寶𣪘(簋)	 曾伯文簋 04053 寶𣪘(簋) 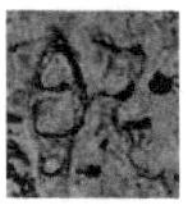 曾伯文簋 t05237 寶𣪘(簋)
		 唐侯制簋 ms0468 行𣪘(簋)	 湛之行簋甲 kx2021.1 行𣪘(簋)  湛之行簋乙 kx2021.1 行𣪘(簋)	 湛之行簋丙 kx2021.1 行𣪘(簋)  湛之行簋丁 kx2021.1 行𣪘(簋)	 湛作季嬴簋甲 kx2021.1 餴𣪘(簋)  湛作季嬴簋乙 kx2021.1 餴𣪘(簋)
鄧		唐	曾		

 曾仲大父蝨𣪘 04203 寶𣪘(簋)  曾仲大父蝨𣪘 04204.1 寶𣪘(簋)	 曾仲大父蝨𣪘 04204.2 寶𣪘(簋)	 曾太保嬦簋 mx0425 寶𣪘(簋)  曾伯克父簋 ms0509 寶簋	 鼄乎簋 04157.1 寶𣪘(簋)  鼄乎簋 04157.2 寶𣪘(簋)	 鼄乎簋 04158.1 寶𣪘(簋)  鼄乎簋 04158.2 寶𣪘(簋)	
 湛作季嬴簋丙 kx2021.1 餗𣪘(簋)  湛作季嬴簋丁 kx2021.1 餗𣪘(簋)	 加嬭簋 mx0375 行𣪘(簋)	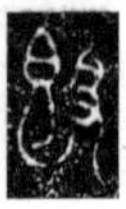 曾侯宝簋 mt04975 飤𣪘(簋)  曾侯宝簋 mt04976 飤𣪘(簋)	 曾仲臺簋 mt05029 薦㲉(簋)		
					 蔡侯䵼簋 03592.1 𩰫盤(簋)  蔡侯䵼簋 03592.2 𩰫盤(簋)
曾					蔡

					 上鄀公敄人簋蓋　04183 尊𣪘(簋)
 蔡侯𪓑簋 03593.1 齍盤(簋)  蔡侯𪓑簋 03594.1 齍盤(簋)	 蔡侯𪓑簋 03595.1 齍盤(簋)  蔡侯𪓑簋 03595.2 齍盤(簋)	 蔡侯𪓑簋 03597.1 齍盤(簋)  蔡侯𪓑簋 03597.2 齍盤(簋)	 蔡侯𪓑簋 03598.1 齍盤(簋)  蔡侯𪓑簋 03598.2 齍盤(簋)	 蔡侯𪓑簋 03599 齍盤(簋)	
蔡					CE

 鄂侯簋 ms0464 行𣪘(簋)  鄁公簋 04016 寶𣪘(簋)	 鄁公簋 04017.1 寶𣪘(簋)  鄁公簋 04017.2 寶𣪘(簋)				 彔簋蓋甲 mx0392 鬻𣪘(簋)  彔簋蓋乙 mx0393 鬻𣪘(簋)
		 復公仲簋蓋 04128 小尊媵𣪘(簋)	 卲王之諻簋 03634 薦𠪚(簋)  卲王之諻簋 03635 薦𠪚(簋)	 三兒簋 04245 寶𣪘(簋)	
CE		楚		徐	

簠

 朿仲荳父簋 mx0404 鬻毁(簋)  朿仲荳父簋蓋 03924 鬻毁(簋)	 卓林父簋蓋 04018 寶毁(簋)  叔皮父簋 04127 尊毁(簋)	 㑹仲之孫簋 04120 作囗伯聯保毁(簋)			
			 宋公圝鋪 mt06157 餴箭(鋪) 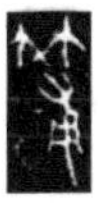 宋公圝鋪 mx0532 餴箭(鋪)	 魯大司徒厚氏元箭　04689 膳匩(鋪)	 魯大司徒厚氏元箭　04690.1 膳匩(鋪)  魯大司徒厚氏元箭　04690.2 膳匩(鋪)
			宋	魯	

	箴	笒	笱		笪
		 箬戈 10820 箬(笒)	 笱侯匜 10232 笱(荀)侯	 伯笱父鼎 02513 伯笱父	
 魯大司徒厚氏元箭　04691.1 膳匯(鋪)  魯大司徒厚氏元箭　04691.2 膳匯(鋪)	 邵子裁盤 xs1372 邵子𢧵(箴)				 叔夷鐘 00276.2 笪(桓)武靈公 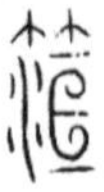 叔夷鐘 00276.2 笪(桓)武靈公
魯	CE		荀		齊

簫			篙	篣	籟
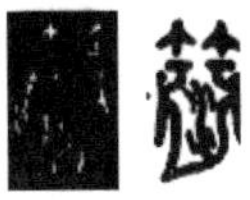 齊侯鎛 00271 簫簫(肅肅)義政  叔夷鐘 00272.2 簫(肅)成朕師旟之政德	 叔夷鐘 00278 簫簫(肅肅)義政  叔夷鐘 00280 簫簫(肅肅)義政	 叔夷鎛 00285.1 簫(肅)成朕師旟之政德  叔夷鎛 00285.8 簫簫(肅肅)義政			
			 𢯭篙鐘 00038.1 荆篙屈栾	 篣府戈 mt16656 篣府宅戈	 蔡侯䚄尊 06010 籟(類)文王母  蔡侯䚄盤 10171 籟(類)文王母
齊			楚	魯	蔡

籐	䈣	其			
		 秦子鎛 mt15771 以其三鎛  秦公鐘 00262 具即其服	 秦公鐘 00265 具即其服  秦公鎛 00267.2 具即其服	 秦公鎛 00268.2 具即其服  秦公鎛 00269.2 具即其服	 秦子簋蓋 eb423 保其宫外  秦子簋蓋 eb423 義(宜)其士女
		 盄和鐘 00270.2 其音肅肅雍雍孔煌			
 籐子戈 10898 籐(滕)子	 曾侯與鐘 mx1029 伯䈣(括)上嚻				
滕	曾	秦			

 内大子白簠蓋 04537 其萬年子子孫永用	 内太子白鼎 02496 其萬年子孫永用	 芮子仲㲋鼎 mt02125 𠀠(其)永寶用	 㭪仲𩰫鐪 mt14087 作其宗器尊甗	 虢季鐘 xs1 用與其邦	 虢季鐘 xs2 用義其家
 内大子白簠蓋 04538 其萬年子子孫永用	 内公鼎 00743 其子子孫孫永寶用	 太师小子白歒父鼎 ms0261 其萬[年]		 虢季鐘 xs1 用享追孝于其皇考	 虢季鐘 xs2 用與其邦
芮			AB	虢	

 虢季鐘 xs2 其音肅雍	 虢季鐘 xs3 用義其家	 虢季鐘 xs3 其音肅雍	 虢季鼎 xs9 𠀠(其)萬年子子孫孫…	 虢季鼎 xs11 𠀠(其)萬年子子孫孫…	 虢季鼎 xs13 𠀠(其)萬年子子孫孫…
 虢季鐘 xs2 用享追孝于其皇考	 虢季鐘 xs3 用與其邦	 虢季鐘 xs3 用享追孝于其皇考	 虢季鼎 xs10 𠀠(其)萬年子子孫孫…	 虢季鼎 xs12 其萬年子子孫孫…	 虢季鼎 xs14 𠀠(其)萬年子子孫孫…
虢					

 虢季鼎 xs15 𠀠(其)萬年子子孫孫…  虢季鬲 xs22 其萬年子子孫孫…	 虢季鬲 xs23 其萬年子子孫孫…  虢季鬲 xs24 其萬年子子孫孫…	 虢季鬲 xs25 其萬年子子孫孫…  虢季鬲 xs26 其萬年	 虢季鬲 xs27 其萬年子子孫孫…  虢仲簠 xs46 𠀠(其)萬年子子孫孫…	 國子碩父鬲 xs48 𠀠(其)萬年子子孫孫…  國子碩父鬲 xs49 𠀠(其)萬年子子孫孫…	 虢碩父簠g xs52 其萬年子子孫孫…  虢碩父簠q xs52 其萬年子子孫孫…

虢

 虢季氏子組簋 03971 其萬年無疆  虢季氏子組簋 03972 其萬年無疆	 虢季氏子組簋 03973 其萬年無疆  虢季氏子組壺 09655 永寶其用享	 虢季氏子組盤 ms1214 其萬年無疆 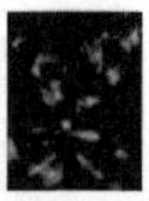 城父匜 mt14927 其萬年永寶用	 筍侯匜 10232 亓(其)萬壽	 虞侯政壺 09696 亓(其)萬年	 戎生鐘 xs1613 廣經其猷  戎生鐘 xs1618 戎生亓(其)萬年無疆
					 子犯鐘 xs1008 來復其邦  子犯鐘 xs1020 來復其邦
					 郘黛鐘 00225 亓(其)竈四堵  郘黛鐘 00225 喬喬亓(其)龍(寵)
虢			荀	虞	晉

 戎生鐘 xs1620 畯保其子孫	 戎生鐘 xs1615 對揚其大福	 晋姞盤 mt14461 𠀠(其)萬年寶用	 晋姜鼎 02826 畯保其孫子	 晋叔家父壺 mt12357 𠀠(其)萬年子子孫孫…	 叔休盨 mt05617 其萬年
 戎生鐘 xs1615 余弗叚灋其顯光	 晋侯簋g mt04713 其萬年子孫孫永寶用享	 晋姞匜 mt14954 𠀠(其)萬年寶用	 晋刑氏鼎 ms0247 其萬年無疆	 晋叔家父壺 xs908 𠀠(其)萬年子子孫孫…	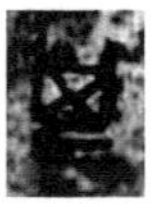 叔休盨 mt05618 其萬年
 長子沬臣簠 04625.1 擇其吉金	 長子沬臣簠 04625.1 其眉壽萬年無期	 長子沬臣簠 04625.2 其子孟孎(芈)			
 長子沬臣簠 04625.1 其子孟孎(芈)	 長子沬臣簠 04625.2 擇其吉金	 長子沬臣簠 04625.2 其眉壽萬年無期			
 郘黛鐘 00226 𠀠(其)竈四堵	 郘黛鐘 00228 𠀠(其)竈四堵	 郘黛鐘 00229 喬喬𠀠(其)龍(寵)	 郘黛鐘 00230 𠀠(其)竈四堵	 郘黛鐘 00231 𠀠(其)竈四堵	 郘黛鐘 00235 𠀠(其)竈四堵
 郘黛鐘 00226 喬喬𠀠(其)龍(寵)	 郘黛鐘 00228 喬喬𠀠(其)龍(寵)	 郘黛鐘 00233 𠀠(其)竈四堵	 郘黛鐘 00230 喬喬𠀠(其)龍(寵)	 郘黛鐘 00231 喬喬𠀠(其)龍(寵)	 郘黛鐘 00235 喬喬𠀠(其)龍(寵)

晋

 叔休盨 mt05619 其萬年  叔休盤 mt14482 其萬年	 叔休壺 ms1059 其萬年  叔休壺 ms1060 其萬年	 仲考父匜 jk2020.4 甾(其)萬年 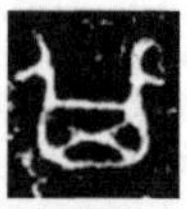 楷宰仲考父鼎 jk2020.4 甾(其)萬年	 燕仲盨g kw2021.3 其永寶用之  燕仲盨q kw2021.3 甾(其)永寶用之	 燕仲鼎 kw2021.3 其萬年無疆  燕仲鬲 kw2021.3 甾(其)作旅尊鬻	 燕仲鬲 kw2021.3 甾(其)萬年無疆  琱射壺 kw2021.3 甾(其)子子孫孫永寶…
 邵黛鐘 00236 甾(其)竈四堵  邵黛鐘 00236 喬喬甾(其)龍(寵)	 邵黛鐘 00237 甾(其)竈四堵  邵黛鐘 00237 喬喬甾(其)龍(寵)				
晉		黎	燕		

 衛夫人鬲 00595 作其行鬲  衛夫人鬲 xs1700 作其行鬲	 衛夫人鬲 xs1701 作其行鬲	 畢鬲 kw2021.3 畢爲其齋甗(鬲)  畢鬲 kw2021.3 其皇祖		 京叔盨 xs1964q 甘(其)永寶用 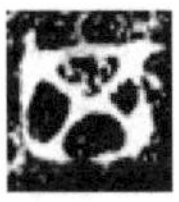 京叔盨g xs1964 甘(其)永寶用	 鄭伯盤 10090 其子子孫孫永寶用  鄭饔原父鼎 02493 其萬年子孫永用
			 叔左鼎 mt02334 其霝用□□  叔左鼎 mt02334 其萬年□□	 鄭大内史叔上匜　10281 甘(其)萬年無疆	
				 與兵壺q eb878 其用享用孝于我皇祖  與兵壺g eb878 其用享用孝于我皇祖	 與兵壺 ms1068 其用享用孝  哀成叔鼎 02782 亦弗其盄蒦(獲)
衛		燕	BC	鄭	

 伯高父甗 00938 㠱(其)萬年子子孫孫永寶  鄭戕句父鼎 02520 其子子孫孫永寶用	 鄭伯氏士叔皇父鼎 02667 其眉壽萬年無疆  子耳鼎 mt02253 㠱(其)萬年眉壽		 鮇公子段 04014 其萬年無疆  鮇公子段 04015 其萬年無疆	 蘇公匜 xs1465 其萬年眉壽無疆	 毛叔盤 10145 其萬年眉壽無疆
 鄭莊公之孫盧鼎 mt02409 其遷于下都  鄭莊公之孫缶 xs1238 其正仲月	 封子楚簠g mx0517 其眉壽無期  封子楚簠g mx0517 擇其吉金	 封子楚簠q mx0517 其眉壽無期	 寬兒鼎 02722 擇其吉金  寬兒缶 mt14091 擇其吉金		
鄭			蘇		毛

<table>
<tr>
<td>
毛叔虎父簋g
mx0424
𠀠(其)萬年無疆

毛叔虎父簋q
mx0424
𠀠(其)萬年無疆</td>
<td>
毛叔虎父簋g
hx2021.5
𠀠(其)萬年無疆

毛叔虎父簋q
hx2021.5
𠀠(其)萬年無疆</td>
<td>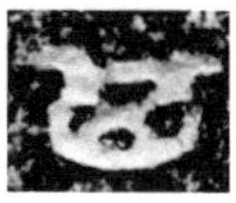
毛虎壺g
hx2021.5
其子子孫孫永寶用
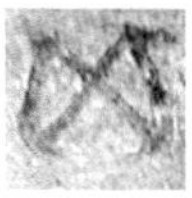
毛虎壺q
hx2021.5
其子子孫孫永寶用</td>
<td>
單子白盨
04424
其子子孫孫萬年永寶用

單伯遵父鬲
00737
其萬年永寶用享</td>
<td>
許成孝鼎
mx0190
擇其吉金

伯國父鼎
mx0194
其萬壽無疆</td>
<td>
鄦奓魯生鼎
02605
𠀠(其)萬年眉壽</td>
</tr>
<tr><td></td><td></td><td></td><td></td><td></td><td></td></tr>
<tr>
<td></td><td></td><td></td><td></td>
<td>
鄦子妝簠
04616
擇𠀠(其)吉金

鄦子妝簠
04616
用鑄𠀠(其)簠</td>
<td>
鄦子妝簠
04616
𠀠(其)子子孫孫

子璋鐘
00113
擇其吉金</td>
</tr>
<tr>
<td colspan="3">毛</td><td>單</td><td colspan="2">許</td>
</tr>
</table>

 喬夫人鼎 02284 鑄𠙹(其)䵼鼎					
 子璋鐘 00113 眉壽無其(期)  子璋鐘 00114 擇其吉金	 子璋鐘 00114 其眉壽無期  子璋鐘 00115.1 擇其吉金	 子璋鐘 00115.2 其眉壽無期  子璋鐘 00116.1 擇其吉金	 子璋鐘 00116.2 其眉壽無期  子璋鐘 00117.1 擇其吉金	 子璋鐘 00117.2 其眉壽無期  子璋鐘 00118.2 擇其吉金	 子璋鐘 00119 其眉壽無期  子璋鐘 00119 眉壽無其(期)

許

		 曹伯狄毁 04019 𠀠(其)萬年眉壽	 戈叔朕鼎 02690 𠀠(其)萬年無疆  戈叔朕鼎 02691 𠀠(其)萬年無疆	 戈叔朕鼎 02692 𠀠(其)萬年無疆  叔朕簠 04621 擇𠀠(其)吉金	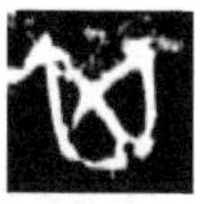 叔朕簠 04622 擇𠀠(其)吉金  叔朕簠 04620 擇𠀠(其)吉金
 鄦子盟自鎛 00153 擇其吉金  鄦子盟自鎛 00154 擇其吉金	 喬君鉦鋮 00423 其萬年用享用孝				
許		曹	戴		

 陳生雀鼎 02468 甾(其)永寶用  陳侯作嘉姬段 03903 甾(其)萬年子子孫孫永寶用	 陳灰壺 09633.1 甾(其)萬年永寶用  陳灰壺 09633.2 甾(其)萬年永寶用	 陳灰壺 09634.1 甾(其)萬年永寶用  陳灰壺 09634.2 甾(其)萬年永寶用	 陳灰鬲 00705 甾(其)萬年子子孫孫永用  陳灰鬲 00706 甾(其)萬年子子孫孫永用	 陳侯鼎 02650 其永壽用之	 商丘叔簠 04557 作其旅簠  商丘叔簠 04558 作其旅簠
 有兒簋 mt05166 自作爲其鬳簋					 宋公圞鋪 mt06157 其眉壽萬年  宋公圞鋪 mx0532 其眉壽萬年
 陳樂君甗 xs1073 作甾(其)旅甗					 宋公繇簠 04589 甾(其)妹句吴夫人 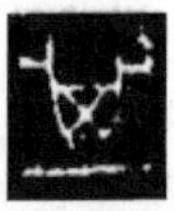 宋公繇簠 04590 甾(其)妹句吴夫人
陳					宋

<table>
<tr>
<td>
商丘叔簠
04559.1
作其旅簠

商丘叔簠
04559.2
作其旅簠</td>
<td>
商丘叔簠
xs1071
作其旅簠

商丘叔簠
xs1071
其萬年子孫永寶用</td>
<td>
商丘叔簠
04557
𠀠(其)萬年子子孫孫永寶用

商丘叔簠
04558
𠀠(其)萬年子子孫孫永寶用</td>
<td>
商丘叔簠
04559.1
𠀠(其)萬年子子孫孫永寶用

商丘叔簠
04559.2
𠀠(其)萬年子子孫孫永寶用</td>
<td></td>
<td></td>
</tr>
<tr>
<td>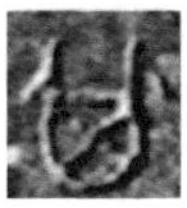
宋公圝鼎g
mx0209
其眉壽萬年

宋公圝鼎q
mx0209
其眉壽萬年</td>
<td></td>
<td></td>
<td></td>
<td></td>
<td></td>
</tr>
<tr>
<td>
宋君夫人鼎q
eb304
𠀠(其)萬年眉壽
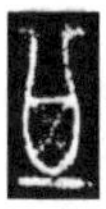
宋君夫人鼎g
eb304
𠀠(其)萬年眉壽</td>
<td>
樂子簠
04618
擇其吉金

樂子簠
04618
其眉壽萬年無期</td>
<td></td>
<td></td>
<td>
鄝子臺簠
04545
爲𠀠(其)行器

鄝子蒷臺鼎g
02498
爲𠀠(其)行器</td>
<td>
鄝子蒷臺鼎g
02498
𠀠(其)永壽用之

鄝子蒷臺鼎q
02498
爲𠀠(其)行器</td>
</tr>
<tr>
<td colspan="4">宋</td>
<td colspan="2">邊</td>
</tr>
</table>

 杞子每刃鼎 02428 𠙶(其)萬年寶  杞伯每亡鼎 02642 其萬年眉壽	 杞伯每亡壺 09688 其萬年眉老  杞伯每刃簋 mt04860 其萬年子子孫孫永寶用	 杞伯每亡匜 10255 其子孫永寶用  杞伯每亡盆 10334 其子子孫孫永寶用	 杞伯雙聯鬲 mx0262 用享孝于其姑公	 魯侯鼎 xs1067 𠙶(其)萬年眉壽 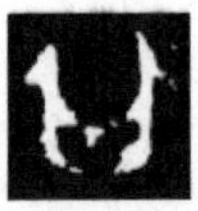 魯侯簠 xs1068 𠙶(其)萬年眉壽	 魯仲齊鼎 02639 𠙶(其)萬年眉壽  魯仲齊甗 00939 𠙶(其)萬年眉壽
				 魯大司徒厚氏元簠　04689 𠙶(其)眉壽萬年無疆  魯大司徒厚氏元簠　04690.1 𠙶(其)眉壽萬年無疆	 魯大司徒厚氏元簠　04690.2 𠙶(其)眉壽萬年無疆  魯大司徒厚氏元簠　04691.1 𠙶(其)眉壽萬年無疆
				 歸父敦 04640 爲其膳敦	
杞				魯	

 魯司徒仲齊盨 04440.1 𠀠(其)萬年眉壽  魯司徒仲齊盨 04440.2 𠀠(其)萬年眉壽	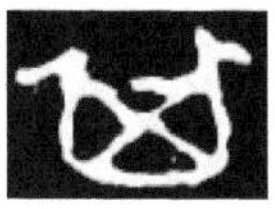 魯司徒仲齊盨 04441.1 𠀠(其)萬年眉壽  魯司徒仲齊盨 04441.2 𠀠(其)萬年眉壽	 魯司徒仲齊盤 10116 𠀠(其)萬年永寶用享  魯司徒仲齊匜 10275 𠀠(其)萬年眉壽	 魯伯俞父簠 04566 𠀠(其)萬年眉壽  魯伯俞父簠 04567 𠀠(其)萬年眉壽	 魯伯俞父簠 04568 𠀠(其)萬年眉壽  魯伯愈父鬲 00690 𠀠(其)永寶用	 魯伯愈父簠 ms0561 𠀠(其)萬年  魯伯愈父鬲 00691 𠀠(其)永寶用
 魯大司徒厚氏元簠　04691.2 𠀠(其)眉壽萬年無疆  魯大左嗣徒元鼎　02592 𠀠(其)眉壽萬年無疆	 魯大左嗣徒元鼎　02593 𠀠(其)萬年眉壽  魯少司寇封孫宅盤　10154 𠀠(其)子孟姬嬰	 魯少司寇封孫宅盤　10154 𠀠(其)眉壽萬年			

魯

 魯伯愈父鬲 00692 亓(其)永寶用  魯伯愈父鬲 00693 亓(其)永寶用	 魯伯愈父鬲 00694 亓(其)永寶用  魯伯愈父鬲 00695 亓(其)永寶用	 魯伯愈父盤 10113 亓(其)永寶用  魯伯愈父盤 10114 亓(其)永寶用	 魯伯愈父盤 10115 亓(其)永寶用  魯伯愈父匜 10244 亓(其)永寶用	 魯大司徒子仲白匜　10277 亓(其)庶女礪孟姬  魯大司徒子仲白匜　10277 亓(其)萬年眉壽無疆	 魯伯大父作季姬婧簋　03974 亓(其)萬年眉壽  魯大宰遼父簋 03987 其萬年眉壽

魯

 魯伯大父作孟姜簋 03988 𠀠(其)萬年眉壽	 魯伯匜 10222 𠀠(其)萬年永寶用	 魯伯悆盨 04458.1 𠀠(其)皇孝(考)皇母	 魯伯悆盨 04458.2 𠀠(其)肇乍…旅盨簋	 魯伯悆盨 04458.2 𠀠(其)萬年眉壽	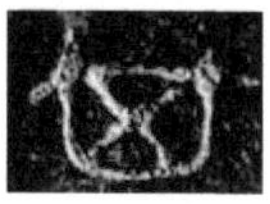 魯酉子安母簠q mt05902 𠀠(其)眉壽萬年
 魯伯大父作仲姬俞簋 03989 𠀠(其)萬年眉壽	 魯伯悆盨 04458.1 𠀠(其)肇作…旅盨簋	 魯伯悆盨 04458.1 𠀠(其)萬年眉壽	 魯伯悆盨 04458.2 𠀠(其)皇孝(考)皇母	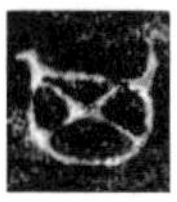 魯酉子安母簠g mt05902 𠀠(其)萬年永寶用	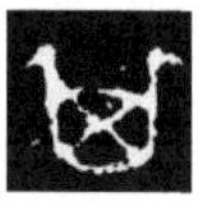 魯酉子安母簠q mt05903 𠀠(其)眉壽萬年
魯					

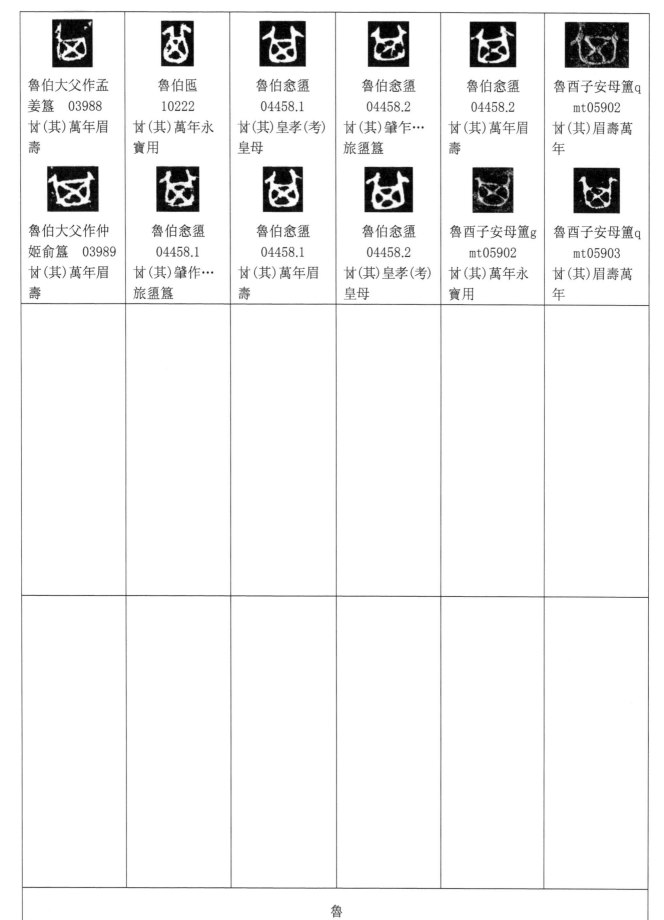

 魯正叔盤 10124 作鑄𠀠(其)御盤  禽簋 hx2022.2 其萬年眉壽	 鑄子叔黑臣鼎 02587 𠀠(其)萬年眉壽  鑄子叔黑臣盨 04423 𠀠(其)萬年眉壽	 鑄子叔黑臣盨 mt05608 𠀠(其)萬年眉壽  鑄子叔黑臣簠 04570.1 𠀠(其)萬年眉壽	 鑄子叔黑臣簠 04570.2 𠀠(其)萬年眉壽  鑄子叔黑臣簠 04571.1 𠀠(其)萬年眉壽	 鑄子叔黑臣簠 04571.2 𠀠(其)萬年眉壽  叔黑臣匜 10217 𠀠(其)永寶用	 鑄子叔黑臣簋 03944 𠀠(其)萬年眉壽  鑄子叔黑臣鬲 00735 𠀠(其)萬年眉壽
魯	鑄				

 鑄公簠蓋 04574 甘(其)萬年眉壽 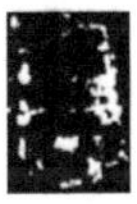 鑄叔作嬴氏鼎 02568 甘(其)萬年眉壽	 鑄叔作嬴氏簠 04560.1 甘(其)萬年眉壽 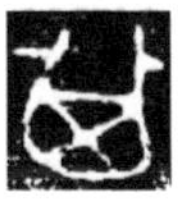 鑄叔作嬴氏簠 04560.2 甘(其)萬年眉壽	 鑄子撫匜 10210 甘(其)永寶用  鑄侯求鐘 00047 甘(其)子子孫孫	 鑄叔盤 mt14456 甘(其)萬年眉壽  祝司寇獸鼎 02474 甘(其)永寶用	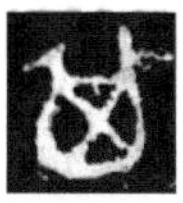 鼄伯鬲 00669 甘(其)萬年子子孫孫…  鼄來隹鬲 00670 甘(其)萬年眉壽無疆	 鼄討鼎 02426 爲甘(其)鼎
				 鼄君鐘 00050 作其龢鐘龢鈴	 虖叴丘君盤 wm6.200 其萬年眉壽
				 鼄大宰簠 04623 鑄其餴盬  鼄大宰簠 04624 鑄其盬	 鼄大宰簠 04623 其眉壽以餴
鑄				邾	

 邾□白鼎 02640 𠀠(其)萬年眉壽無疆  邾□白鼎 02641 𠀠(其)萬年眉壽無疆	 鼄叔之伯鐘 00087 台(以)祚其皇祖皇考  鼄叔之伯鐘 00087 用鑄其龢鐘	 邾叔彪父簠g ms0573 其萬年眉壽  邾叔彪父簠 04592 其萬年眉壽			
 鼄大宰簠 04624 其眉壽用饎  鼄大宰鐘 00086.1 自作其□鐘	 鼄公牼鐘 00149 以[樂]其身  鼄公牼鐘 00150 以樂其身	 鼄公牼鐘 00151 以樂其身  鼄公華鐘 00245 以乍(祚)其皇祖皇考	 鼄公華鐘 00245 以恤其祭祀盟祀  鼄公華鐘 00245 鑄其龢鐘	 鼄公華鐘 00245 元器其舊  鼄公華鐘 00245 其萬年無疆	 邾公孫班鎛 00140 擇其吉金  邾公孫班鎛 00140 爲其龢鎛

邾

		 郲友父鬲 mt02939 甾(其)子胙曹  郲友父鬲 mt02939 甾(其)眉壽永寶用	 郲友父鬲 mt02942 甾(其)子胙曹  郲友父鬲 mt02942 甾(其)眉壽永寶用	 鼄友父鬲 00717 甾(其)子胙曹  鼄友父鬲 00717 甾(其)眉壽永寶用	 郲友父鬲 xs1094 甾(其)子胙曹  郲友父鬲 xs1094 甾(其)眉壽
		 郳始鬲 00596 鑄其羞鬲			
 郲公孫班鎛 00140 用饎于其皇祖  郲公孫班鎛 00140 其萬年眉壽	 郲公孫班鎛 00140 靈命無其(期)	 郳大司馬彊盤 ms1216 擇其吉金 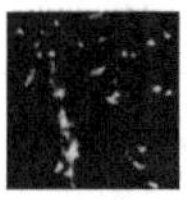 郳大司馬彊盤 ms1216 爲其盥盤	 郳大司馬彊盤 ms1216 故壽其身  郳大司馬彊匜 ms1260 擇其吉金	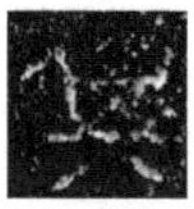 郳大司馬彊匜 ms1260 爲其鎜匜  郳大司馬彊匜 ms1260 故壽其身	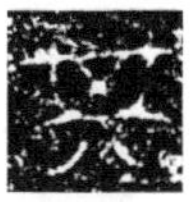 郳大司馬鈚 ms1177 擇其吉金 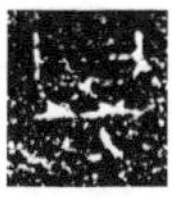 郳大司馬鈚 ms1177 爲其行鈚
郲		郳			

 邾友父鬲 mt02941 𠀠(其)子胙曹  邾友父鬲 mt02941 𠀠(其)眉壽永寶用	 鼄口匜 10236 𠀠(其)子胙曹  鼄口匜 10236 𠀠(其)眉壽	 邾公子害簠g mt05907 𠀠(其)萬年眉壽無疆  邾公子害簠q mt05907 𠀠(其)萬年眉壽無疆	 邾公子害簠 mt05908 𠀠(其)萬年眉壽無疆  子皇母簠 mt05853 𠀠(其)萬年眉壽	 圓君婦媿靁壺 mt12353 𠀠(其)萬年子子孫孫永用 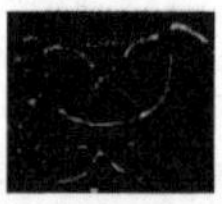 圓君婦媿靁壺 ms1055 𠀠(其)年萬	 圓君婦媿靁鎣 09434 其[萬]年[子子]孫孫[寶]用  圓君鼎 02502 其萬年永寶用
 隮公克敦 04641 鑄其饙敦  郳公戈 ms1492 擇其吉金					
郳					

 僉父瓶g mt14036 作其金瓶  僉父瓶q mt14036 作其金瓶	 兒慶鼎 xs1095 𠀠(其)永寶用 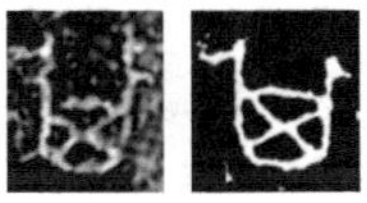 兒慶鬲 mt02867 𠀠(其)永寶用	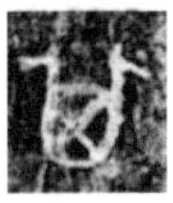 兒慶鬲 mt02868 𠀠(其)永寶用  兒慶盤 mt14414 𠀠(其)永寶用	 郳慶簠 mt05878 𠀠(其)萬年子子孫孫…  郳慶簠 mt05879 𠀠(其)萬年子子孫孫…	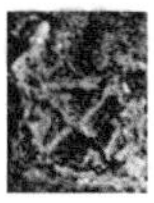 郳慶匜 mt14955 𠀠(其)萬年子子孫孫… 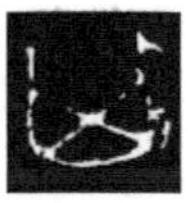 郳君慶壺g mt12333 𠀠(其)萬年眉壽	 郳君慶壺q mt12333 𠀠(其)萬年眉壽  郳君慶壺 mt12334 𠀠(其)萬年眉壽

郘

 邾君慶壺 mt12337 𠀠(其)萬年眉壽	 邾君慶壺 mt12336 𠀠(其)萬年眉壽	 邾君慶壺q ms1056 其萬年眉壽	 邾季脂𦎧簠g ms0572 其萬年	 邾季脂𦎧簠g ms0571 其萬年	 畢仲弁簠 mt05912 作爲其北善𥂴
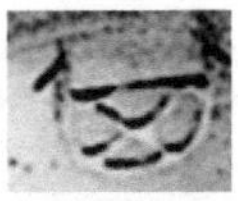 邾君慶壺 mt12335 𠀠(其)萬年眉壽	 邾君慶壺g ms1056 其萬年眉壽	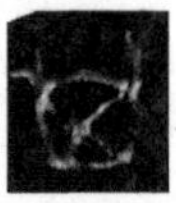 郳慶鬲 ms0312 𠀠(其)永寶用		 邾季脂𦎧簠q ms0571 其萬年	 畢仲弁簠 mt05912 其萬年眉壽

郳

 郳壽父鼎 jk2020.1 其萬年子孫永寶用享	 滕侯穌盨 04428 𠀠(其)子子孫萬年永寶用	 薛子仲安簠 04546.1 其子子孫孫永寶用享	 薛子仲安簠 04547 其子子孫孫永寶用享	 薛侯匜 10263 𠀠(其)眉壽萬年	 邿仲簠g xs1045 其萬年眉寶
 郳眉父鼎 jk2020.1 其萬年子孫永寶用享	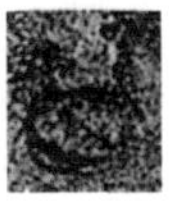 滕侯蘇盨 mt05620 𠀠(其)子子孫孫	 薛子仲安簠 04546.2 其子子孫孫永寶用享	 薛侯盤 10133 𠀠(其)眉壽萬年	 走馬薛仲赤簠 04556 自作𠀠(其)𥂴	 邿仲簠q xs1045 其萬年眉寶
					 邿公典盤 xs1043 爲其盥盤
	 者兒戈 mx1255 爲其酋戈				
郳	滕	薛			邿

 郜召簠q xs1042 作爲其旅筐  郜召簠g xs1042 作爲其旅筐	 郜伯祀鼎 02602 甘(其)萬年眉壽無疆  郜伯鼎 02601 甘(其)萬年眉壽	 郜譴簋 04040.1 用追孝于其父母  郜譴簋 04040.2 用追孝于其父母	 郜仲簠 xs1046 其萬年眉寶  郜譴簋 mt05022 用追孝于其父母	 尋仲盤 10135 其萬年無疆  尋仲匜 10266 其萬年無疆	 齊侯子行匜 10233 作其寶匜  齊侯匜 10272 其萬年無疆
					 齊侯鎛 00271 萬年令保其身  齊侯盂 10318 其眉壽萬年
					 洹子孟姜壺 09729 齊侯[女]雷爲喪其□  洹子孟姜壺 09729 余不其使汝受殃
郜				鄩	齊

 齊縈姬盤 10147 其眉壽萬年無疆	 齊侯匜 10242 其萬年子子孫永寶用	 齊伯里父匜 mt14966 其萬年子子孫永寶用			
 齊良壺 09659 其眉壽無期	 齊侯盤 10117 其萬年子子孫孫永保用	 國子山壺 mt12270 爲其盥壺			
 齊侯盂 10318 永保其身	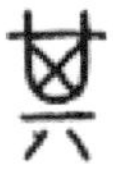 庚壺 09733.1B 以鑄其盥壺	 庚壺 09733.1B 俘其士女	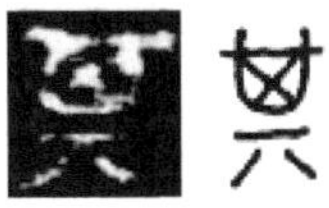 庚壺 09733.2B 其王乘牡	 𩫏子鼎 mt02404A 其獲生男子	 叔夷鐘 00273.2 其縣三百
 庚壺 09733.1B 擇其吉金	 庚壺 09733.1B 殺其獸者	 庚壺 09733.2B 其王駟介方綾	 庚壺 09733.2B 庚截其兵甲車馬	 𩫏子鼎 mt02404A 其壽君毋死	 叔夷鐘 00275.2 夷典其先舊(舅)
 洹子孟姜壺 09729 爾其遵受御	 洹子孟姜壺 09729 洹子孟姜喪其人民部邑	 洹子孟姜壺 09730 余不其使汝受殃	 洹子孟姜壺 09730 洹子孟姜喪其人民部邑	 慶叔匜 10280 其眉壽萬年	
 洹子孟姜壺 09729 洹子孟姜喪其人民部邑	 洹子孟姜壺 09730 齊侯女雷爲喪其□	 洹子孟姜壺 09730 爾其遵受御	 公子土折壺 09709 永保其身	 慶叔匜 10280 永保其身	
齊					

 叔夷鐘 00275.2 及其高祖	 叔夷鐘 00276.2 勤勞其政事	 叔夷鐘 00277.1 用享于其皇祖皇妣皇母皇考	 叔夷鐘 00277.2 其萬福純魯	 叔夷鐘 00280 其配襄公之始	 叔夷鐘 00284 …其皇祖
 叔夷鐘 00276.1 其配襄公之始	 叔夷鐘 00277.1 作鑄其寶鐘	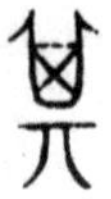 叔夷鐘 00277.2 其祚福元孫	 叔夷鐘 00278 永保其身	 叔夷鐘 00283 勤勞其政事	 叔夷鎛 00285.3 其縣三百

齊

 叔夷鎛 00285.5 夷典其先舊	 叔夷鎛 00285.6 其配襄公之妣	 叔夷鎛 00285.7 用作鑄其寶鎛	 叔夷鎛 00285.7 其祚福元孫	 叔夷鎛 00285.8 永保其身	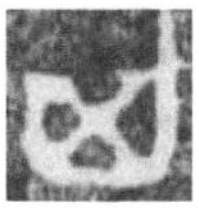 齊医敦 04638 甘(其)萬年永保用
 叔夷鎛 00285.5 及其高祖	 叔夷鎛 00285.7 勤勞其政事	 叔夷鎛 00285.7 用享于其皇祖	 叔夷鎛 00285.7 其萬福純魯	 齊侯作孟姬盤 10123 甘(其)萬年眉壽	 齊医敦 04639.1 甘(其)萬年永保用

齊

	 弗奴父鼎 02589 其眉壽萬年				
 齊医敦 04639.2 𠀠(其)萬年永保用  齊侯子仲姜鬲 mx0261 永保其身		 篖叔之仲子平鐘　00172 以樂𠀠(其)大酋  篖叔之仲子平鐘　00172 𠀠(其)受此眉壽	 篖叔之仲子平鐘　00173 鑄𠀠(其)游鐘  篖叔之仲子平鐘　00173 𠀠(其)受此眉壽	 篖叔之仲子平鐘　00174 自作鑄𠀠(其)游鍊(鐘)  篖叔之仲子平鐘　00174 鑄𠀠(其)游鐘	 篖叔之仲子平鐘　00174 以樂𠀠(其)大酋  篖叔之仲子平鐘　00174 𠀠(其)受此眉壽
		 篖太史申鼎 02732 作其竈鼎十  鄶平壺 xs1088 作其盥□壺			
齊	費	莒			

 簷叔之仲子平鐘　00175 鑄𠀠(其)游鐘  簷叔之仲子平鐘　00175 以樂𠀠(其)大酋	 簷叔之仲子平鐘　00175 𠀠(其)受此眉壽  簷叔之仲子平鐘　00177 自作鑄𠀠(其)游鐘	 簷叔之仲子平鐘　00177 鑄𠀠(其)游鐘  簷叔之仲子平鐘　00177 以樂𠀠(其)大酋	 簷叔之仲子平鐘　00177 𠀠(其)受此眉壽  簷叔之仲子平鐘　00178 鑄𠀠(其)游鐘	 簷叔之仲子平鐘　00178 以樂𠀠(其)大酋  簷叔之仲子平鐘　00179 鑄𠀠(其)游鐘	 簷叔之仲子平鐘　00179 以樂𠀠(其)大酋  簷叔之仲子平鐘　00180 自作鑄𠀠(其)游鐘
莒					

	 曩侯弟叟鼎 02638 其萬年  曩侯簋 xs1462 其萬年	 曩伯子宼父盨 04442.1 作𠀠(其)征盨  曩伯子宼父盨 04442.1 其陰𠀠(其)陽	 曩伯子宼父盨 04442.1 慶𠀠(其)以臧  曩伯子宼父盨 04442.2 𠀠(其)陰其陽	 曩伯子宼父盨 04442.2 其陰𠀠(其)陽  曩伯子宼父盨 04442.2 慶𠀠(其)以臧	 曩伯子宼父盨 04443.1 作𠀠(其)征盨  曩伯子宼父盨 04443.1 𠀠(其)陰其陽
 簷叔之仲子平鐘　00180 鑄𠀠(其)游鐘  簷叔之仲子平鐘　00180 以樂𠀠(其)大酋					
	 曩公壺 09704 永保其身				
莒	曩				

 㠱伯子𡩜父盨 04443.1 其陰𠀠(其)陽	 㠱伯子𡩜父盨 04443.2 作𠀠(其)征盨	 㠱伯子𡩜父盨 04443.2 其陰𠀠(其)陽	 㠱伯子𡩜父盨 04444.1 作𠀠(其)征盨	 㠱伯子𡩜父盨 04444.1 其陰𠀠(其)陽	 㠱伯子𡩜父盨 04444.2 作𠀠(其)征盨
 㠱伯子𡩜父盨 04443.1 慶𠀠(其)以臧	 㠱伯子𡩜父盨 04443.2 𠀠(其)陰其陽	 㠱伯子𡩜父盨 04443.2 慶𠀠(其)以臧	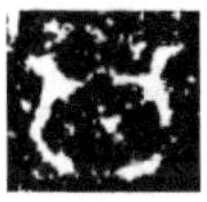 㠱伯子𡩜父盨 04444.1 𠀠(其)陰其陽	 㠱伯子𡩜父盨 04444.1 慶𠀠(其)以臧	 㠱伯子𡩜父盨 04444.2 𠀠(其)陰其陽

㠱

 㠱伯子宼父盨 04444.2 其陰㠯(其)陽  㠱伯子宼父盨 04444.2 慶㠯(其)以臧	 㠱伯子宼父盨 04445.1 作㠯(其)征盨  㠱伯子宼父盨 04445.1 㠯(其)陰其陽	 㠱伯子宼父盨 04445.1 慶㠯(其)以臧  㠱伯子宼父盨 04445.2 作㠯(其)征盨	 㠱伯子宼父盨 04445.2 㠯(其)陰其陽  㠱伯子宼父盨 04445.2 其陰㠯(其)陽	 㠱伯子宼父盨 04445.2 慶㠯(其)以臧	 夆叔盤 10163 其眉壽萬年  夆叔盤 10163 永保其身
㠱					逢

<table>
<tr>
<td>
夆叔匜
10282
其眉壽萬年

夆叔匜
10282
永保其身</td>
<td>
鄀甘𦎫鼎
xs1091
𠀠(其)萬年眉壽</td>
<td></td>
<td>
鄧公簋
03775
其永寶用

鄧公簋
03776
其永寶用</td>
<td>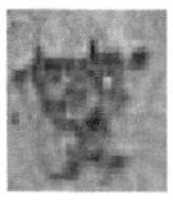 
鄧公孫無忌鼎
xs1231
其用追孝朕皇高祖

伯氏始氏鼎
02643
其永寶用</td>
<td></td>
</tr>
<tr>
<td></td>
<td>
此余王鼎
mx0220
作鑄其小鼎

濫公宜脂鼎
mx0191
□公宜□余其良金</td>
<td>
濫公宜脂鼎
mx0191
用鑄其□宜鼎

華孟子鼎
mx0207
其眉壽萬年無疆</td>
<td>
鄧公乘鼎
02573.1
𠀠(其)眉壽)無期

鄧公乘鼎
02573.2
𠀠(其)眉壽無期</td>
<td></td>
<td>
唐侯制鼎
ms0219
其永祜福

唐侯制鼎
ms0220
其永祜福</td>
</tr>
<tr>
<td></td>
<td>
荆公孫敦
04642
鑄其賸敦
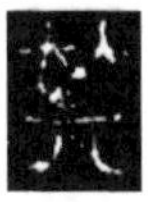
荆公孫敦
mt06070
鑄其賸敦</td>
<td>
賈孫叔子屖盤
mt14512
其萬年眉壽
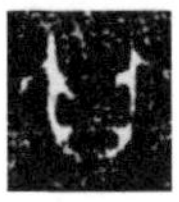
𣪘巽鼎
hdkg 十二
其子子孫孫用</td>
<td></td>
<td></td>
<td>
唐子仲瀕兒匜
xs1209
擇其吉金

唐子仲瀕兒匜
xs1209
鑄其御𩚤匜</td>
</tr>
<tr>
<td>逢</td>
<td colspan="2">D</td>
<td colspan="2">鄧</td>
<td>唐</td>
</tr>
</table>

		 樊孫伯渚鼎 mx0197 用甾(其)吉金  樊孫伯渚鼎 mx0197 甾(其)眉壽			 黃季鼎 02565 甾(其)萬年子孫永寶用享  叔單鼎 02657 甾(其)萬年無疆
 唐侯制鼎 ms0221 其永祜福  唐侯制簋 ms0468 其永祜福	 唐侯制壺 mx0829 其永祜福  唐侯制壺 ms1050 其永祜福	 樊君匜 10256.1 甾(其)永寶用享  樊君匜 10256.2 甾(其)用寶用享	 樊君盆 10329.2 用甾(其)吉金  樊夫人龍嬴鬲 00676 用甾(其)吉金	 樊夫人龍嬴壺 09637 用甾(其)吉金  樊夫人龍嬴鬲 0675 用甾(其)吉金	 黃太子白克盆 10338 作甾(其)餴盆  黃太子白克盆 10338 其眉壽無疆
 唐子仲瀕鈚 xs1210 擇甾(其)吉金  唐子仲瀕鈚 xs1210 鑄甾(其)御瓶	 唐子仲瀕兒盤 xs1211 擇其吉金  唐子仲瀕兒盤 xs1211 鑄其御盤	 樊季氏孫仲𪏁鼎　02624.1 用甾(其)吉金  樊季氏孫仲𪏁鼎　02624.2 用甾(其)吉金			 黃韋俞父盤 10146 其永用之
唐		樊			黃

 □□單盤 10132 其萬年無疆  奚□單匜 10235 𠀠(其)萬年子子孫孫用之	 黃子季庚臣簠 ms0589 其眉壽萬年無疆				 番□伯者君匜 10269 其萬年子子孫永寶用享  番□伯者君盤 10139 其萬年子子孫永寶用享
 伯遊父壺 mt12412 作𠀠(其)旅壺  伯遊父壺 mt12412 其眉壽無疆	 伯遊父壺 mt12413 作𠀠(其)旅壺  伯遊父壺 mt12413 其眉壽無疆	 伯遊父鐳 mt14009 作𠀠(其)尊鐳  伯遊父鐳 mt14009 其眉壽萬年無疆	 伯遊父盤 mt14510 作𠀠(其)沬盤  伯遊父盤 mt14510 𠀠(其)眉壽無疆	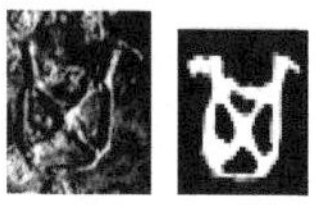 伯遊父卮 mt19239b 作𠀠(其)旅卮  伯遊父卮 mt19239b 𠀠(其)眉壽無疆	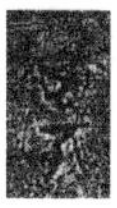 番子鼎 ww2012.4 擇其吉金
					 鄱子成周鐘 xs283 擇其吉金  鄱子成周鐘 mt15256 □其吉金
黃					番

 番□伯者君匜 10268 其萬年子子孫永寶用享  番□伯者君盤 10140 用甘(其)吉金	 番昶伯者君鼎 02617 甘(其)萬年子孫永寶用  番昶伯者君鼎 02618 甘(其)萬年子孫永寶用	 番君伯歡盤 10136 用甘(其)青金  番君伯歡盤 10136 其萬年子孫永用之享	 番伯禽匜 10259 其萬年無疆  番伯□孫鬲 00630 其萬…	 番君匜 10271 其萬年子孫永寶用享	 番叔壺 xs297 其永用之
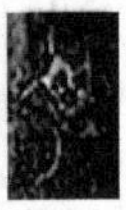 鄱子成周鐘 mt15256 眉壽無其(期)					

番

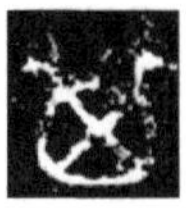 曾仲大父螽段 04203 甾(其)萬年	 曾仲大父螽段 04204.1 其用追孝于甾(其)皇考	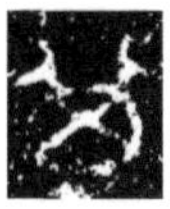 曾仲大父螽段 04204.2 甾(其)追孝于其皇考	 曾仲大父螽段 04204.2 甾(其)年萬	 曾伯文簋 04051.1 甾(其)萬年	 曾伯文簋 04052.1 甾(其)萬年
 曾仲大父螽段 04204.1 甾(其)用追孝于其皇考	 曾仲大父螽段 04204.1 甾(其)萬年	 曾仲大父螽段 04204.2 甾(其)皇考	 曾伯鬲 xs1217 甾(其)萬年永寶用	 曾伯文簋 04051.2 甾(其)萬年	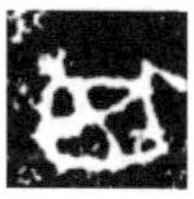 曾伯文簋 04052.2 甾(其)萬年
 曾公畯鎛鐘 jk2020.1 神甾(其)聖	 曾公畯鎛鐘 jk2020.1 擇甾(其)吉金鐈鏞	 曾公畯甬鐘 A jk2020.1 神甾(其)聖	 曾公畯甬鐘 A jk2020.1 以享于甾(其)皇祖	 曾公畯甬鐘 B jk2020.1 丕顯甾(其)霝	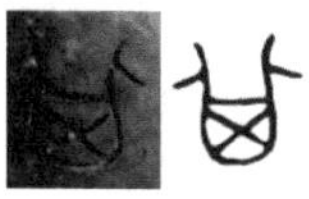 曾公畯甬鐘 B jk2020.1 以享于甾(其)皇祖
 曾公畯鎛鐘 jk2020.1 丕顯甾(其)霝	 曾公畯鎛鐘 jk2020.1 以享于甾(其)皇祖	 曾公畯甬鐘 A jk2020.1 丕顯甾(其)霝	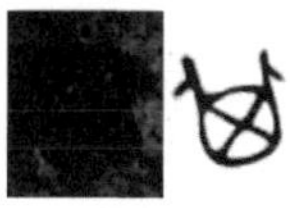 曾公畯甬鐘 B jk2020.1 神甾(其)聖	 曾公畯甬鐘 B jk2020.1 擇甾(其)吉金鐈鏞	
 曾侯與鐘 mx1039 万民其□	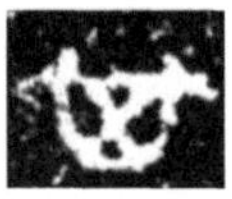 巫鼎 ms0212 甾(其)舅叔考臣	 巫簠 ms0212 甾(其)行器	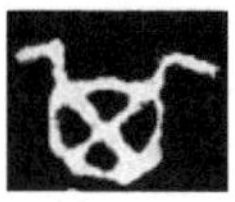 曾季关臣盤 eb933 鑄甾(其)盥盤	 曾子義行簠g xs1265 子孫甾(其)永保用之	 曾孫史夷簠 04591 其眉壽萬年
	 巫簠 ms0557 甾(其)舅叔考臣			 曾子義行簠q xs1265 子孫其永保用之	

曾

 曾伯文簠 04053 𠀠(其)萬年  曾伯文簠 mt05028 𠀠(其)萬年	 曾仲大父蝨段 04203 𠀠(其)用追孝于其皇考  曾仲大父蝨段 04203 其用追孝于𠀠(其)皇考	 曾子斁鼎 mx0146 其永用之  曾太保嬬簋 mx0425 用享于其皇祖文考	 曾太保簠g ms0559 用其吉金  曾太保簠q ms0559 用其吉金	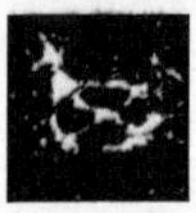 曾子臭鼎 ms0210 𠀠(其)永祜福  曾侯鼎 ms0224 𠀠(其)永用	 曾子伯睿盤 10156 用𠀠(其)吉金  曾子伯睿盤 10156 𠀠(其)黄耇霝終
 湛之行鼎甲 kx2021.1 其永用之  湛之行鼎乙 kx2021.1 其永用之	  湛之行鼎丙 kx2021.1 其永用之 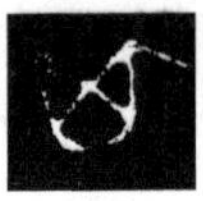 湛之行鼎甲g kx2021.1 其永用之	 湛之行鼎甲q kx2021.1 其永用之  湛之行鼎乙 kx2021.1 其永用之	 湛之行簋甲 kx2021.1 其永用之  湛之行簋乙 kx2021.1 其永用之	 湛之行簋丙 kx2021.1 其永用之  湛之行簋丁 kx2021.1 其永用之	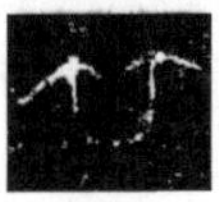 湛之行簠甲g kx2021.1 其永用之  湛之行簠甲q kx2021.1 其永用之
 曾□□簠 04614 擇其吉金  曾□□簠 04614 𠀠(其)眉壽無疆	 嬭盤 mx0948 擇其吉金				

曾

 曾子仲諆甗 00943 用其吉金	 曾子仲諆鼎 02620 用其吉金	 曾侯簠 04598 其子子孫孫	 炏右盤 10150 用其吉金寶盤	 曾伯霥簠 04631 擇其吉金	 曾伯霥壺 ms1069 用其鐈鏐
 曾子仲諆甗 00943 其永用之	 曾子仲諆鼎 02620 其永用之	 曾侯簠 04598 其永用之	 曾子斿鼎 02757 擇𠀠(其)吉金	 曾伯霥簠 04632 擇其吉金	 曾伯霥壺 ms1069 唯玄其良
 湛之行簠乙g kx2021.1 其永用之	 湛之行鬲甲 kx2021.1 其永用之	 湛之行鬲丙 kx2021.1 其永用之	 湛之行壺g kx2021.1 其永用之	 湛作季嬴鼎甲 kx2021.1 其永用之	 湛作季嬴鼎丙 kx2021.1 其永用之
 湛之行簠乙q kx2021.1 其永用之	 湛之行鬲乙 kx2021.1 其永用之	 湛之行鬲丁 kx2021.1 其永用之	 湛之行壺q kx2021.1 其永用之	 湛作季嬴鼎乙 kx2021.1 其永用之	 湛作季嬴簋甲 kx2021.1 其永用之

曾

 伯克父鼎 ms0285 用享于其皇考	 曾伯克父簋 ms0509 其用受多福無疆	 曾伯克父壺g ms1062 𠀠(其)萬年	 曾伯克父壺 ms1063 𠀠(其)萬年	 孟爾克母簠g ms0583 用𠀠(其)吉金	 孟爾克母簠q ms0583 用𠀠(其)吉金
 伯克父鼎 ms0285 其萬年	 曾伯克父簋 ms0509 其萬年	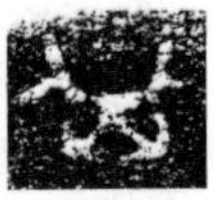 曾伯克父壺q ms1062 𠀠(其)萬年	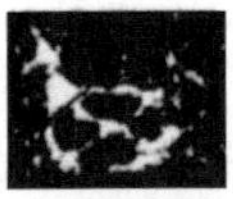 曾子鼎 ms0210 𠀠(其)永祜福	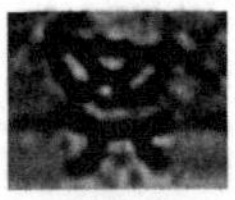 孟爾克母簠g ms0583 其萬年眉壽	 孟爾克母簠q ms0583 𠀠(其)萬年眉壽
 湛作季嬴簋乙 kx2021.1 其永用之	 湛作季嬴簋丁 kx2021.1 其永用之	 湛作季嬴鬲乙 kx2021.1 其永用之	 湛作季嬴鬲丁 kx2021.1 其永用之	 湛作季嬴壺甲g kx2021.1 其永用之	 湛作季嬴壺乙g kx2021.1 其永用之
 湛作季嬴簋丙 kx2021.1 其永用之	 湛作季嬴鬲甲 kx2021.1 其永用之	 湛作季嬴鬲丙 kx2021.1 其永用之	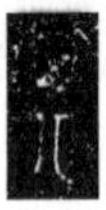 湛作季嬴簠 kx2021.1 其永用之	 湛作季嬴壺甲q kx2021.1 其永用之	 湛作季嬴壺乙q kx2021.1 其永用之
曾					

 曾大保盆 10336 用甘(其)吉金	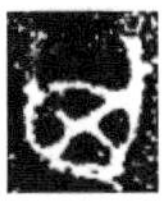 鼅乎簋 04157.1 甘(其)萬人(年)永用	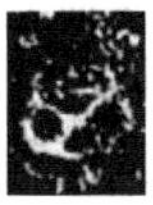 鼅乎簋 04158.1 甘(其)萬人(年)永用	 曾侯子鐘 mt15141 其永用之	 曾侯子鐘 mt15144 其永用之	 曾侯子鐘 mt15146 其永用之
 曾師季輔盤 10138 用甘(其)士<吉>金	 鼅乎簋 04157.2 甘(其)萬人(年)永用	 鼅乎簋 04158.2 甘(其)萬人(年)永用	 曾侯子鐘 mt15143 其永用之	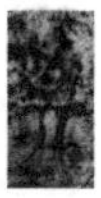 曾侯子鐘 mt15145 其永用之	 曾侯子鐘 mt15147 其永用之
 嬭加編鐘 kg2020.7 余復其疆鄙	 嬭加鎛丁 ms1285 其萬年毋改	 加嬭簋g ms0556 其永用之	 曾侯寶鼎 ms0265 擇其吉金	 曾侯宏鼎 mt02219 擇其吉金	 曾侯宏鼎 mx0187 擇其吉金
 嬭加鎛丙 ms1284 靡其兮龢	 加嬭簋 mx0375 其永用之	 加嬭簋q ms0556 其永用之		 曾侯宏鼎 mt02220 擇其吉金	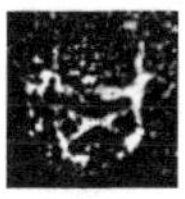 曾侯宏簋 mt04975 擇甘(其)吉金

曾

 曾侯子鎛 mt15763 擇其吉金  曾侯子鎛 mt15764 擇其吉金	 曾侯子鎛 mt15765 擇其吉金  曾侯子鎛 mt15766 擇其吉金	 夨叔匜 ms1257 其永壽用之			
 曾侯宏簋 mt04976 擇甘(其)吉金  曾侯宏壺 mt12390 擇其吉金	 曾侯宏鼎 mx0185 擇其吉金  曾侯宏鼎 mx0186 擇其吉金	 曾公子叔湤簠g mx0507 擇其吉金  曾公子叔湤簠g mx0507 其永寶用之	 曾公子叔湤簠q mx0507 擇其吉金  曾公子叔湤簠 mx0508 擇其吉金	 曾孟孎諫盆 10332.1 其眉壽用之  曾孟孎諫盆 10332.2 其眉壽用之	 曾子仲宣鼎 02737 用甘(其)吉金  曾子仲宣鼎 02737 用饔甘(其)諸父

曾

 蔡大善夫趣簠g xs1236 作其籐(饋)簠  蔡大善夫趣簠g xs1236 其萬年眉壽無疆	 蔡大善夫趣簠q xs1236 作其籐(饋)簠  蔡大善夫趣簠q xs1236 其萬年眉壽無疆	 蔡公子叔湯壺 xs1892 作其醴壺  蔡公子叔湯壺 xs1892 其萬年眉壽無疆	 蔡太史鉯 10356 作甘(其)卮	 鄦公彭宇簠 04610 宇其眉壽  鄦公彭宇簠 04611 宇其眉壽	 彭伯壺g xs315 甘(其)子子孫孫永寶用之  彭伯壺q xs315 其子子孫孫永寶用之
 蔡大司馬燮盤 eb936 其眉壽無期  蔡大司馬燮匜 mx0997 其眉壽無期					
 蔡侯簠g xs1896 其眉壽無期  蔡侯簠q xs1896 其眉壽無期	 雌盤 ms1210 其眉壽無期 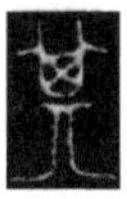 蔡侯簠 ms0582 其眉壽無疆			 申文王之孫簠 mt05943 擇其吉金 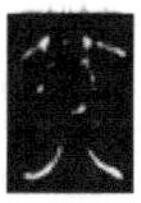 無所簠 eb474 其眉壽萬年無期	 申公壽簠 mx0498 擇其吉金  申公壽簠 mx0498 其眉壽無期
蔡				CE	

 矩甗 xs970 作其旅甗  矩甗 xs970 其眉壽無疆			 孟城瓶 09980 其眉壽無疆		
			 上都府簠 04613.1 擇其吉金  上都府簠 04613.1 鑄其饙䀇	 上都府簠 04613.2 擇其吉金  上都府簠 04613.2 鑄其饙䀇	 上都公簠g xs401 擇其吉金  上都公簠q xs401 擇其吉金
 彭子壽簠 mx0497 擇其吉金 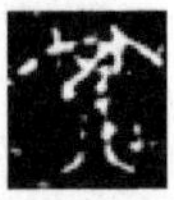 彭子壽簠 mx0497 其眉壽無期	 彭子射盂鼎 mt02264 擇其吉金  彭子射兒簠 mt05884 其眉壽無期	 叔姜簠g xs1212 其眉壽無期  叔姜簠q xs1212 其眉壽無期			
CE					

 邛君婦龢壺 09639 作𠀠(其)壺  伯戔盆g 10341 其眉壽萬年無疆	 䢅伯業鼎 02622 其萬年無疆  䢅伯墉盤 10130 其萬年疆無	 䢅盤 10094 其萬年子子孫孫永寶用享  䢅仲匜 t14973 𠀠(其)萬年子子孫孫…	 䢅仲無龍匜 10249 其萬年子子孫孫永寶用享  䢅仲無龍鬲 00713 其萬年子子孫永寶用享	 䢅仲無龍鬲 00714 其子子孫永寶用享 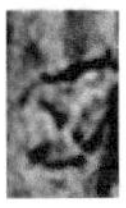 䢅伯雩父罍 mt13826 𠀠(其)萬年子子孫孫…	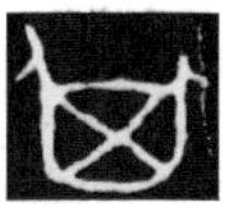 䢅帳伯壺蓋 ms1057 𠀠(其)萬年…  䢅帳伯壺蓋 ms1058 其萬年…
 江叔𧊒鬲 00677 作其尊鬲  𩑺君季𩖔鑑 mx0535 其眉壽無疆		 鄦伯受簠 04599.1 用其吉金  鄦伯受簠 04599.1 其元妹叔嬴	 鄦伯受簠 04599.1 其永用之  鄦伯受簠 04599.2 用其吉金	 鄦伯受簠 04599.2 其元妹叔嬴  鄦伯受簠 04599.2 其永用之	

CE

 䢼帳伯壺 mx0831 𠀠(其)萬年… 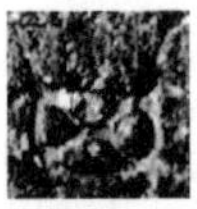 䢼仲侯盤 ms1206 其萬年…	 䢼帳伯壺 jjmy011 𠀠(其)萬年子子孫永寶用享	 鄂伯邍鼎 ms0241 𠀠(其)萬年  [illegible]人屖石盤 ms1200 其萬年	 [illegible]人屖石匜 ms1246 其萬年  幻伯隹壺 xs1200 𠀠(其)萬[年]子孫用之	 鄘公鼎 02714 用𠀠(其)吉金  鄘公鼎 02714 𠀠(其)萬年無疆	 廓季伯歸鼎 02644 用其吉金  廓季伯歸鼎 02645 用𠀠(其)吉金
		  蔡子䶒盞g xs1235 擇其吉金 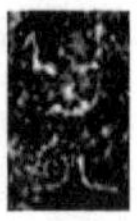 蔡子䶒盞g xs1235 其眉壽萬年無疆	 蔡子䶒盞q xs1235 擇其吉金  登句鑃 mx1048 擇其吉金	 章子鄭戈 11295A 章子鄭選𠀠(其)元金  章子鄭戈 11295A 爲𠀠(其)戉戈	 邧子𧺆盤 xs1372 擇𠀠(其)吉金  邧子𧺆盤 xs1372 鑄𠀠(其)盥盤
		 義子鼎 eb308 其眉壽無期  丁兒鼎蓋 xs1712 擇其吉金	 襄王孫盞 xs1771 擇其吉金	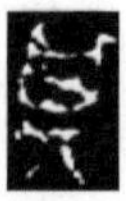 愠兒盞g xs1374 自作鑄其盞盂  愠兒盞q xs1374 自作鑄其盞盂	 侯古堆鎛 xs276 擇其吉金  侯古堆鎛 xs277 擇其吉金
CE					

 伯歸臺盤 mt14484 用其吉金	 郘君盧鼎 mx0198 郘君盧作甾(其)鼎	 郘君盧鼎 mx0198 甾(其)或隹□	 蠆侯盤 ms1205 其萬年無疆	 楚季咩盤 10125 其子子孫孫永寶用享	 楚嬴盤 10148 甾(其)萬年子子孫孫…
  鄧伯貝懋盤 mx0941 其萬年	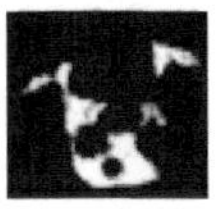 郘君盧鼎 mx0198 甾(其)萬年無疆	 備兵鼎 jjmy007 甾(其)萬年子子孫孫永寶用	 瞖子奠伯鬲 00742 甾(其)眉壽萬年無疆	 楚嬴盤 10148 鑄甾(其)寶盤	 楚嬴匜 10273 鑄甾(其)匜
 鄝膚簠 mx0500 擇其吉金	 子諆盆 10335.1 鑄甾(其)行孠(盂)	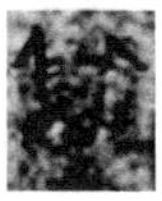 侯孫老簠 g ms0586 擇其吉金		 諆余鼎 mx0219 擇其吉金	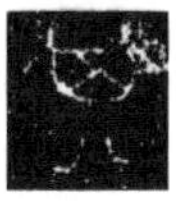 楚子暖簠 04575 鑄其飤簠
 盅鼎 02356 其永用之	 子諆盆 10335.2 鑄甾(其)行孠(盂)	 侯孫老簠 g ms0586 其眉壽		 諆余鼎 mx0219 其眉壽無疆	 楚子暖簠 04576 鑄其飤簠
 侯古堆鎛 xs278 擇其吉金	 侯古堆鎛 xs280 擇其吉金			 子季嬴青簠 04594.1 擇其吉金	 子季嬴青簠 04594.1 眉壽無其(期)
 侯古堆鎛 xs279 擇其吉金	 侯古堆鎛 xs281 擇其吉金			 子季嬴青簠 04594.2 擇其吉金	 子季嬴青簠 04594.2 眉壽無其(期)
CE				楚	

 楚嬴匜 10273 甘(其)萬年子孫永用享	 考叔𢉖父簠 04608.1 其眉壽萬年無疆	 考叔𢉖父簠 04609.1 其眉壽萬年無疆	 楚太師登鐘 mt15511a 用其吉金	 楚太師登鐘 mt15513a 用其吉金	 楚太師登鐘 mt15516a 用其吉金
	 考叔𢉖父簠 04608.2 其眉壽萬年無疆	 考叔𢉖父簠 04609.2 其眉壽萬年無疆	 楚太師登鐘 mt15512a 用其吉金	 楚太師登鐘 mt15514a 用其吉金	 楚太師登鐘 mt15517 用其吉金
 楚子暖簠 04577 鑄其飤䀇	 以鄧鼎g xs406 擇其吉金	 以鄧鼎q xs406 擇其吉金	 以鄧匜 xs405 擇其吉金	 楚屈子赤目簠 04612 其眉壽無疆	 仲改衛簠 xs399 用甘(其)吉金
 王子申盞 04643 其眉壽無期	 以鄧鼎g xs406 鑄其緐鼎	 以鄧鼎q xs406 鑄其緐鼎	 以鄧匜 xs405 鑄其會匜	 楚屈子赤目簠 xs1230 其眉壽無疆	 仲改衛簠 xs400 用甘(其)吉金
 褱鼎 02551.1 其眉壽無期	 𪒠鐘 xs482a 鑄其反鐘	 𪒠鐘 xs486a 鑄其反鐘	 𪒠鐘 xs484a 鑄其反鐘	 𪒠鎛 xs489a 鑄其瓪(反)鐘	 𪒠鎛 xs491a 鑄其反鐘
 褱鼎 02551.2 其眉壽無期	 𪒠鐘 xs482a 其音贏少則揚	 𪒠鐘 xs486a 其音贏少則揚		 𪒠鎛 xs490a 鑄其瓪(反)鐘	 𪒠鎛 xs491a 其音贏少則揚

楚

 楚太師登鐘 mt15518a 用其吉金	 楚太師鄧子辥慎鎛 mx1045 用其吉金	 楚王領鐘 00053.2 其律其言(歆)	 楚王鐘 00072 其眉壽無疆	 塞公孫𣿬父匜 10276 其眉壽無疆	 彭子仲盆蓋 10340 擇其吉金
 楚太師登鐘 mt15519a 用其吉金		 楚王領鐘 00053.2 其律其言(歆)		 中子化盤 10137 用擇𠀠(其)吉金	 彭子仲盆蓋 10340 𠀠(其)眉壽無疆
 何次簠 xs402 擇其吉金	 何次簠g xs403 𠀠(其)眉壽萬年無疆	 何次簠g xs404 其眉壽萬年無疆	 東姬匜 xs398 其眉壽萬年無期	 孟縢姬缶 10005 擇其吉金	 楚子棄疾簠 xs314 擇其吉金
 何次簠 xs402 其眉壽萬年無疆	 何次簠q xs403 其眉壽萬年無疆	 何次簠q xs404 其眉壽萬年無疆		 孟縢姬缶 xs416 擇其吉金	 敬事天王鐘 00073 其眉壽無疆
 𪒠鎛 xs492a 其音贏少則揚	 𪒠鎛 xs494a 其音贏少則揚	 𪒠鎛 xs496a 其音贏少則揚	 欒書缶 10008.2 擇其吉金	 楚子壽戈 mx1156 楚子壽爲其…	 復公仲壺 09681 其賜公子孫
 𪒠鎛 xs494a 鑄其反鐘	 𪒠鎛 xs496a 鑄其反鐘				 復公仲簋蓋 04128 其擇吉金

楚

 敬事天王鐘 00075 其眉壽無疆  敬事天王鐘 00076 其眉壽無疆	 敬事天王鐘 00078.1 其眉壽無疆  敬事天王鐘 00080.1 其眉壽無疆	 王孫誥鐘 xs418 擇其吉金  王孫誥鐘 xs418 永受其福	 王孫誥鐘 xs419 永受其福  王孫誥鐘 xs420 擇其吉金	 王孫誥鐘 xs420 永受其福  王孫誥鐘 xs421 擇其吉金	 王孫誥鐘 xs421 永受其福  王孫誥鐘 xs422 擇其吉金
 復公仲簋蓋 04128 亓(其)萬年永壽					

楚

 王孫誥鐘 xs422 永受其福  王孫誥鐘 xs423 擇其吉金	 王孫誥鐘 xs423 永受其福  王孫誥鐘 xs424 擇其吉金	 王孫誥鐘 xs424 永受其福  王孫誥鐘 xs425 擇其吉金	 王孫誥鐘 xs425 永受其福  王孫誥鐘 xs426 擇其吉金	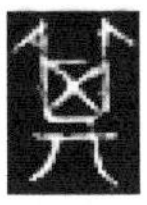 王孫誥鐘 xs426 永受其福  王孫誥鐘 xs427 永受其福	 王孫誥鐘 xs427 擇其吉金  王孫誥鐘 xs428 永受其福

 王孫誥鐘 xs428 擇其吉金  王孫誥鐘 xs429 永受其福	 王孫誥鐘 xs429 擇其吉金  王孫誥鐘 xs430 永受其福	 王孫誥鐘 xs430 擇其吉金  王孫誥鐘 xs436 永受其福	 王孫誥鐘 xs432 永受其福  王孫誥鐘 xs439 永受其福	 王孫誥鐘 xs441 永受其福  王孫誥鐘 xs434 擇其吉金	 王孫誥鐘 xs433 擇其吉金  王孫誥鐘 xs443 擇其吉金

楚

 王孫遺者鐘 00261.1 擇甘(其)吉金	 發孫虜簠 xs1773 擇其吉金	 楚王鼎q mt02318 其眉壽無期	 楚王鼎 mx0188 其眉壽無疆	 王子吴鼎 02717 擇其吉金	 王子吴鼎 mt02343b 擇其吉金
 楚叔之孫倗鼎q xs473 擇其吉金	 楚王鼎g mt02318 其眉壽無期	 楚王鼎 mx0210 其眉壽無期	 楚王媵嬭加缶 kg2020.7 其眉壽無疆	 王子吴鼎 02717 其眉壽無期	 王子吴鼎 mt02343b 其眉壽無期

楚

 王子午鼎 02811.2 擇其吉金  王子午鼎 02811.2 永受其福	 王子午鼎q xs444 擇其吉金  王子午鼎q xs444 永受其福	 王子午鼎 xs445 擇其吉金  王子午鼎 xs446 擇其吉金	 王子午鼎 xs446 永受其福  王子午鼎q xs447 擇其吉金	 王子午鼎q xs447 永受其福  王子午鼎 xs448 [擇]其[吉金]	 王子午鼎 xs449 擇其吉金 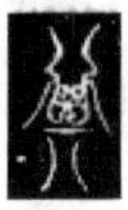 王子午鼎 xs449 永受其福

楚

 鄦子受鐘 xs505 其永配厥休  鄦子受鐘 xs508 其永配厥休	 鄦子受鐘 xs512 其永配厥休  鄦子受鎛 xs513 其永配厥休	 鄦子受鎛 xs514 其永配厥休  鄦子受鎛 xs516 其永配厥休	 鄦子受鎛 xs518 其永配厥休  鄦子受鎛 xs520 其永配厥休	 童麗君柏歚q mx0494 擇囟(其)吉金  童麗君柏歚q mx0494 作囟(其)飤歚	 童麗君柏歚g mx0494 擇囟(其)吉金  童麗君柏歚g mx0494 作囟(其)飤歚
				 九里墩鼓座 00429.1 擇其吉金	
楚				鍾離	

 童麗君柏簠q mx0495 作𠀠(其)飤簠	 童麗君柏簠g mx0495 作𠀠(其)飤簠	 童麗君柏鐘 mx1017 作其行鐘	 童麗君柏鐘 mx1019 作其行鐘	 童麗君柏鐘 mx1021 作其行鐘	 童麗君柏鐘 mx1024 作其行鐘
 童麗君柏簠g mx0495 擇𠀠(其)吉金	 童麗君柏鐘 mx1016 作其行鐘	 童麗君柏鐘 mx1018 作其行鐘	 童麗君柏鐘 mx1020 作其行鐘	 童麗君柏鐘 mx1022 作其行鐘	 季子康鎛 mt15788b 其眉壽無疆
鍾離					

		 郐王鼎㸑鼎 02675 用其良金  郐王鼎㸑鼎 02675 鑄其鎛鼎	 郐大子鼎 02652 甾(其)好妻		
 季子康鎛 mt15789b 其眉壽無疆  季子康鎛 mt15790a 擇其吉金	 季子康鎛 mt15790b 其眉壽無疆  季子康鎛 mt15791a [擇]其吉金	 次口缶 xs1249 擇甾(其)吉金	 徐王容巨戟 mx1230 自作元甾(其)口戈		
		 沇兒鎛 00203.1 擇其吉金  徐王子旃鐘 00182.1 擇其吉金	 徐王子旃鐘 00182.2 甾(其)音悠悠  徐王義楚盤 10099 擇其吉金	 徐王義楚之元子劍　11668 擇其吉金  郐令尹者旨睝爐　10391 擇其吉金	 郐王之孫鐘 xs1268 鑄其龢鐘  郐䣄尹譬鼎 02766.2 眉壽無其(期)
鍾離		徐			

		 者瀘鐘 00193 其[穽]于[上下]  者瀘鐘 00194 擇其吉金	 者瀘鐘 00194 [于]其皇[祖皇考]  者瀘鐘 00194 其登于[上下]	 者瀘鐘 00195 擇其[吉金]  者瀘鐘 00195 于其皇祖皇考	 者瀘鐘 00195 其登于[上下]  者瀘鐘 00196 擇其吉金
 三兒簋 04245 其遹孟□	 之乘辰鐘 xs1409 自作其鐲	 攻吴矛 xs1263 甘(其)元用  工𫊸季生匜 10212 作其盥會匜	 姑發諸樊之弟劍　xs988 其兀(元)用劍  工𫊸王劍 11665 甘(其)江之台	 攻敔王盧戗此郐劍　mt17947 甘(其)元用  姑發諸樊之弟劍　xs988 子□甘(其)後	 工吴王叡䣄工吴劍　mt17948 擇其吉金  工吴王叡䣄工吴劍 mt17948 其知之
徐		吴			

 者𣴘鐘 00196 于其皇祖皇考  者𣴘鐘 00198.1 擇其吉金	 者𣴘鐘 00197.1 擇其吉金  者𣴘鐘 00197.1 其皇祖皇考	 者𣴘鐘 00197.2 其⿱癶廾(登)于上下  者𣴘鐘 00198.1 于其皇祖皇考	 者𣴘鐘 00198.2 其⿱癶廾(登)于上下		
 吴王光鐘 0223.1 其……  吴王光鐘 00224.6 其……	 吴王光鐘 00224.30 其[音穆穆]	 吴王光鑑 10298 擇其吉金  吴王光鑑 10299 擇其吉金	 攻敔王夫差劍 mt17934 自作𠀠((其)元用  攻敔王夫差劍 mt17939 自作其元用	 攻敔王劍 11636 自作𠀠其)元用  冉鉦鋮 00428 擇𠀠(其)吉金	 冉鉦鋮 00428 以□□船𠀠(其)航  冉鉦鋮 00428 𠀠(其)陰其陽
吴					

				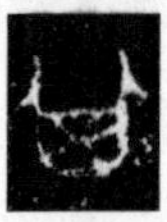 朿仲豈父簋 mx0404 𠀠(其)萬年子子孫孫…  朿仲豈父簋蓋 03924 𠀠(其)萬年子子孫孫…	 彔簋蓋甲 mx0392 𠀠(其)萬年永寶用 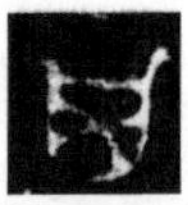 彔簋蓋乙 mx0393 𠀠(其)萬年永寶用
 其次句鑃 00421 其次擇其吉金  其次句鑃 00421 擇其吉金	 其次句鑃 00422A 其次擇其吉金  其次句鑃 00422A 擇其吉金	 其次句鑃 00422B 擇其吉金  其次句鑃 00422B 其次擇其吉金	 者尚余卑盤 10165 擇其吉金  者尚余卑盤 10165 自作鑄其盤		
越					

 伯剌戈 11400 用甾(其)良金	 郳子良人甗 00945 擇其吉金	 郳子良人甗 00945 其子子孫孫永□□	 王孫壽甗 00946 擇其吉金	 伯氏鼎 02443 其永寶用	 伯氏鼎 02446 其永寶用
 伯剌戈 11400 作甾(其)元戈	 郳子良人甗 00945 其萬年無疆		 王孫壽甗 00946 其眉壽無疆	 伯氏鼎 02444 其永寶用	 伯氏鼎 02447 其永寶用
 嘉子孟嬴喦缶 xs1806 子孫其萬年無疆	 鐘伯侵鼎 02668 其子子孫孫永寶用之	 公父宅匜 10278 其行匜	 其台鐘 00003 甾(其)以□□	 瘃鼎 02569 其鬳鼎鼎	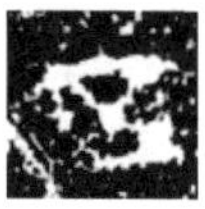 掃片昶豯鼎 02570 甾(其)萬年子子孫…
	 乙鼎 02607 甾(其)眉壽無期	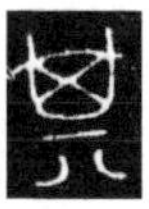 公父宅匜 10278 其萬年	 何訇君鼎 02477 擇甾(其)[吉]金	 鎬鼎 02478 □其吉金	 掃片昶豯鼎 02571 甾(其)萬年子子孫永寶用享
 嘉子昜伯臚簠 04605.1 用其吉金	 揚鼎 mt02319 擇其吉金	 尊父鼎 mt02096 甾(其)萬年	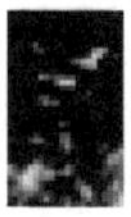 與子具鼎 xs1399 其眉壽無疆	 伯怡父鼎 eb312 甾(其)眉壽萬年無疆	 師麻孝叔鼎 02552 甾(其)萬年子子孫孫永寶用
 嘉子昜伯臚簠 04605.2 用其吉金	 揚鼎 mt02319 其眉壽無疆	 虡公劍 11663B 其以作爲用元劍	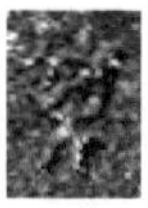 痯父匜 mt14986 其眉壽無疆	 伯怡父鼎 eb313 其眉壽萬年無疆	

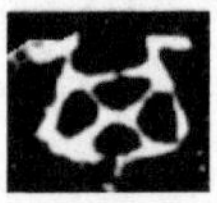 崩奔生鼎 02524 𠀠(其)子子孫孫	 專車季鼎 02476 其子子孫孫永寶用	 武生毀鼎 02522 作𠀠(其)□[羞]鼎	 雍鼎 02521 𠀠(其)萬年子子孫孫永寶用	 □魯宰两鼎 02591 □魯宰两作其□□寶鼎	 卓林父簋蓋 04018 𠀠(其)子子孫孫永寶用
 鄦大嗣攻鬲 00678 □𠀠(其)鬲	 伯筍父鼎 02513 𠀠(其)萬年子子孫孫永寶用	 武生毀鼎 02523 作其羞鼎		 □魯宰两鼎 02591 𠀠(其)子子孫孫	 京叔姬簠 04504 𠀠(其)永用
 □偖生鼎 02632 其萬年子子孫孫永寶用享	 微乘簠 04486 鑄其寶𥂴	 深伯鼎 02621 𠀠(其)萬年無疆	 樂大司徒瓶 09981 其眉壽	 王孫叔諲甗 mt03362 其眉壽無疆	 般仲柔盤 10143 𠀠(其)萬年眉壽無疆
 □偖生鼎 02633 其萬年子子孫孫永寶用享	 伯□父簠 04535 𠀠(其)萬年永寶用	 匹君壺 09680 其成公鑄子孟改媵盥壺	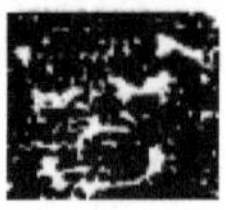 永寶用享盤 10058 作𠀠(其)□	 般仲柔盤 10143 作𠀠(其)盤	 益余敦 xs1627 爲其賸敦
 者差劍 xs1869 者差其□(擇)吉金					

 眚仲之孫簋 04120 其萬年無疆	 奢虎簠 04539.1 鑄囟(其)寶藍	 旅虎簠 04540 鑄囟(其)寶藍	 旅虎簠 04541.2 鑄囟(其)寶藍	 夢子匜 10245 囟(其)萬年無疆	 □鏞用戈 11334 鑄其載戈
 叔皮父簋 04127 其妻子	 奢虎簠 04539.2 鑄囟(其)寶藍	 旅虎簠 04541.1 鑄囟(其)寶藍	 伯其父簠 04581 伯囟(其)父麐	 圃公鼎 xs1463 囟(其)子子孫孫永寶用之	 叔夜鼎 02646 叔夜鑄其饙鼎

丌

 考䢔君季鼎 02519 作其盍鼎  伯索史盂 10317 𠀠(其)萬年子子孫孫永用					
	 宋右師延敦 CE33001 天亓(其)作市	 郘夫人嬭鼎 mt02425 擇丌(其)古<吉>金  郘夫人嬭鼎 mt02425 長購口丌(其)吉	 越王丌北古劍 11703 越王丌北古  越王丌北古劍 11703 越王丌北古	 越王丌北古劍 11703 唯越王丌北  越王丌北古劍 xs1317 越王丌北古	 越王丌北古劍 xs1317 越王丌北  越王丌北古劍 xs1317 唯越王丌北古
	宋	楚	越		

典

		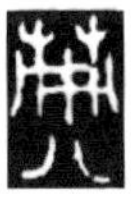 郜公典盤 xs1043 公蒹爲其盥盤	 叔夷鐘 00275.2 夷篻(典)其先舊(舅)  叔夷鎛 00285.5 夷篻(典)其先舊(舅)	 孎加鎛乙 ms1283 余典册厥德	 晉公盤 mx0952 刜僉(典)龗㞘
 越王丌北古劍 wy098 越王丌北古  越王丌北古劍 wy098 越王丌北古	 越王丌北古劍 wy098 越王丌北  能原鎛 00156.2 亓(其)者可□□				
越		郜	齊	曾	晉

巽　奠

	 秦公鐘 00262 康奠(奠)協朕國  秦公鐘 00265 康奠(奠)協朕國	 秦公鎛 00267.2 康奠(奠)協朕國  秦公鎛 00268.2 康奠(奠)協朕國	 秦公鎛 00269.2 康奠(奠)協朕國		 鄭井叔蒦父鬲 00580 奠(鄭)丼叔  鄭井叔蒦父鬲 00581 奠(鄭)丼叔
				 子犯鐘 xs1023 克奠(奠)王位	 鄭子石鼎 02421 奠(鄭)子石  鄭大内史叔上匜　10281 奠(鄭)大内史
 穀巽鼎 hdkg 十二 穀巽自作鼎					 𪊨鼎g xs1237 奠(鄭)莊公  𪊨鼎q xs1237 奠(鄭)莊公
	秦			晉	鄭

 鄭叔蒦父鬲 00579 奠(鄭)叔  鄭伯盤 10090 奠(鄭)伯	 鄭饔原父鼎 02493 奠(鄭)饔邍父  鄭師□父鬲 00731 奠(鄭)師邍父	 伯高父甗 00938 奠(鄭)氏  鄭戚句父鼎 02520 奠(鄭)戚句父	 鄭伯氏士叔皇父鼎　02667 奠(鄭)伯氏  鄭義伯鑐 09973.1 我奠(鄭)即㿿	 召叔山父簠 04601 奠(鄭)伯  召叔山父簠 04602 奠(鄭)伯	 鄭義伯鑐 09973.2 奠(鄭)義伯  鄭義伯鑐 09973.2 我奠(鄭)即㿿
 鄭莊公之孫缶 xs1238 奠(鄭)莊公  鄭莊公之孫盧鼎　mt02409 奠(鄭)莊公	 封子楚簠g mx0517 奠(鄭)武公				

鄭

具

 子耳鼎 mt02253 奠(鄭)伯  寶登鼎 mt02122 奠(鄭)䵼叔	 曾子斿鼎 02757 百民是奠(奠)	 𨜒子奠伯鬲 00742 𨜒子奠(奠)伯			
			 叔夷鐘 00272.1 先具(祖)  叔夷鎛 00285.1 先具(祖)	 叔夷鎛 00285.5 高具(祖)  叔夷鎛 00285.7 皇具(祖)	 叔夷鎛 00285.7 皇具(祖)
	 曾大師奠鼎 xs501 曾太師奠(鄭)之廚鼎				
鄭	曾		齊		

左

 秦公鐘 00262 咸畜左右  秦公鐘 00265 咸畜左右	 秦公鎛 00267.1 咸畜左右  秦公鎛 00268.1 咸畜左右	 秦公鎛 00269.1 咸畜左右  秦子戈 11352a 左右市鮭	 秦子戈 11353 左右市鮭  秦子戈 xs1350 左辟元用	 秦子戈 xs1350 左右市鮭  秦子戈 mt17209 左右市鮭	 綹左庫戈 10959 欒左庫  綹左庫戈 10960 欒左庫
					 子犯鐘 xs1008 晉公左右  子犯鐘 xs1010 晉公左右
秦					晉

			 左行議戈 ms1402 左行議		
 子犯鐘 xs1020 晋公左右  子犯鐘 xs1022 晋公左右	 晋公盆 10342 左右武王  晋公盆 10342 作凴左右	 晋公盤 mx0952 左右武王  晋公盤 mx0952 作蔽左右		 叔左鼎 mt02334 叔左□之	 宋左太師睪鼎 mt01923 宋右(左)太師  宋左太師睪鼎 mt01923 宋右(左)太師
晋			燕	BC	宋

	 郳左庀戈 10969 郳右(左)庀 (庫)				
 魯大左𤔲徒元鼎　02592 [魯]大左司徒  魯大左𤔲徒元鼎　02593 魯大左司徒		 叔夷鐘 00272.2 左右毋諱  叔夷鐘 00274.2 左右余一人	 叔夷鐘 00278 齊侯左右  叔夷鐘 00279 左右毋諱	 叔夷鐘 00280 齊侯左右  叔夷鎛 00285.2 左右毋諱	 叔夷鎛 00285.4 左右余一人  叔夷鎛 00285.8 齊侯左右
		 成陽左戈 ms1372 成陽左戈  城陽左戈 ms1352 城陽左戈	 平阿左戈 xs1496 平阿左戈		
魯	郳	齊			

	 左徒戈 10971 左徒戈	 曾公畎鎛鐘 jk2020.1 左右有周  曾公畎鎛鐘 jk2020.1 左右有周	 曾公畎甬鐘 A jk2020.1 左右有周  曾公畎甬鐘 A jk2020.1 左右有周	 曾公畎甬鐘 A jk2020.1 左右有周  曾公畎甬鐘 B jk2020.1 左右有周	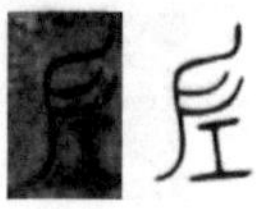 曾公畎甬鐘 B jk2020.1 左右有周
 淳于戈 xs1110 淳于左造  淳于公戈 ms1426 淳于公之左造	 郾左庫戈 11022 郾左庫				
淳于	D	曾			

差

 左之造戈 10968 左之造  左戈 xs1536 左			 國差鐎 10361 國差(佐)立事歲	 叔夷鐘 00274.2 余命汝緘差(佐)正卿  叔夷鎛 00285.4 余命汝緘差(佐)正卿	
 郲州戈 11074 豫州左庫	 宋公差戈 11204 宋公硻(佐)  宋公差戈 11281 宋公硻(佐)	 宋公差戈 11289 宋公差(佐)			 曾侯與鐘 mx1029 硻(左)右文武  曾侯鐘 mx1025 硻(左)右楚王
	宋		齊		曾

	 王子午鼎 02811.2 不畏不羞(差)  王子午鼎q xs444 不畏不羞(差)	 王子午鼎 xs446 不畏不羞(差)  王子午鼎q xs447 不畏不羞(差)	 王子午鼎 xs449 不畏不羞(差)		
 曾工差臣簠 mx0484 曾工差(佐)臣				 攻敔王劍 11636 攻敔王夫羞(差)  攻敔戟 11258.1 攻敔工差	 吴王夫差鑑 10294 吴王夫嗟(差)  吴王夫差鑑 10295 攻吴王夫嗟(差)
曾	楚			吴	

 吴王夫差鑑 10296 攻吴王夫䜊(差)  攻敔王夫差戈 11288 攻敔王夫差	 攻敔王夫差劍 11637 攻敔王夫䀹(差)  攻敔王夫差劍 11638 攻敔王夫䀹(差)	 攻敔王夫差劍 11639 攻敔王夫䀹(差) 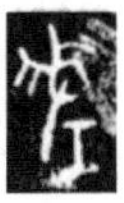 吴王夫差矛 11534 吴王夫差	 吴王夫差盉 xs1475 吴王夫䜊(差)  攻吴王夫差鑑 xs1477 攻吴王夫䜊(差)	 攻吴王夫差劍 xs1734 攻敔王夫䀹(差)  吴王夫差劍 xs317 [攻]敔王夫䀹 (差)	 攻吴王夫差劍 xs1116 攻敔王夫䀹(差)  攻吴王夫差劍 xs1523 攻敔王夫䀹(差)
吴					

工

					 子犯鐘 xs1010 大工(攻)楚荆  子犯鐘 xs1022 大工(攻)楚荆
 攻吴王夫差劍 xs1551 攻敔王夫䂧(差)  攻吴王夫差劍 xs1876 攻敔王夫䂧(差)	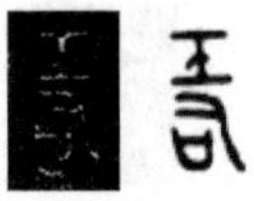 攻吴王夫差劍 xs1868 攻敔王夫䂧(差)  攻敔王夫差劍 mt17934 攻敔王夫䂧(差)	 攻敔王夫差劍 mt17939 攻敔王夫䂧(差)  攻吴王夫差劍 xs1895 攻敔王夫䂧(差)	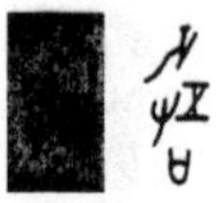 者差劍 xs1869 者䂧(差)其囗 擇吉金  攻吴王夫差鑑 mx1000 攻吴王夫䂨(差)	 攻敔王夫差劍 mx1341 攻敔王夫䂧(差)  攻敔王夫差劍 mx1336 攻敔王夫䂧(差)	
吴					晋

 召叔山父簠 04601 大司工  召叔山父簠 04602 大司工			 楚太師登鐘 mt15511a 武于戎工(功)  楚太師登鐘 mt15512a 武于戎工(功)	 楚太師登鐘 mt15513a 武于戎工(功)  楚太師登鐘 mt15514a 武于戎工(功)	 楚太師登鐘 mt15516a 武于戎工(功)  楚太師登鐘 mt15517 武于戎工(功)
	 曾工差臣簠 mx0484 曾工佐臣	 蔡公子義工簠 04500 蔡公子義工			
鄭	曾	蔡	楚		

 楚太師登鐘 mt15518a 武于戎工(功)  楚太師登鐘 mt15519a 武于戎工(功)	 楚太師登鐘 mt15514a 武于戎工(功)  楚太師鄧子鎛 mx1045 武于戎工(功)				
		 者𣽎鐘 00193 工𠭯王  者𣽎鐘 00195 工𠭯王	 者𣽎鐘 00196 工[𠭯]王  者𣽎鐘 00197.1 工[𠭯]王	 者𣽎鐘 00198.1 工𠭯王  者𣽎鐘 00199 工𠭯王	 者𣽎鐘 00200 工 [𠭯王]  者𣽎鐘 00201 工𠭯王
		 工盧王姑發者坂劍　ms1617 工盧王  工盧王者返叡劍　zy2021.1 工盧王	 工盧王姑發者坂戈　wy03 工盧王  工盧劍 mx1346 工盧	 姑發腎反劍 11718 工𠭯太子  攻吴大叔盤 xs1264 工盧大叔	 攻吴矛 xs1263 工盧  攻吴大叡矛 xs1625 工盧大叡
楚		吴			

 者𣻒鐘 00202 工𪊥王					
 攻吴大𪊥矛 xs1625 工𪊨  工𪊥季生匜 10212 工𪊥季生	  工𪊨大叔戈 mt17138 工𪊨大叔  工𪊥王劍 11665 工𪊥王	 姑發諸樊之弟劍 xs988 工𪊨王  工吴王𪊲䣄劍 mt17948 工吴王	 工吴王𪊲䣄工吴劍 mt17948 工吴王𪊲工吴  攻吴王之孫盉 xs1283 工𪊨王	 攻敔戟 11258.1 攻敔工差  吴王光帶鈎 mx1388 工吾王	 吴王光帶鈎 mx1390 工吾王
吴					

巨

					 矩甗 xs970 申五氏孫趺
	 □工劍 11575 □工		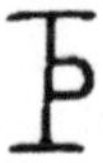 孄加鎛乙 ms1283 民之氐巨	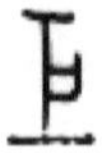 徐王容巨戟 mx1230 徐王容巨	
 攻吾王光劍 wy030 工吾王  攻吾王光劍 wy030 工吾王		 鄘侯少子簋 04152 乃孝孫不巨	 甬巨簠 mx0480 甬巨之行簠		
吳		莒	曾	徐	CE

寋	巫	甘			
 塞公孫寣父匜 10276 寋(塞)公		 鄬甘辜鼎 xs1091 鄬甘辜肇作尊鼎	 伯克父鼎 ms0285 伯克父甘婁  曾伯克父簋 ms0509 曾伯克父甘婁	 曾伯克父甗 ms0361 曾伯克父甘婁  曾伯克父盨 ms0538 曾伯克父甘婁	 曾伯克父盨 ms0539 曾伯克父甘婁
 塞公屈顙戈 mt16696 寋(塞)公					
	 巫鼎 ms0212 巫爲其舅叔考臣鑄行繇鼎 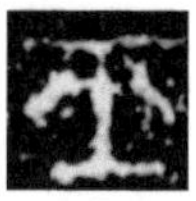 巫簠 ms0557 巫爲其舅叔考臣鑄行繇簠				
CE	曾	過	曾		

猒		甚	曰		
			 秦公鐘 00262 秦公曰…  秦公鐘 00262 公及王姬曰…	 秦公鐘 00264 秦公曰…  秦公鐘 00264 公及王姬曰…	 秦公鎛 00267.1 秦公曰…  秦公鎛 00267.1 公及王姬曰…
 叔夷鐘 00272.2 余引猒(厭)乃心  叔夷鐘 00281 余引猒(厭)乃心	 叔夷鎛 00285.1 余引猒(厭)乃心		 秦公簋 04315.1 秦公曰…  盄和鐘 00270.1 秦公曰…	 盄和鐘 00270.1 曰余雖小子…  盄和鐘 00270.2 厥名曰甞邦	
		 夫跌申鼎 xs1250 甫遽昧公甚六			
齊		舒	秦		

 秦公鎛 00268.1 秦公曰…  秦公鎛 00268.1 公及王姬曰…	 秦公鎛 00269.1 秦公曰…  秦公鎛 00269.1 公及王姬曰…	 戎生鐘 xs1613 戎生曰…  晉姜鼎 02826 晉姜曰…			
		 晉公盆 10342 晉公曰…	 晉公盤 mx0952 晉公曰…  晉公盤 mx0952 公曰…		
		 郘黛鐘 00226 郘黛曰…  郘黛鐘 00228 郘黛曰…	 郘黛鐘 00230 郘黛曰…  郘黛鐘 00233 郘黛曰…	 郘黛鐘 00234 郘黛曰…  郘黛鐘 00237 郘黛曰…	 哀成叔鼎 02782 嘉曰余鄭邦之產…
秦		晉			鄭

鄭	邾			滕	齊
					 齊侯鎛 00271 侯氏從達之曰…  齊侯鎛 00271 𩰫(鮑)子𪎳曰…
 鄭莊公之孫盧鼎　mt02409 曰嗚呼哀哉  盧鼎q xs1237 曰嗚呼	 鼄大宰簠 04623 邾太宰…曰…  鼄大宰簠 04624 邾太宰…曰…	 鼄公牼鐘 00150 鼄公牼…曰…  鼄公牼鐘 00151 鼄公牼…曰…	 鼄公華鐘 00245 鼄公華…曰…	  司馬楙鎛 eb47 曰古朕皇祖悼公…	 洹子孟姜壺 09729 曰期則爾期…  洹子孟姜壺 09730 曰期則爾期…

叔夷鎛
00278
至于世曰…

叔夷鎛
00285.1
公曰…

叔夷鐘
00274.1
汝夷毋曰余小子…

叔夷鐘
00274.1
公曰…

叔夷鐘
00272.1
公曰汝夷…

叔夷鐘
00273.1
公曰…

庚壺
09733.2B
弍□曰□余以賜汝

庚壺
09733.2B
公曰甬甬

庚壺
09733.2B
曰不可多也…

庚壺
09733.1B
武叔曰庚

庚壺
09733.1B
公曰甬甬

齊

 叔夷鎛 00285.2 公曰…  叔夷鎛 00285.3 公曰…	 叔夷鎛 00285.4 汝夷毋曰…  叔夷鎛 00285.8 至于世曰…	 曾公畭鎛鐘 jk2020.1 曾公畭曰…  曾公畭鎛鐘 jk2020.1 曰卲王南行…	 曾公畭鎛鐘 jk2020.1 曰嗚呼…  曾公畭甬鐘 A jk2020.1 曾公畭曰…	 曾公畭甬鐘 A jk2020.1 曰卲王南行…  曾公畭甬鐘 A jk2020.1 曰嗚呼…	 曾公畭甬鐘 A jk2020.1 曰嗚呼  曾公畭甬鐘 B jk2020.1 曾公畭曰…
		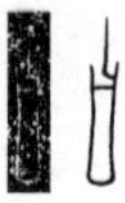 曾侯與鐘 mx1029 曾侯𦙍曰…  曾侯與鐘 mx1032 曾侯𦙍曰…			
齊		曾			

 曾公畎甬鐘 B jk2020.1 曰卲王南行…  曾公畎甬鐘 B jk2020.1 曰嗚呼	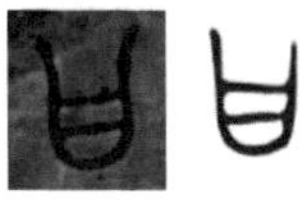 曾公畎甬鐘 B jk2020.1 曰嗚呼	 嬭加編鐘 kg2020.7 伯括受命曰… 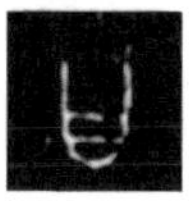 嬭加編鐘 kg2020.7 曰嗚呼…			
			 蔡侯紐鐘 00210.1 蔡侯□曰…  蔡侯紐鐘 00211.1 蔡侯□曰…	 蔡侯紐鐘 00218.1 蔡侯□曰…  蔡侯鎛 00219.1 蔡侯□曰…	 蔡侯鎛 00220.1 蔡侯□曰…  蔡侯鎛 00222.1 蔡侯□曰…
曾			蔡		

<table>
<tr><td></td><td></td><td></td><td></td><td></td><td></td></tr>
<tr><td></td><td></td><td></td><td></td><td></td><td></td></tr>
<tr>
<td>
義子鼎
eb308
義子曰自作飤緐</td>
<td>
復公仲簋蓋
04128
復公中(仲)若我曰…</td>
<td>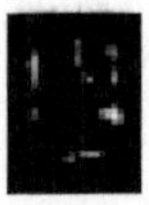
余購逐兒鐘
00183.2
曾孫僕兒…曰烏呼敬哉

余購逐兒鐘
00185.2
曾孫僕兒…曰烏呼敬哉</td>
<td>
三兒簋
04245
曾孫三兒曰…

之乘辰鐘
xs1409
之乘昏(辰)曰…</td>
<td>
吳王餘昧劍
mx1352
攻𩵦王姑𠐭亓雒曰…

配兒鉤鑃
00427.1
吳王□□余□犬子配兒曰…</td>
<td>
䖒巢鎛
xs1277
䖒巢曰…</td>
</tr>
<tr><td>CE</td><td>楚</td><td colspan="2">徐</td><td colspan="2">吳</td></tr>
</table>

				 王孫叔諲甗 mt03362 擇曰吉金	
 能原鎛 00155.1 □於□曰利  能原鎛 00155.1 邲㦧曰…	 能原鎛 00155.2 □連小㦧□曰□□ 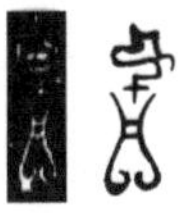 能原鎛 00155.2 □□郲曰之□□作夷□	 能原鎛 00156.1 曰…  能原鎛 00156.1 自祈□曰…	 能原鎛 00156.1 行則曰…  能原鎛 00156.2 □再(稱)勞曰利	 中央勇矛 11566.1 五酉之後曰毋有中央  中央勇矛 11566.2 氏曰□之後	 中央勇矛 11566.2 曰毋有中央
越					

暜		曹			⿱無曰
 戎生鐘 xs1615 懿歆不暜		 曹公子沱戈 11120 𣍘(曹)公子  曹伯狄𣪕 04019 𣍘(曹)白(伯)			
		 曹右庢戈 11070 𣍘(曹)右庢(庫)			
	 郤⿰貝戠尹⿱替曰鼎 02766.1 郤鼇尹暜  郤⿰貝戠尹⿱替曰鼎 02766.2 郤鼇尹暜	 曹公簠 04593 𣍘(曹)公  曹公盤 10144 𣍘(曹)公	 攻吳王姑發邸之子劍 xs1241 姑發邸之子𣍘(曹)□□	 郜公鯢曹戈 11209 郜公鯢𣍘(造)戈三百	 許公戈 xs531 ⿱無曰(許)公
晉	徐	曹	吳		許

乃

 子犯鐘 xs1013 乃龢劇鳴	 叔夷鐘 00272.1 余經乃先祖	 叔夷鐘 00272.2 余引厭乃心	 叔夷鐘 00274.1 汝康能乃九事	 叔夷鐘 00275.2 余弗敢廢乃命	 叔夷鎛 00285.1 余經乃先祖
 子犯鐘 xs1017 乃龢劇鳴	 叔夷鐘 00272.1 余既尃乃心	 叔夷鐘 00274.1 余用登純厚乃命	 叔夷鐘 00274.1 眔乃敵寮	 叔夷鐘 00281 余引厭乃心	 叔夷鎛 00285.1 余既尃乃心
晉	齊				

 叔夷鎛 00285.1 余引厭乃心  叔夷鎛 00285.2 虔恤乃死(尸)事	 叔夷鎛 00285.3 乃敢用拜稽首  叔夷鎛 00285.3 汝康能乃九事	 叔夷鎛 00285.3 罘乃敵(敵)寮  叔夷鎛 00285.4 余用登純厚乃命	 叔夷鎛 00285.5 余弗敢灋(廢)乃命  叔夷鐘 00272.2 虔恤乃死(尸)事	 簷叔之仲子平鐘　00172 乃爲[之音]  簷叔之仲子平鐘　00174 乃爲之音	 簷叔之仲子平鐘　00180 乃爲之音
				 鄘侯少子簋 04152 莒侯小子析乃孝孫不巨	
齊				莒	

廼

 上曾太子鼎 02750 乃擇吉金	 曾仲大父螽毁 04203 敀(搥)乃鑄金  曾仲大父螽毁 04204.1 敀(搥)乃鑄金	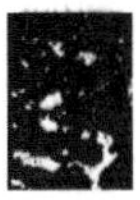 曾仲大父螽毁 04204.2 敀(搥)乃鑄金		 曾仲大父螽毁 04203 卤(廼)用吉鋚  曾仲大父螽毁 04204.1 卤(廼)用吉鋚	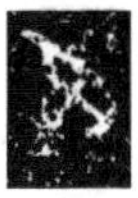 曾仲大父螽毁 04204.2 卤(廼)用吉鋚  㸚右盤 10150 卤(廼)用萬年
	 孎加編鐘 kg2020.7 乃子加孎				
	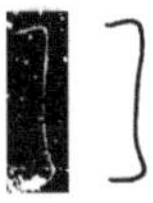 曾侯與鐘 mx1029 西征南伐乃加於楚		 吴王光鑑 10298 虔敬乃后  吴王光鑑 10299 虔敬乃后		
D	曾		吴	曾	

丂

 曾伯陭壺 09712.1 卤(廼)用吉金鐈鋚	 曾伯宫父穆鬲 00699 卤(廼)用吉金	 曾伯克父盨 ms0538 卤(廼)用作旅盨	 伯克父鼎 ms0285 卤(廼)執干戈	 仲考父盤 jk2020.4 仲丂(考)父	 楷宰仲考父鼎 jk2020.4 楷宰仲丂(考)父
 曾伯陭壺 09712.4 卤(廼)用吉金鐈鋚	 曾伯克父甗 ms0361 卤(廼)用作旅甗	 曾伯克父盨 ms0539 卤(廼)用作旅盨	 伯克父鼎 ms0285 卤(廼)得吉金	 仲考父匜 jk2020.4 仲丂(考)父	
曾				黎	

寧

		 上鄀公敄人簋蓋　04183 厥皇丂(考)  鄀公諴鼎 02753 用追享丂(孝)于皇祖考		 冶仲考父壺 09708 冶中(仲)丂父	 晉姜鼎 02826 不暇妄(荒)寧
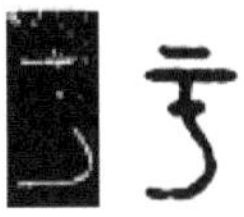 齊侯鎛 00271 皇丂(考)遵仲  齊侯鎛 00271 用求丂(考)命	 公典盤 xs1043 于終又(有)丂				 子犯鐘 xs1014 用匽用寧
			 越王者旨於睗鐘　00144 我以樂丂(考)嫡祖大夫賓客		
齊	郜	鄀	越		晉

可

	 齊侯鎛 00271 是辝可事  庚壺 09733.2B 不可多也				
 杕氏壺 09715 可(荷)是金絜		 可簠 eb459 可之行匲  可盤 eb921 可之行盤	 可壺 eb850 可之行盏	 蔡大師鼎 02738 許叔姬可母	 工吴王䱷䣐工吴劍　mt17948 不可告仁
燕	齊	曾		蔡	吴

			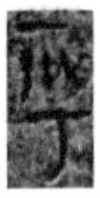 許子□父鼎 ww2014.8 乎□作□	 黿乎簋 04157.1 乎其萬人(年)永用  黿乎簋 04157.2 黿乎作寶簋	 黿乎簋 04157.2 乎其萬人(年)永用  黿乎簋 04158.1 黿乎作寶簋
		 嬭加鎛丙 ms1284 羼其兮龢		 曾公𤾊鎛鐘 jk2020.1 乎厥命  曾公𤾊甬鐘 A jk2020.1 乎厥命	 曾公𤾊甬鐘 B jk2020.1 乎命尹厥命
 能原鎛 00155.2 可利之於□□者  能原鎛 00156.2 其者可□□	 子可期戈 11072 子可𣫏之用				
越		曾	許	曾	

于

 黿乎簋 04158.1 乎其萬人(年)永用  黿乎簋 04158.2 黿乎作寶簋	 黿乎簋 04158.2 乎其萬人(年)永用	 秦公鐘 00262 不㒸(惰)于上  秦公鐘 00264 不㒸(惰)于上	 秦公鎛 00267.1 不㒸(惰)于上  秦公鎛 00268.1 不㒸(惰)于上	 秦公鎛 00269.1 不㒸(惰)于上  秦子簋蓋 eb423 卲(昭)于聞四方	 虢季鐘 xs1 用享追孝于其皇考  虢季鐘 xs3 用享追孝于其皇考
		 盄和鐘 00270.2 于秦執事			
曾		秦			虢

 虢季鐘 xs2 用享追孝于其皇考	 戎生鐘 xs1614 用建于兹外土  戎生鐘 xs1614 至于辝皇考卲伯	 戎生鐘 xs1617 余用卲追孝于皇祖皇考		 琱射壺 kw2021.3 永寶用享于仲辛 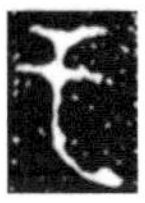 畢鬲 kw2021.3 用享用孝于其皇祖	
	 子犯鐘 xs1012 差元金于子犯之所  子犯鐘 xs1016 差元金于子犯之所	 子犯鐘 xs1021 不聽命于王所	 晋公盆 10342 至于不廷  晋公盤 mx0952 至于不廷		
	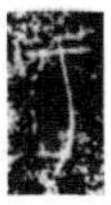 趙孟庎壺 09678 遇邗王于黄池  趙孟庎壺 09679 遇邗王于黄池			 杕氏壺 09715 杕氏福及歲賢鮮于(虞)	 與兵壺q eb878 用享用孝于我皇祖文考  與兵壺q eb878 參拜空首于皇考烈祖
虢	晋			燕	鄭

 與兵壺q eb878 至于子子孫孫  與兵壺g eb878 至于子子孫孫	 與兵壺q eb878 極于後民  與兵壺g eb878 極于後民	 與兵壺 ms1068 用享用孝于我皇祖  與兵壺 ms1068 至于子子孫孫	 與兵壺 ms1068 參拜空首于皇考烈祖  與兵壺 ms1068 極于後民	 哀成叔鼎 02782 死(尸)于下土  鄭莊公之孫盧鼎　mt02409 其遷于下都	 封子楚簠g mx0517 受命于天
鄭					

	 杞伯雙聯鬲 mx0262 用享孝于其姑公	 郜史碩父尊 sh189 用享孝于宗室			
 宋右師延敦g xs1713 天其作市于朕身  宋右師延敦 CE33001 天其作市于朕身			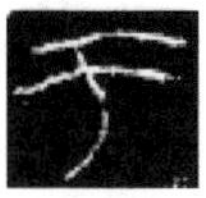 鼄公牼鐘 00149 至于萬年  鼄公牼鐘 00150 至于萬年	 鼄公牼鐘 00151 至于萬年  鼄公華鐘 00245 淑穆不彖(惰)于厥身	 邾公孫班鎛 00140 用饎于其皇祖
宋	杞	郜	邾		

				 郜譴簋 04040.1 用追孝于其父母  郜譴簋 04040.2 用追孝于其父母	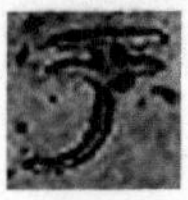 郜譴簋 mt05022 用追孝于其父母
 郳公韍父鎛 mt15815 以供朝于王所  郳公韍父鎛 mt15816 以供朝于王所	 郳公韍父鎛 mt15817 以供朝于王所  郳公韍父鎛 mt15818 以供朝于王所	 司馬楙鎛 eb49 俾作司馬于滕  司馬楙鎛 eb50 用享于皇祖文考	 滕之不㤼劍 11608 滕之不㤼由于		
郳		滕		郜	

 齊侯鎛 00271 用享用考(孝)于皇祖  齊侯鎛 00271 于皇祖有成惠叔	 齊侯鎛 00271 𩰫(鮑)叔有成勞于齊邦 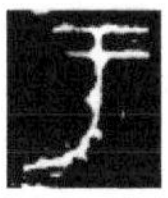 齊𩰫氏鐘 00142.2 用享以孝于台(台)皇祖	 庚壺 09733.1B 獻于靈公之所  庚壺 09733.2B ⿰弓土于梁	 庚壺 09733.2B 歸獻于靈公之所  庚壺 09733.2B 獻之于莊公之所	 叔夷鐘 00272.1 師于淄涶  叔夷鐘 00272.2 余命汝政于朕三軍	 叔夷鐘 00273.1 汝肇敏于戎功  叔夷鐘 00274.1 汝専余于艱恤
 洹子孟姜壺 09729 于上天子用璧  洹子孟姜壺 09729 于大無司誓	 洹子孟姜壺 09729 于大司命用璧  洹子孟姜壺 09729 于南宮子用璧	 洹子孟姜壺 09729 聽命于天子  洹子孟姜壺 09730 聽命于天子	 洹子孟姜壺 09730 于大無司誓  洹子孟姜壺 09730 于大司命用璧	 洹子孟姜壺 09730 于南宮子用璧	

齊

 叔夷鐘 00274.2 總命于外内之事	 叔夷鐘 00276.2 是辟于齊侯之所	 叔夷鐘 00277.1 用享于其皇祖皇妣皇母皇考	 叔夷鐘 00281 余敏于戎功	 叔夷鎛 00285.1 師于淄浵	 叔夷鎛 00285.3 汝肇敏于戎功
 叔夷鐘 00274.2 膺恤余于盟恤	 叔夷鐘 00276.2 有恭于桓武靈公之所	 叔夷鐘 00278 毋替毋已至于世	 叔夷鐘 00282 汝專余于艱恤	 叔夷鎛 00285.1 余命汝政于朕三軍	 叔夷鎛 00285.4 汝專余于艱恤

齊

 叔夷鎛 00285.4 緦命于外内之事	 叔夷鎛 00285.6 是辟于齊侯之所	 叔夷鎛 00285.7 用享于其皇祖	 簷叔之仲子平鐘　00172 聞于夏東	 簷叔之仲子平鐘　00175 聞于夏東	 簷叔之仲子平鐘　00178 聞于夏東
 叔夷鎛 00285.4 膺恤余于盟恤	 叔夷鎛 00285.7 又恭于公所	 叔夷鎛 00285.8 毋替毋已至于世	 簷叔之仲子平鐘　00174 聞于夏東	 簷叔之仲子平鐘　00177 聞于夏東	 簷叔之仲子平鐘　00180 聞于夏東
齊			莒		

			 曾仲大父蟊段 04203 其用追孝于其皇考  曾仲大父蟊段 04204.1 其用追孝于其皇考	 曾仲大父蟊段 04204.2 其用追孝于其皇考  曾子斿鼎 02757 惠于剌曲	 曾伯霥簠 04631 用孝用亯享于我皇祖  曾伯霥簠 04632 用孝用享于我皇文考
			 曾公畭鎛鐘 jk2020.1 王客我于康宫  曾公畭鎛鐘 jk2020.1 皇祖建于南土	 曾公畭鎛鐘 jk2020.1 適于漢東  曾公畭鎛鐘 jk2020.1 至于繁陽	 曾公畭鎛鐘 jk2020.1 豫命于曾  曾公畭鎛鐘 jk2020.1 以享于其皇祖
 淳于戈 xs1110 淳于  淳于公戈 xs1109 淳于公	 淳于右戈 xs1069 淳于右  淳于公戈 ms1426 淳于公	 淳于公戈 11124 淳于公  淳于公戈 11125 淳于公	 曾侯與鐘 mx1029 用考(孝)以享于悴皇祖		
淳于			曾		

 曾者子鼎 02563 用享于祖  曾太保嬬簋 mx0425 用享于其皇祖文考	 伯克父鼎 ms0285 用享于其皇考  曾伯克父簋 ms0509 追孝于我皇祖文考	 曾伯黍壺 ms1069 用孝用享于我皇祖			
 曾公畎鎛鐘 jk2020.1 至于桓莊  曾公畎甬鐘 A jk2020.1 王客我于康宮	 曾公畎甬鐘 A jk2020.1 皇 祖建于南土 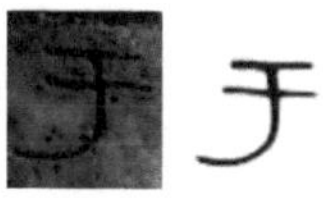 曾公畎甬鐘 A jk2020.1 適于漢東	 曾公畎甬鐘 A jk2020.1 至于繁陽  曾公畎甬鐘 A jk2020.1 豫命于曾	 曾公畎甬鐘 A jk2020.1 以享于其皇祖  曾公畎甬鐘 A jk2020.1 至于桓莊	 曾公畎甬鐘 A jk2020.1 至于繁陽  曾公畎甬鐘 A jk2020.1 豫命于曾	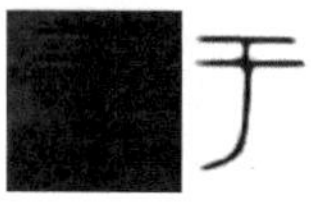 曾公畎甬鐘 B jk2020.1 王客我于康宮  曾公畎甬鐘 B jk2020.1 皇祖建于南土

曾

 曾公𠹗甬鐘 B jk2020.1 適于漢東  曾公𠹗甬鐘 B jk2020.1 至于繁陽	 曾公𠹗甬鐘 B jk2020.1 豫命于曾  曾公𠹗甬鐘 B jk2020.1 以享于其皇祖	 曾公𠹗甬鐘 B jk2020.1 至于桓莊	 嬭加編鐘 kg2020.7 之邦于曾  嬭加鎛丁 ms1285 至于孫子		
				 蔡侯紐鐘 00210.2 既聰于心  蔡侯紐鐘 00211.2 既聰于心	 蔡侯紐鐘 00217.2 既聰于心
曾				蔡	

 上鄀公敄人簋蓋　04183 用享考(孝)于厥皇祖  上鄀公敄人簋蓋　04183 厥皇祖于(與)厥皇考	 鄀公平侯鼎 02771 用追孝于厥皇祖晨公  鄀公平侯鼎 02771 于厥皇考屖盂公	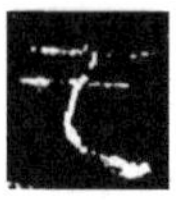 鄀公平侯鼎 02772 用追孝于厥皇祖  鄀公平侯鼎 02772 于厥皇考	 鄀公諴鼎 02753 用追享孝于皇祖考  蛘公諴簠 04600 用追孝于皇祖	 鄀于子瓶簠 04542 鄀于子瓶  鄀于子瓶簠 04543 鄀于子瓶	 楚太師登鐘 mt15511a 武㧗(于)戎功  楚太師登鐘 mt15512a 武㧗(于)戎功
					 敬事天王鐘 00074 至于父兄  敬事天王鐘 00077 至于父兄
					 競之定鬲 mt03015 大有社于洛之戎  競之定鬲 mt03016 大有社于洛之戎
CE					楚

 楚太師登鐘 mt15513a 武玗(于)戎功	 楚太師登鐘 mt15516a 武玗(于)戎功	 楚太師登鐘 mt15518a 武玗(于)戎功	 楚太師鄧子辥慎鎛　mx1045 武玗(于)戎功		
 楚太師登鐘 mt15514a 武玗(于)戎功	 楚太師登鐘 mt15517 武玗(于)戎功	 楚太師登鐘 mt15519a 武玗(于)戎功			
 敬事天王鐘 00078.2 至于父兄	 王孫誥鐘 xs418 淑于威義(儀)	 王孫誥鐘 xs418 武于戎功	 王孫誥鐘 xs419 淑于威義(儀)	 王孫誥鐘 xs419 武于戎功	 王孫誥鐘 xs420 淑于威義(儀)
 敬事天王鐘 00081.1 至于父兄	 王孫誥鐘 xs418 聞于四國	 王孫誥鐘 xs419 惠于政德	 王孫誥鐘 xs419 聞于四國	 王孫誥鐘 xs420 惠于政德	 王孫誥鐘 xs420 聞于四國
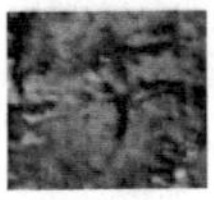 競之定鬲 mt03017 大有社于洛之戎	 競之定鬲 mt03020 大有社于洛之定<戎>	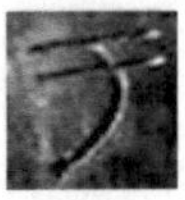 競之定鬲 mt03022 大有社于洛之定<戎>	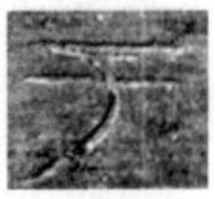 競之定簋 mt04979 大有社于洛之戎	 競之定豆 mt06151 大有社于洛之戎	
 競之定鬲 mt03019 大有社于洛之戎	 競之定鬲 mt03021 大有社于洛之定<戎>	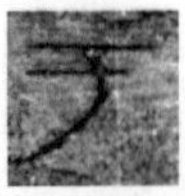 競之定簋 mt04978 大有社于洛之戎	 競之定豆 mt06150 大有社于洛之戎		
楚					

王孫誥鐘
xs420
武于戎功

王孫誥鐘
xs421
惠于政德

王孫誥鐘
xs421
淑于威義(儀)

王孫誥鐘
xs421
聞于四國

王孫誥鐘
xs421
武于戎功

王孫誥鐘
xs422
淑于威義(儀)

王孫誥鐘
xs422
聞于四國

王孫誥鐘
xs422
武于戎功

王孫誥鐘
xs423
惠于政德

王孫誥鐘
xs423
淑于威義(儀)

王孫誥鐘
xs423
聞于四國

王孫誥鐘
xs423
武于戎功

楚

 王孫誥鐘 xs424 武于戎功  王孫誥鐘 xs425 惠于政德	 王孫誥鐘 xs425 淑于威義(儀)  王孫誥鐘 xs425 聞于四國	 王孫誥鐘 xs425 武于戎功  王孫誥鐘 xs426 惠于政德	 王孫誥鐘 xs426 淑于威義(儀)  王孫誥鐘 xs426 聞于四國	 王孫誥鐘 xs426 武于戎功  王孫誥鐘 xs427 惠于政德	 王孫誥鐘 xs427 淑于威義(儀)  王孫誥鐘 xs427 聞于四國

楚

 王孫誥鐘 xs427 武于戎功	 王孫誥鐘 xs428 聞于四國	 王孫誥鐘 xs429 惠于政德	 王孫誥鐘 xs429 聞于四國	 王孫誥鐘 xs430 惠于政德	 王孫誥鐘 xs430 聞于四國
 王孫誥鐘 xs428 淑于威義(儀)	 王孫誥鐘 xs428 武于戎功	 王孫誥鐘 xs429 淑于威義(儀)	 王孫誥鐘 xs429 武于戎功	 王孫誥鐘 xs430 淑于威義(儀)	 王孫誥鐘 xs430 武于戎功

楚

 王孫誥鐘 xs434 惠于政德	 王孫誥鐘 xs434 聞于四國	 王孫誥鐘 xs432 淑于威義(儀)	 王孫誥鐘 xs432 聞于四國	 王孫誥鐘 xs433 惠于政德	 王孫誥鐘 xs439 聞于四國
 王孫誥鐘 xs434 淑于威義(儀)	 王孫誥鐘 xs435 惠于政德	 王孫誥鐘 xs432 聞于四國	 王孫誥鐘 xs432 武于戎功	 王孫誥鐘 xs433 淑于威義(儀)	 王孫誥鐘 xs439 武于戎功

楚

 王孫誥鐘 xs440 惠于政德	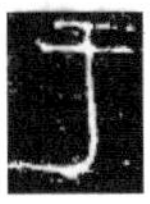 王孫誥鐘 xs440 聞于四國	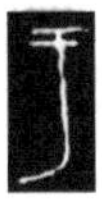 王孫遺者鐘 00261.1 用享以孝于我皇祖文考	 王孫遺者鐘 00261.2 淑于威義(儀)	 王子午鼎 02811.2 用享以孝玗(于)我皇祖	 王子午鼎 xs445 用享以孝玗(于)我皇祖
 王孫誥鐘 xs440 淑于威義(儀)	 王孫誥鐘 xs441 武于戎功	 王孫遺者鐘 00261.2 惠于政德	 王孫遺者鐘 00261.2 余尃徇于國	 王子午鼎q xs444 用享以孝玗(于)我皇祖	 王子午鼎 xs446 用享以孝玗(于)我皇祖

楚

 王子午鼎q xs447 用享以孝玗(于)我皇祖 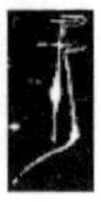 王子午鼎 xs449 用享以孝玗(于)我皇祖	 王子午鼎 02811.2 惪玗(于)政德  王子午鼎q xs444 惪玗(于)政德	 王子午鼎 xs446 惪玗(于)政德  王子午鼎q xs447 惪玗(于)政德	 王子午鼎 xs449 淑玗(于)威義(儀)  王子午鼎 02811.2 淑玗(于)威義(儀)	 王子午鼎q xs444 淑玗(于)威義(儀)  王子午鼎 xs445 淑玗(于)威義(儀)	 王子午鼎 xs446 淑玗(于)威義(儀)  王子午鼎q xs447 淑玗(于)威義(儀)
楚					

			 郑大子鼎 02652 □于橐亜(次)		
 季子康鎛 mt15787a 余茂厥于之孫  季子康鎛 mt15788a 余茂厥于之孫	 季子康鎛 mt15789a 余茂厥于之孫  季子康鎛 mt15790a 茂厥于	 季子康鎛 mt15791a 余茂厥于之孫			
 九里墩鼓座 00429.1 余受此于之玄孫  九里墩鼓座 00429.4 至于淮之上			 沇兒鎛 00203.2 淑于威義(儀)  沇兒鎛 00203.2 惠于盟祀	 徐王子旃鐘 00182.2 聞于四方  郑王義楚觶 06513 用享于皇天	 余購逐兒鐘 00183.1 余迖斯于之孫  余購逐兒鐘 00185.2 余迖斯于之孫
鍾離			徐		

			 者𣵀鐘 00193 [協]于[我霝]  者𣵀鐘 00193 其[登]于[上下]	 者𣵀鐘 00194 [協]于[我霝]  者𣵀鐘 00194 其登于[上下]	 者𣵀鐘 00195 于其皇祖皇考  者𣵀鐘 00195 其登于[上下]
 遷沬鐘 mt15520 以享于我先祖  遷沬鐘 mt15521 以享于我先祖	 遷沬鎛 mt15796 以享于我先祖	 遷沬鎛 mt15794 以享于我先祖  遷沬鐘 mx1027 以享于我先祖	 配兒鉤鑃 00427.1 余孰[戕]于戎功且武  𪒠巢鎛 xs1277 于我皇祖		
舒			吴		

					 鑄叔皮父簋 04127 用享考(孝)于叔皮父
 者𣴎鐘 00196 協于我[霝]  者𣴎鐘 00196 [其]登于[上下]	 者𣴎鐘 00196 于其皇祖皇考  者𣴎鐘 00197.1 協于我霝	 者𣴎鐘 00197.2 其登于上下  者𣴎鐘 00197.2 聞于四旁(方)	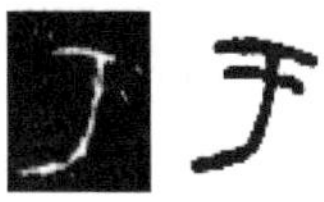 者𣴎鐘 00198.1 協于我霝  者𣴎鐘 00198.1 于其皇祖皇考	 者𣴎鐘 00198.2 其登于上下  者𣴎鐘 00198.2 聞于四旁(方)	
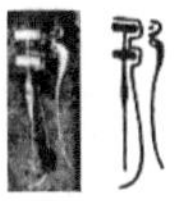 王子孜戈 11207.1 王子孜(于) 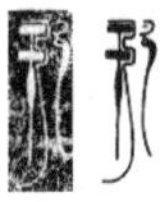 王子孜戈 11208 王子孜(于)					 嘉賓鐘 00051 余武于戎功
吳					

平

	 簷叔之仲子平鐘　00172 簷(筥)叔之仲子平  簷叔之仲子平鐘　00174 簷(筥)叔之仲子平	 簷叔之仲子平鐘　00174 仲平善發獻考  簷叔之仲子平鐘　00175 仲平善發獻考	 簷叔之仲子平鐘　00176 簷(筥)叔之仲子平  簷叔之仲子平鐘　00176 仲平善發獻考	 簷叔之仲子平鐘　00177 仲平善發獻考  簷叔之仲子平鐘　00178 仲平善發獻考	 簷叔之仲子平鐘　00179 仲平善發獻考  簷叔之仲子平鐘　00180 簷(筥)叔之仲子平
 平阿右戟 xs1542 平阿右造戟  平阿左戈 xs1496 平阿左戈	 鄶平壺 xs1088 鄶大叔之孝子平				
齊	莒				

					 鄀公平侯鼎 02771 鄀公平侯  鄀公平侯鼎 02772 鄀公平侯
 篖叔之仲子平鐘　00180 仲平善發歔考			 曾公畩鎛鐘 jk2020.1 既淑既平  曾公畩甬鐘 A jk2020.1 既淑既平	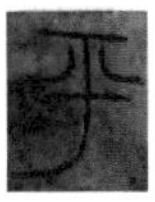 曾公畩甬鐘 B jk2020.1 既淑既平	
	 拍敦 04644 作朕配平姬墉宮祀彝	 平陽高馬里戈 11156 平陽高馬里  平陽左庫戈 11017 平陽左庫			
莒	D		曾		CE

 上都太子平侯匜 ms1252 太子平侯					
	 侯古堆鎛 xs276 □□嘉平  侯古堆鎛 xs279 □□嘉平	 鄜鐘 xs482a 龢平均詵(諻)  鄜鐘 xs486b 龢平均詵(諻)	 鄜鐘 xs484b 龢平均詵(諻)  鄜鎛 xs489b 龢平均煌(諻)	 鄜鎛 xs490b 龢平均煌(諻)  鄜鎛 xs491a 龢平均詵(諻)	 鄜鎛 xs492a 龢平均詵(諻)  鄜鎛 xs494b 龢平均詵(諻)
CE		楚			

					 者瀘鐘 00197.1 俾龢俾平 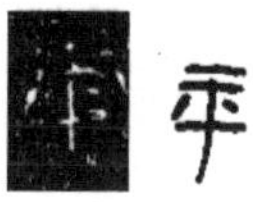 者瀘鐘 00198.1 俾龢俾平
 𪓐鎛 xs496b 龢平均訧(諻)  𪓐鐘 xs482b 逾(會)平倉倉	 𪓐鐘 xs483a 逾(會)平倉倉  𪓐鐘 xs487b 逾(會)平倉倉	 𪓐鎛 xs489a 逾(會)平倉倉  𪓐鎛 xs490a 逾(會)平倉倉	 𪓐鎛 xs491b 逾(會)平倉倉 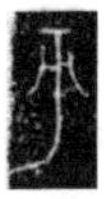 𪓐鎛 xs492b 逾(會)平倉倉	 𪓐鎛 xs494b 逾(會)平倉倉  𪓐鎛 xs496a 逾(會)平倉倉	
楚					吳

旨

		 上曾太子鼎 02750 多用旨食			
  仲滋鼎 xs632 雁旨羞	 國差罎 10361 用實旨酉(酒)  國差罎 10361 俾旨俾清				
			 曾旨尹喬缶 mx0902 曾旨尹撟之让缶  曾旨尹喬匜 ms1245 曾旨尹喬	 郐令尹者旨瞀爐　10391 徐令尹諸旨(稽)瞀  之乘辰鐘 xs1409 徐王旨後之孫	 嬰同盆 ms0621 □旨□之子
秦	齊	D	曾	徐	

 越王者旨於睗 鐘　00144 越王諸旨（稽） 於睗  越王諸稽於睗 戈　xs1803 越王諸旨（稽） 於睗	 戉王者旨於睗 劍　11596.2 越王諸旨（稽） 於睗  戉王者旨於睗 劍　11597.2 越王諸旨（稽） 於睗	 戉王者旨於睗 劍　11598A2 越王諸旨（稽） 於睗  戉王者旨於睗 劍　11599.2 越王諸旨（稽） 於睗	 郕王者旨於睗 劍 11600.2 越王諸旨（稽） 於睗  越王諸稽於睗 劍　xs1184 越王諸旨（稽） 於睗	 越王諸稽於睗 劍　xs1480 戉王諸旨（稽） 於睗  越王諸稽於睗 劍　xs1738 越王諸旨（稽） 於睗	 越王諸稽於睗 劍　xs1880 越王諸旨（稽） 於睗  越王諸稽於睗 劍　xs1898 越王諸旨（稽） 於睗
越					

 越王諸稽於睗劍　xs1899 越王諸旨(稽)於睗  越王諸稽於睗劍　mt17882 諸旨(稽)於睗	 越王諸稽於睗劍　mt17887 諸旨(稽)於睗  越王諸稽於睗劍　mt17888 諸旨(稽)於睗	 戉王矛 11512 越王諸旨(稽)於睗  戉王者旨於睗矛　11511 越王諸旨(稽)於睗	 越王諸稽於睗矛　xs388 越王諸旨(稽)於睗  越王諸稽矛 xs1735 越王諸旨(稽)於睗	 越王丌北古劍 11703 自作用旨自  越王丌北古劍 11703 自作用旨自	 越王者旨劍 wy070 越王諸旨(稽)  越王者旨劍 wy070 越王諸旨(稽)
越					

嘗		㫖	喜		
		 嘉子孟嬴㫖缶 xs1806 嘉子孟嬴㫖			
 越王者旨劍 wy070 越王諸旨(稽)	 蔡侯龖尊 06010 𦣻(祇)盟嘗劑  蔡侯龖盤 10171 𦣻(祇)盟嘗劑		 子璋鐘 00113 用宴以喜(饎) 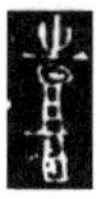 子璋鐘 00114 用宴以喜(饎)	 子璋鐘 00115.2 用宴以喜(饎)  子璋鐘 00116.2 用宴以喜(饎)	 子璋鐘 00117.2 用宴以喜(饎)  子璋鐘 00119 用宴以喜(饎)
越	蔡		許		

				 楚太師登鐘 mt15511a 用宴用喜(饎)  楚太師登鐘 mt15512a 用宴用喜(饎)	 楚太師登鐘 mt15513a 用宴用喜(饎)  楚太師登鐘 mt15514a 用宴用喜(饎)
			 嬭加鎛丙 ms1284 宴喜(饎)飲食	 王孫誥鐘 xs418 用宴以喜(饎)  王孫誥鐘 xs419 用宴以喜(饎)	 王孫誥鐘 xs420 用宴以喜(饎)  王孫誥鐘 xs421 用宴以喜(饎)
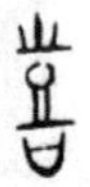 鄦子盟自鎛 00153 用宴以喜(饎)  鄦子盟自鎛 00154 用宴以喜(饎)	 鼄公牼鐘 00151 以喜(饎)諸士  鼄公牼鐘 00152 以喜(饎)諸士	 郳公孫班鎛 00140 用喜(饎)于其皇祖		 𪒠鐘 xs482b 歌樂自喜  𪒠鐘 xs483a 歌樂自喜	 𪒠鎛 xs489a 歌樂以喜  𪒠鎛 xs490a 歌樂以喜
許	郳		曾	楚	

 楚太師登鐘 mt15516a 用宴用喜(饎)  楚太師登鐘 mt15519b 用宴用喜(饎)	 楚太師鄧子辥慎鎛 mx1045 用宴用喜(饎)				
 王孫誥鐘 xs422 用宴以喜(饎)  王孫誥鐘 xs423 用宴以喜(饎)	 王孫誥鐘 xs424 用宴以喜(饎)  王孫誥鐘 xs425 用宴以喜(饎)	 王孫誥鐘 xs426 用宴以喜(饎)  王孫誥鐘 xs427 用宴以喜(饎)	 王孫誥鐘 xs428 用宴以喜(饎)  王孫誥鐘 xs429 用宴以喜(饎)	 王孫誥鐘 xs431 用宴以喜(饎)  王孫誥鐘 xs436 用宴以喜(饎)	 王孫誥鐘 xs437 用宴以喜(饎)  王孫誥鐘 xs439 用宴以喜(饎)
 𪒠鎛 xs491b 歌樂自喜  𪒠鎛 xs492b 歌樂自喜	 𪒠鎛 xs494b 歌樂自喜	 楚屈喜戈 eb1126 楚屈喜之用			
楚					

壴　　　　　尌

					 尌仲盤 10056 尌仲作盤  尌仲甗 00933 尌仲作甗
 王孫誥鐘 xs441 用宴以喜(饎)	 王孫遺者鐘 00261. 2 用宴以喜(饎)  王子嬰次鐘 00052 永用宴喜(饎)		 齊鞷氏鐘 00142.2 用宴用壴(喜)	 王孫遺者鐘 00261.1 永保壴(鼓)之	
		 沇兒鎛 00203.2 以宴以喜(饎)  徐王子旃鐘 00182.2 以宴以喜(饎)			
楚		徐	齊	楚	

彭

 𨟭公彭宇簠 04610 申公彭宇  𨟭公彭宇簠 04611 申公彭宇	 彭伯壺g xs315 彭伯	 彭子仲盆蓋 10340 彭子仲			
				 彭射缶 g mt14057 彭射之䣯  彭射缶 q mt14057 彭射之䣯	 彭射缶 g mt14058 彭子射  彭射缶 q mt14058 彭子射
 彭公孫無所鼎 eb299 彭公  無所簠 eb474 彭公	 彭子射繁鼎g mt01666 彭(彭)子  彭子射繁鼎q mt01666 彭(彭)子	 彭子射湯鼎 mt01667 彭(彭)子  彭子射盂鼎 mt02264 彭(彭)子	 彭子射兒簠 mt05884 彭(彭)子  彭子射盤 mt14388 彭(彭)子	 彭子射匜 mt14878 彭(彭)子  彭子壽簠 mx0497 彭(彭)子	 彭啓戈 ww2020.10 彭啓  彭啓戟 ww2020.10 彭啓

CE

嘉

 秦子簋蓋 eb423 有夓(柔)孔嘉	 晉姜鼎 02826 嘉遣我				 敶侯作嘉姬𣪘 03903 嘉姬
		 哀成叔鼎 02782 嘉曰余鄭邦之産  哀成叔鼎 02782 嘉是唯哀成叔	 封子楚簠g mx0517 嘉賓	 鄦子盟自鎛 00153 嘉賓  鄦子盟自鎛 00154 嘉賓	
秦	晉	鄭		許	陳

			 上曾太子鼎 02750 父母嘉持		
 邾公釛鐘 00102 嘉賓	 齊鞷氏鐘 00142.2 嘉賓			 孎加鎛乙 ms1283 好賓嘉客	
	 洹子孟姜壺 09729 齊侯拜嘉命  洹子孟姜壺 09730 齊侯拜嘉命	 洹子孟姜壺 09730 用乞嘉命		 曾侯與鐘 mx1034 嘉樹華英  曾侯與鐘 mx1035 嘉樹華英	 侯古堆鎛 xs276 □□嘉平  侯古堆鎛 xs279 □□嘉平
邾	齊		D	曾	CE

	 王孫誥鐘 xs418 嘉賓  王孫誥鐘 xs419 嘉賓	 王孫誥鐘 xs420 嘉賓  王孫誥鐘 xs421 嘉賓	 王孫誥鐘 xs422 嘉賓  王孫誥鐘 xs423 嘉賓	 王孫誥鐘 xs424 嘉賓  王孫誥鐘 xs425 嘉賓	 王孫誥鐘 xs426 嘉賓  王孫誥鐘 xs427 嘉賓
 鄀子成周鐘 xs289 嘉平□□					
CE	楚				

 王孫誥鐘 xs428 嘉賓  王孫誥鐘 xs429 嘉賓	 王孫誥鐘 xs431 嘉賓  王孫誥鐘 xs436 嘉賓	 王孫誥鐘 xs437 嘉賓  王孫誥鐘 xs438 嘉賓	 王孫誥鐘 xs441 嘉賓	 王孫遺者鐘 00261.2 嘉賓  王子申盞 04643 作嘉嬭盞盂	
					 沇兒鎛 00203.2 孔嘉元成  沇兒鎛 00203.2 嘉賓
楚					徐

鼓

		 右走馬嘉壺 09588 右走馬嘉	 芮公鼓架銅套 ms1725 樂鼓		
	 嘉子孟嬴指缶 xs1806 嘉子孟嬴指				
 徐王子旃鐘 00182.1 嘉賓	 嘉子昜伯臚簠 04605.1 嘉子伯昜臚  嘉子昜伯臚簠 04605.2 嘉子昜伯臚	 嘉賓鐘 00051 嘉賓		 郘黛鐘 00226 玉鐶鼉鼓  郘黛鐘 00228 玉鐶鼉鼓	 郘黛鐘 00229 玉鐶鼉鼓  郘黛鐘 00231 玉鐶鼉鼓
徐			芮	晉	

			 楚太師登鐘 mt15512b 永寶鼓之  楚太師登鐘 mt15513b 永寶鼓之	 楚太師登鐘 mt15514b 永寶鼓之  楚太師登鐘 mt15516b 永寶鼓之	 右戲仲夏父鬲 00668 右戲仲夏父作豐鬲
 郘鱶鐘 00232 玉鐺鼉鼓  郘鱶鐘 00233 玉鐺鼉鼓	 郘鱶鐘 00235 玉鐺鼉鼓  郘鱶鐘 00237 玉鐺鼉鼓	 鄦子盟自鎛 00153 永保鼓之  鄦子盟自鎛 00154 永保鼓之			
晋		許	楚		

豆		豋	𧯞	虞	虔
	 申比父豆g ms0604 作孟姜豆  申比父豆q ms0604 作孟姜豆	 朿仲豋父簋 mx0404 朿仲豋父  朿仲豋父簋蓋 03924 朿仲豋父		 虞侯政壺 09696 虞侯	 秦公鐘 00262 虔敬朕祀  秦公鐘 00264 虔敬朕祀
 姬寏母豆 04693 作太公…静公豆					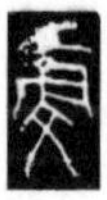 秦公簋 04315.2 虔敬朕祀  盄和鐘 00270.1 虔敬朕祀
			 哀成叔豆 04663 哀成叔之盤(𧯞)		
齊	CE		鄭	虞	秦

 秦公鎛 00267.1 虔敬朕祀  秦公鎛 00268.1 虔敬朕祀	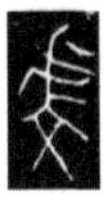 秦公鎛 00269.1 虔敬朕祀	 晋姜鼎 02826 虔不彖(惰)			
		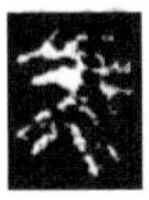 晋公盆 10342 虔恭盟祀  晋公盤 mx0952 虔恭盟祀	 叔夷鐘 00272.2 虡(虔)卹乃死事  叔夷鐘 00274.2 虡(虔)卹不易	 叔夷鐘 00282 虡(虔)卹不易  叔夷鎛 00285.2 虡(虔)卹乃死事	 叔夷鎛 00285.4 虡(虔)卹不易
秦		晋	齊		

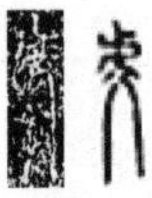 蔡侯䜌尊 06010 虔恭大命  蔡侯䜌盤 10171 虔恭大命	 蔡侯紐鐘 00210.1 有虔不惕(易)  蔡侯紐鐘 00211.1 有虔不惕(易)	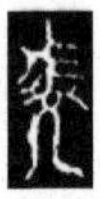 蔡侯紐鐘 00218.1 有虔不惕(易) 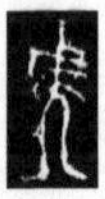 蔡侯鎛 00221.1 有虔不惕(易)	 蔡侯鎛 00222.1 有虔不惕(易)	 吴王光鐘 0223.1 䖍(虔)敬[命]勿忘  吴王光鐘 00224.8 䖍(虔)敬命勿忘	 吴王光鐘 00224.17 䖍(虔)[敬命]勿忘
蔡				吴	

虘　　　　　　　　　　　　　　　　　　　　虖

	 太師盤 xs1464 孔碩虘(且)好	 畢鬲 kw2021.3 皇虘(祖)			
  吴王光鑑 10298 虘敬乃后  吴王光鑑 10299 虘敬乃后			 喬君鉦鋮 00423 喬君淲虘	 攻敔王虘收此郐劍 mt17947 攻敔王虘收此郐	 鄭莊公之孫盧鼎 mt02409 烏嘑(呼)哀哉  盧鼎q xs1237 烏虖(呼)哀哉
吴	晋	燕	CE	吴	鄭

<table>
<tr>
<td>
虘𠭯丘堂匜
10194
虘𠭯丘堂</td>
<td>
虘北鼎
02082
虘北</td>
<td></td>
<td></td>
<td></td>
<td></td>
</tr>
<tr>
<td>
虘𠭯丘君盤
wm6.200
虘𠭯丘君作…塍盤</td>
<td></td>
<td>
曾公畎鎛鐘
jk2020.1
嗚虘(呼)

曾公畎甬鐘 A
jk2020.1
嗚虘(呼)</td>
<td> 
曾公畎甬鐘 B
jk2020.1
嗚虘(呼)

曾公畎甬鐘 B
jk2020.1
嗚虘(呼)</td>
<td>
孎加編鐘
kg2020.7
嗚虘(呼)</td>
<td></td>
</tr>
<tr>
<td></td>
<td></td>
<td></td>
<td></td>
<td></td>
<td>
余購逐兒鐘
00185.1
烏嘑(呼)敬哉</td>
</tr>
<tr>
<td>邾</td>
<td>D</td>
<td colspan="3">曾</td>
<td>徐</td>
</tr>
</table>

虡

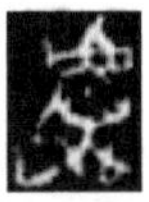 郘黛鐘 00225 既旃(伸)鬯(暢)虡  郘黛鐘 00226 既旃(伸)鬯(暢)虡	 郘黛鐘 00228 既旃(伸)鬯(暢)虡  郘黛鐘 00229 既旃(伸)鬯(暢)虡	 郘黛鐘 00230 既旃(伸)鬯(暢)虡  郘黛鐘 00231 既旃(伸)鬯(暢)虡	 郘黛鐘 00233 既旃(伸)鬯(暢)虡  郘黛鐘 00235 既旃(伸)鬯(暢)虡	 郘黛鐘 00236 既旃(伸)鬯(暢)虡  郘黛鐘 00237 既旃(伸)鬯(暢)虡	 少虡劍 11696.2 謂之少虡  少虡劍 11697 謂之少虡

晋

 少虘劍 11698 謂之少虘  少虘劍 xs985 謂之少虘	 曾子虘戈 mx1157 曾子虘	 吴王光鐘 00224.4 嗚揚條虘  吴王光鐘 00224.15 [嗚陽條]虘	 吴王光鐘 00224.18 嗚揚條虘  吴王光鐘 00224.21 嗚揚條虘	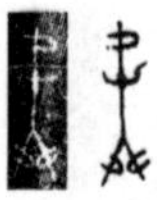 虘公劍 11663A 虘公白  虘公劍 eb1297 虘公白	 虘公劍 eb1298 虘公白
晋	曾	吴			

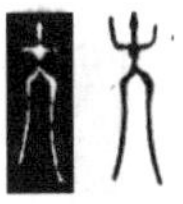 吴王光戈 11255.1 虍(吴)王光桓	 奇字鐘 t15176 适□唯余𦘔□虍(吴)土  忾不余席鎮 mx1385 厥虍故小連	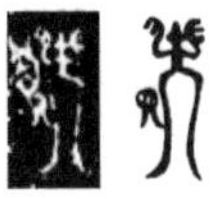 能原鎛 00155.1 虍□□連諸夷	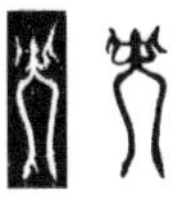 能原鎛 00156.2 連余虍郲 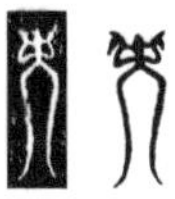 能原鎛 00156.2 虍□之主越	 越王者旨劍 wy070 以狩虡(吴)人	 杕氏壺 09715 𧇡(吾)以爲弄壺  杕氏壺 09715 𧇡(吾)以宴飲
吴	越				燕

			 郘君盧鼎 mx0198 郘君盧		
	 齊侯鎛 00271 保盧(吾)兄弟  齊侯鎛 00271 保盧(吾)子姓	 嬭加編鐘 kg2020.7 盧(吾)仇匹之			
 鄭莊公之孫盧鼎　mt02409 余剌疫之子盧				 欒書缶 10008.2 盧(吾)以祈眉壽	 夫欧申鼎 xs1250 攻盧(吴)王
鄭	齊	曾	CE	楚	舒

 攻吴大叔盤 xs1264 工盧大叔 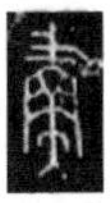 工盧王姑發者坂劍 ms1617 工盧王	 攻吴矛 xs1263 工盧  攻吴大戯矛 xs1625 工盧大戯矢	 工盧大叔戈 mt17138 工盧大叔  攻吴大戯矛 xs1625 工盧	 工盧王者彶戯劍 zy2021.1 工盧王  攻吴王戯敂此郐劍 xs1188 攻盧王	 攻敔王虘敂此郐劍 mt17947 攻盧王  姑發諸樊之弟劍 xs988 工盧王	 攻吴王之孫盉 xs1283 工盧王  攻吴王姑發郕之子劍 xs1241 攻盧王
吴					

 工盧王姑發者坂戈　wy03 工盧王  吴王餘眜劍 mx1352 攻盧王	 吴王餘眜劍 mx1352 未敗盧(吴)邦  工盧大叔戲矣劍　mx1345 工盧大叔	 工盧大叔戲矣劍　mx1345 工盧  工盧劍 mx1346 工盧	 工盧劍 mx1346 工盧	 壬午吉日戈 xs1979 □壽女□盧	 戲鈹 mx1335 永終自襲盧
吴					

虎

 虢虎父鼎 ms0238 虢季氏子虎父		 毛叔虎父簋g mx0424 毛叔虎父  毛叔虎父簋q mx0424 毛叔虎父	 毛叔虎父簋g hx2021.5 毛叔虎父  毛叔虎父簋q hx2021.5 毛叔虎父	 毛虎壺q hx2021.5 毛虎作…尊壺  毛虎壺g hx2021.5 毛虎作…尊壺	
	 叔左鼎 mt02334 虎□□□				 叔夷鐘 00276.2 靈力若虎  叔夷鐘 00283 …若虎
虢	BC	毛			齊

彪

		 旅虎簠 04540 㠯山旅虎鑄其寶簠	 旅虎簠 04541.1 㠯山旅虎鑄其寶簠  旅虎簠 04541.2 㠯山旅虎鑄其寶簠	 毛叔盤 10145 彪氏孟姬	
 叔夷鎛 00285.7 靈力若虎					
	 虎鄒公佗戈 mx1150 虎鄒公佗				 無伯彪戈 11134 許伯彪
齊	CE			毛	許

虢

 郳叔彪父簠g ms0573 郳叔彪父  郳叔彪父簠q ms0573 郳叔彪父	 郳叔彪父簠 04592 郳叔彪父	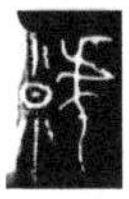 秦公鐘 00262 虢事蠻方  秦公鐘 00264 虢事蠻方	 秦公鎛 00267.1 虢事蠻方  秦公鎛 00268.1 虢事蠻方	 秦公鎛 00269.1 虢事蠻方	
		 秦公簋 04315.1 虢事蠻夏  盄和鐘 00270.1 虢事蠻夏			 晉公盆 10342 虢虢在[上]  晉公盆 10342 以嚴虢若否
郳		秦			晉

虢

			 虢季鐘 xs2 虢季  虢季鐘 xs2 虢季	 虢季鐘 xs3 虢季  虢季鐘 xs6 虢季	 虢季鐘 xs7 虢季  虢季鐘 xs8 虢季
 晉公盤 mx0952 虢虢在[上]  晉公盤 mx0952 以嚴虢若否		 叔夷鐘 00275.2 虡虡成唐(湯)  叔夷鎛 00285.5 虡虡成唐(湯)			
	 封子楚簠g mx0517 虢虢叔楚				
晉	鄭	齊	虢		

虢季鼎
xs9
虢季

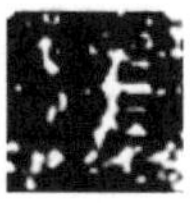
虢季鼎
xs10
虢季

虢季鼎
xs11
虢季

虢季鼎
xs12
虢季

虢季鼎
xs13
虢季

虢季鼎
xs14
虢季

虢季鼎
xs15
虢季

虢季𣪘q
xs16
虢季

虢季𣪘q
xs17
虢季

虢季𣪘g
xs18
虢季

虢季𣪘q
xs18
虢季

虢季𣪘
xs19
虢季

虢

 虢季毁q xs20 虢季	 虢季毁q xs21 虢季	 虢季鬲 xs22 虢季	 虢季鬲 xs24 虢季	 虢季鬲 xs25 虢季	 虢季鬲 xs27 虢季
 虢季毁g xs20 虢季	 虢季毁g xs21 虢季	 虢季鬲 xs23 虢季	 虢季甗 ws2020.1 虢季	 虢季鬲 xs26 虢季	 虢季盨q xs31 虢季

虢

 虢季盨g xs31 虢季	 虢季盨q xs33 虢季	 虢季盨g xs34 虢季	 虢季簠q xs35 虢季	 虢季鋪 xs37 虢季	 虢季盤 xs40 虢季
 虢季盨g xs32 虢季	 虢季盨g xs33 虢季	 虢季盨q xs34 虢季	 虢季鋪 xs36 虢季	 虢季壺 xs38 虢季	 虢仲簠 xs46 虢仲

虢

 國子碩父鬲 xs48 虢仲  國子碩父鬲 xs49 虢仲	 虢宫父鬲 xs50 虢宫父  虢宫父盤 xs51 虢宫父	 虢碩父簠g xs52 虢碩父  虢碩父簠q xs52 虢碩父	 虢宫父鬲 mt02823 虢宫父  虢宫父匜 mt14895 虢宫父	 虢姜鼎 mt01839 虢姜  虢姜壺 mt12223 虢姜	 城父匜 mt14927 虢□□□父  虢季氏子組鬲 00662 虢季氏

號

 虢季氏子組鬲 mt02888 虢季氏	 虢季氏子組簋 03972 虢季氏	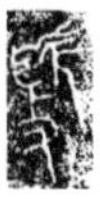 虢季氏子組壺 09655 虢季氏	 虢大子元徒戈 11116 虢太子	 虢嫚□盤 10088 虢嫚(姪)	 虢姜甗 mt03301 虢姜
 虢季氏子組簋 03971 虢季氏	 虢季氏子組簋 03973 虢季氏	 虢季子組鬲 00661 虢季氏	 虢大子元徒戈 11117 虢太子	 虢叔鬲 00603 虢叔	 虢仲鋪 mx0527 虢仲

虢

 虢仲鋪 mx0527 虢仲  虢季氏子組盤 ms1214 虢季氏	 虢仲壺 ms1037 虢仲  虢仲盨 ms1234 虢仲	 虢虎父鼎 ms0238 虢季氏	 穌冶妊鼎 02526 虢改魚母  穌冶妊盤 10118 虢改魚母	 齊侯匜 10272 虢孟姬良女(母)	 奢虎簠 04539.1 㝬山奢虒鑄其寶簠  奢虎簠 04539.2 㝬山奢虒鑄其寶簠
					【或釋“虢”】
虢			蘇	齊	

虢	贊	皿		盂	
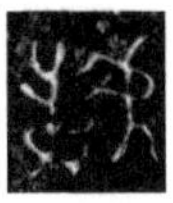 魯酉子安母簠g mt05902 魯宰虢作旅簠	 王作贊母鬲 00611 王作序鬻贊母寶鬻彝	 曾太保慶盆 eb965 寶皿		 子耳鼎 mt02253 盂鼎	
			 郐諧尹征城 00425.2 皿彼吉人享		 許子敦 eb478 盞盂
魯	周	曾	徐	鄭	許

				 曾太保簠g ms0559 寶盂(盂)  曾太保簠q ms0559 寶盂(盂)	 鄀公平侯鼎 02771 尊鎾(盂)  鄀公平侯鼎 02772 尊鎾(盂)
	 魯大司徒元盂 10316 飲盂	 齊侯盂 10318 寶盂			
 宋君夫人鼎蓋 02358 餴釪(盂)鼎		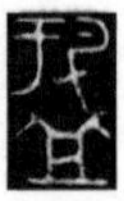 齊侯匜 10283 盥玶(盂)	 聽盂 xs1072 下寢盂		
宋	魯	齊	D	曾	CE

			 伯索史盂 10317 寶盂		 黄子季庚臣簠 ms0589 用盛稻粱
	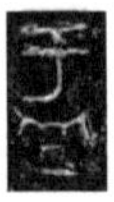 㬪君季䭫鑑 mx0535 鑑盂	 宜桐盂 10320 飤盂			
 彭子射盂鼎 mt02264 飤盂			 要君盂 10319 籐盂	 史宋鼎 02203 盓(盂)鼎	
CE	CE	徐			黄

盧				盬	
 曾伯霥簠 04631 用盛稻粱  曾伯霥簠 04632 用盛稻粱				 內大子白簠蓋 04537 芮太子白作匿(盬)  內大子白簠蓋 04538 芮太子白作匿(盬)	 內公簠 04531 寶匿(盬)
	 王子嬰次爐 10386 庰(炒)盧(爐)		 取膚上子商盤 10126 取膚(盧)上子商  取膚上子商匜 10253 取膚(盧)上子商		
		 郤令尹者旨㽙爐　10391 盧(爐)盤			
曾	楚	徐	D	芮	

 虢季簠g xs35 寶匿（䀇）  虢季簠q xs35 寶匿（䀇）	 虢仲簠 xs46 寶匿（䀇）	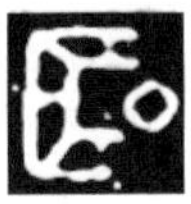 虢碩父簠g xs52 旅匿（䀇）  虢碩父簠q xs52 旅匿（䀇）		 衛子叔囗父簠 04499 旅匿（䀇）	 召叔山父簠 04601 旅匿（䀇）  召叔山父簠 04602 旅匿（䀇）
			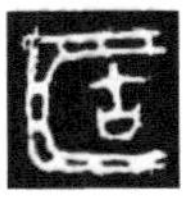 長子沬臣簠 04625.2 媵匿（䀇）		
					 封子楚簠g mx0517 飤匿（䀇）  封子楚簠q mx0517 飤匿（䀇）
虢			晉	衛	鄭

			 叔朕簠 04620 薦匿(䀇)  叔朕簠 04621 薦匿(䀇)	 原氏仲簠 xs395 媵匿(䀇)  原氏仲簠 xs396 媵匿(䀇)	 原氏仲簠 xs397 媵匿(䀇)
	 許公簠g mx0510 媵匿(䀇)  許公簠q mx0510 媵匿(䀇)	 許公簠g mx0511 媵匿(䀇)  許公簠q mx0511 媵匿(䀇)		 陳公子中慶簠 04597 筐匿(䀇)  敶医作孟姜媵簠　04606 媵匿(䀇)	 敶医作孟姜媵簠　04607 媵匿(䀇)
 鄾子㚖簠 04545 飤匿(䀇)	 鄦公買簠 04617.2 飤匿(䀇)  鄦公買簠g eb475 飤匿(䀇)	 鄦公買簠q eb475 飤匿(䀇)  鄦子妝簠 04616 用鑄其匿(䀇)			
邊	許		戴	陳	

		 商丘叔簠 04557 旅匴(簠)  商丘叔簠 04558 旅匴(簠)	 商丘叔簠 04559.1 旅匴(簠)  商丘叔簠 04559.2 旅匴(簠)	 商丘叔簠 xs1071 旅匿(簠)	
 陳医作王仲媯 𡣕簠　04603.1 賸匿(簠)  陳医作王仲媯 𡣕簠　04603.2 賸匿(簠)	 陳医作王仲媯 𡣕簠　04604.1 賸匿(簠)  陳医作王仲媯 𡣕簠　04604.2 賸匿(簠)				
		 宋公䜌簠 04589 賸匿(簠)  宋公䜌簠 04590 賸匿(簠)	 樂子簠 04618 飤匿(簠)		 曹公簠 04593 筐匿(簠)
陳		宋			曹

 魯伯俞父簠 04566 作姬𡚤匿（簠）	 魯伯俞父簠 04568 作姬𡚤匿（簠）	 魯酉子安母簠g mt05902 旅匿（簠）	 魯酉子安母簠g mt05903 旅匿（簠）	 魯士𠩺父簠 04520 飤匿（簠）	 魯士𠩺父簠 04517.2 飤匿（簠）
 魯伯俞父簠 04567 作姬𡚤匿（簠）	 魯伯愈父簠 ms0561 作姬𡚤匿（簠）	 魯酉子安母簠q mt05902 肇作匿（簠）	 魯酉子安母簠q mt05903 肇作匿（簠）	 魯士𠩺父簠 04517.1 飤匿（簠）	

魯

 魯士浮父簠 04518 飤匿(簠)  魯士浮父簠 04519 飤匿(簠)	 鑄子叔黑臣簠 04570.1 寶匞(簠)  鑄子叔黑臣簠 04570.2 寶匞(簠)	 鑄子叔黑臣簠 04571.1 寶匞(簠)  鑄子叔黑臣簠 04571.2 寶匞(簠)	 鑄叔作嬴氏簠 04560.1 寶匞(簠)  鑄叔作嬴氏簠 04560.2 寶匞(簠)	 邾叔彪父簠g ms0573 餴匞(簠) 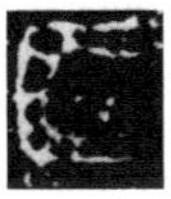 邾叔彪父簠q ms0573 餴匞(簠)	 邾叔彪父簠 04592 餴匞(簠)
				 鼄大宰簠 04623 餴匞(簠) 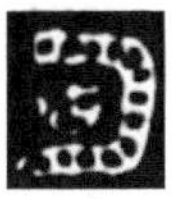 鼄大宰簠 04624 鑄其匞(簠)	
魯	鑄			邾	

 邾公子害簠g mt05907 自作匿(簠)	 邾公子害簠 mt05908 自作匿(簠)	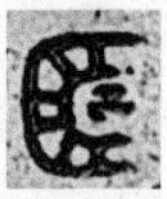 邾慶簠 mt05878 作秦妊匿(簠)	 邾慶匜 mt14955 作秦妊匿(簠)	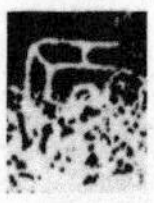 邾季脂臺簠g ms0571 寶匿(簠)	 邾季脂臺簠g ms0572 寶匿(簠)
 邾公子害簠q mt05907 自作匿(簠)	 子皇母簠 mt05853 鋚匿(簠)	 邾慶簠 mt05879 作秦妊匿(簠)	 畢仲弁簠 mt05912 作爲其北善匿(簠)	 邾季脂臺簠q ms0571 寶匿(簠)	

郳

 走馬薛仲赤簠 04556 自作其匿(藍)	 郜仲簠g xs1045 寶匢(藍)  郜仲簠q xs1045 寶匢(藍)	 郜仲簠 xs1046 寶匢(藍)	 樊君簠 04487 飤匿(藍)	 黄子季庚臣簠 ms0589 匡匿(藍)	
					 番君召簠 04582 餘匿(藍)  番君召簠 04583 餘匿(藍)
薛	郜		樊	黄	番

			 曾伯霥簠 04631 旅匿(瑚)	 曾伯霥簠 ms0548 曾伯霥之匿(瑚)	 孟爾克母簠q ms0583 旅匿(瑚)
			 曾伯霥簠 04632 旅匿(瑚)	 曾孟嬴削簠 xs1199 行匿(瑚)	 孟爾克母簠g ms0583 旅匿(瑚)
 番君召簠 04584 饆匿(瑚)	 番君召簠 04586 饆匿(瑚)	 番君召簠 ms0567 饆匿(瑚)	 曾公子叔湀簠g mx0507 飤匿(瑚)	 曾公子叔湀簠 mx0508 飤匿(瑚)	 湛之行簠甲g kx2021.1 行匿(瑚)
 番君召簠 04585 饆匿(瑚)	 番君召簠 04587 饆匿(瑚)		 曾公子叔湀簠q mx0507 飤匿(瑚)		 湛之行簠甲q kx2021.1 行匿(瑚)
			 曾少宰黄仲酉簠 eb467 行匿(瑚)	 曾都尹定簠 xs1214 行匿(瑚)	 曾公子棄疾匿g mx0486 籱匿(瑚)
			 可簠 eb459 行匿(瑚)	 曾子原彝簠 04573 媵匿(瑚)	 曾公子棄疾匿q mx0486 籱匿(瑚)
番			曾		

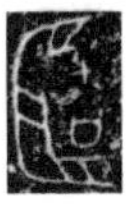 牧臣簠g ms0554 行匿(簠)					
 湛之行簠乙g kx2021.1 行匿(簠)  湛之行簠乙q kx2021.1 行匿(簠)	 湛作季嬴簠 kx2021.1 飤匿(簠)	 加嬭簠g ms0556 行匿(簠)  加嬭簠q ms0556 行匿(簠)			
 嬫簠 mx0478 行匿(簠)  甬巨簠 mx0480 行匿(簠)	 孟芈玄簠 mx0481 行匿(簠)	 曾子季关臣簠 eb463 飤匿(簠)  曾子季关臣簠 eb464 飤匿(簠)	 曾子義行簠g xs1265 飤匿(簠)  曾孫史夷簠 04591 飤匿(簠)	 曾子□簠 04588 飤匿(簠)  曾□□簠 04614 餘匿(簠)	 曾子遡簠 04488 行匿(簠)  曾子遡簠 04489 行匿(簠)
曾					

		 蔡大善夫趣簠g xs1236 𨥿匿(𥂴)  蔡大善夫趣簠q xs1236 𨥿匿(𥂴)			
 曾大司馬伯國簠 mx0488 飤匿(𥂴)  曾孫卲簠 mx0482 行匿(𥂴)	 曾孫褱簠 mx0483 飤匿(𥂴)  曾工差臣簠 mx0484 行匿(𥂴)	 蔡侯𩕗簠 04490.1 飤匿(𥂴)  蔡侯𩕗簠 04490.2 飤匿(𥂴)	 蔡侯𩕗簠 04491 飤匿(𥂴)  蔡侯𩕗簠 04492.1 飤匿(𥂴)	 蔡侯簠 ms0582 飤匿(𥂴)  蔡侯𩕗簠 04492.2 飤匿(𥂴)	 蔡侯𩕗簠 04493.1 飤匿(𥂴)  蔡侯𩕗簠 04493.2 飤匿(𥂴)
曾		蔡			

			 蛒公諴簠 04600 旅匳(𥂴)  鄀公簠蓋 04569 尊匚(𥂴)	 鄀于子瓶簠 04542 旅匚(𥂴)  鄀于子瓶簠 04543 旅匚(𥂴)	 鄱公彭宇簠 04610 鬻匚(𥂴)  鄱公彭宇簠 04611 鬻匚(𥂴)
			 上鄀府簠 04613.1 鬻匚(𥂴)  上鄀府簠 04613.2 鬻匚(𥂴)	 上鄀公簠g xs401 媵匚(𥂴)	
 蔡侯䵼簠 mt05775 飤匚(𥂴)  蔡侯䵼簠 mt05776 飤匚(𥂴)	 蔡侯簠 xs1896g 寶筐匚(𥂴)  蔡侯簠q xs1896 寶筐匚(𥂴)	 蔡侯簠 xs1897 寶筐匚(𥂴)  蔡公子義工簠 04500 飤匚(𥂴)			 彭子射兒簠 mt05884 飤𥂴
蔡			CE		

				 鄂姜簠 jk2020.3 旅匿(簠)  鄂姜簠 ms0552 寶匿(簠)	
					 鄝伯受簠 04599.1 餴匿(簠)  鄝伯受簠 04599.2 餴匿(簠)
 叔姜簠g xs1212 飤匿(簠)  叔姜簠q xs1212 飤匿(簠)	 彭子壽簠 mx0497 飤匿(簠)  彭啓簠丙g ww2020.10 飤匿(簠)	 彭啓簠丙q ww2020.10 飤匿(簠) 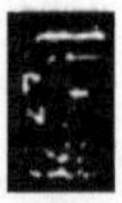 無所簠 eb474 飤匿(簠)	 申文王之孫簠 mt05943 飤匿(簠)  申公壽簠 mx0498 飤匿(簠)		
CE					

		 考叔㨟父簠 04608.1 尊匿(簠)	 考叔㨟父簠 04609.1 尊匿(簠)  考叔㨟父簠 04609.2 尊匿(簠)		
 鄦膚簠 mx0500 媵亩(簠)	 侯孫老簠g ms0586 媵匿(簠)  侯孫老簠q ms0586 媵匿(簠)	 楚子暖簠 04575 飤匿(簠)  楚子暖簠 04576 飤匿(簠)	 楚子暖簠 04577 飤匿(簠)  楚子棄疾簠 xs314 飤匿(簠)	 楚屈子赤目簠 04612 飤匿(簠)  楚屈子赤目簠 xs1230 飤匿(簠)	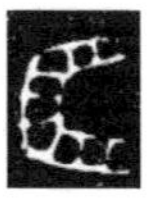 仲改衛簠 xs400 旅匿(簠)  何次簠 xs402 籐匿(簠)
		 子季嬴青簠 04594.1 飤匿(簠)  子季嬴青簠 04594.2 飤匿(簠)	 䣄袚想簠g xs534 飤匿(簠)  䣄袚想簠q xs534 飤匿(簠)	 王孫霧簠 04501.2 飤匿(簠)	 楚王孙簠 ms0551 籐匿(簠)
CE		楚			

 何次簠g xs403 飤匿(𥫱)	 何次簠g xs404 飤匿(𥫱)	 飤簠g xs475 飤匿(𥫱)	 飤簠g xs476 飤匿(𥫱)	 飤簠g xs477 飤匿(𥫱)	 飤簠g xs478 飤匿(𥫱)
 何次簠q xs403 飤匿(𥫱)	 何次簠q xs404 飤匿(𥫱)	 飤簠q xs475 飤匿(𥫱)	 飤簠q xs476 飤匿(𥫱)	 飤簠q xs477 飤匿(𥫱)	 飤簠q xs478 飤匿(𥫱)

楚

 發孫虜簠 xs1773 飤匿(簠)	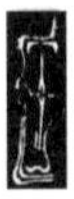 倗簠 04471.1 倗之匿(簠)  倗簠 04471.2 倗之匿(簠)	 倗簠g xs413 倗之匿(簠)  倗簠q xs413 倗之匿(簠)	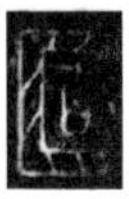 童麗君柏匿q mx0494 飤匿(簠)  童麗君柏匿g mx0494 飤匿(簠)	 童麗君柏匿q mx0495 飤匿(簠)  童麗君柏匿g mx0495 飤匿(簠)	 柏之匿 mx0476 柏之匿(簠)
 鄬子辛簠g xs541 飤匿(簠)  鄬子辛簠q xs541 飤匿(簠)	 鄬子孟孀青簠g xs522 飤匿(簠)  鄬子孟孀青簠q xs522 飤匿(簠)				
楚			鍾離		

害

 姅仲簠 04534 媵匿（簠）  京叔姬簠 04504 寶匳（簠）	 大嗣馬簠 04505.1 飤匿（簠）  大嗣馬簠 04505.2 飤匿（簠）	 鬳侯簠 04561 媵匿（簠  鬳侯簠 04562 媵匿（簠）	 魯侯簠 xs1068 媵害（簠）	 鑄公簠蓋 04574 媵害（簠）	 薛子仲安簠 04546.1 旅害（簠）  薛子仲安簠 04546.2 旅害（簠）
 微乘簠 04486 寶匿（簠）  伯□父簠 04535 寶匿（簠）					
 嘉子昜伯臚簠 04605.1 寶匿（簠）  嘉子昜伯臚簠 04605.2 寶匿（簠）	 □之簠蓋 04472 □之匿（簠）  𣶒簠 04475 行匿（簠）	 慶孫之子崍簠 04502.1 饙匿（簠）  慶孫之子崍簠 04502.2 饙匿（簠）			
			魯	鑄	楚

盄

 薛子仲安簠 04547 旅害(簠)	 奢虎簠 04539.1 寶害(䀇)  奢虎簠 04539.2 寶害(䀇)	 旅虎簠 04540 寶害(䀇)  旅虎簠 04541.1 寶害(䀇)	 旅虎簠 04541.2 寶害(䀇)		 戎生鐘 xs1617 既龢叡盄
				 盄和鐘 00270.2 作盄龢[鎛]	 子犯鐘 xs1017 孔寍叡碩
薛				秦	晉

	盎		盆		
	 妝盎 ms0618 旅盎			 郳子宿車盆 10337 行盆	 曾大保盆 10336 旅盆
			 樊君盆 10329.1 寶盆  樊君盆 10329.2 寶盆	 黃太子白克盆 10338 餴盆	 曾孟嬶諫盆 10332.1 饔盆  曾孟嬶諫盆 10332.2 饔盆
 九里墩鼓座 00429.2 遠盄(淑)聞于王東吳谷		 競之𩵦鼎 mx0178 䵼彝𩰫盎			
鍾離		楚	樊	黃	曾

盨

	 彭子仲盆蓋 10340 𩛥盆	 仲阪父盆g ms0619 寶盆(盆)  仲阪父盆q ms0619 寶盆(盆)	 虢季盨g xs31 旅𩰫(盨)  虢季盨q xs31 旅𩰫(盨)	 虢季盨g xs32 旅𩰫(盨)  虢季盨q xs32 旅𩰫(盨)	 虢季盨q xs33 旅𩰫(盨)  虢季盨g xs34 旅𩰫(盨)
 鄎子行盆 10330.1 飤盆  鄎子行盆 10330.2 飤盆		 □子季□盆 10339 □盆			
		 行氏伯爲盆 mx0539 賸盆			
息	CE		虢		

 虢季盨q xs34 旅盨（盨）	 燕仲盨g kw2021.3 寶盨  燕仲盨q kw2021 寶盨	 單子白盨 04424 旅盨		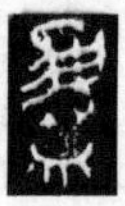 魯司徒仲齊盨 04440.1 餴盨簋  魯司徒仲齊盨 04440.2 餴盨簋	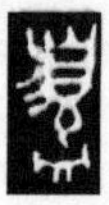 魯司徒仲齊盨 04441.1 餴盨簋  魯司徒仲齊盨 04441.2 餴盨簋
			 敶姬小公子盨 04379.1 飤盨  敶姬小公子盨 04379.2 飤盨		
虢	燕	單	陳	魯	

 魯伯悆盨 04458.1 旅盨簋  魯伯悆盨 04458.2 旅盨簋	 鑄子叔黑臣盨 04423 寶盨  鑄子叔黑臣盨 mt05608 寶盨	 㠱伯子𡨦父盨 04442.1 征頪(盨)  㠱伯子𡨦父盨 04442.2 征頪(盨)	 㠱伯子𡨦父盨 04443.1 征頪(盨)  㠱伯子𡨦父盨 04443.2 征頪(盨)	 㠱伯子𡨦父盨 04444.1 征頪(盨)  㠱伯子𡨦父盨 04444.2 征頪(盨)	 㠱伯子𡨦父盨 04445.1 征頪(盨)  㠱伯子𡨦父盨 04445.2 延(征)頪(盨)
魯	鑄	㠱			

	盉		盅	盈	
 爲甫人盨 04406 行盨	 虢仲盉 ms1234 旅盉  虢仲盉 ms1235 旅盉			 秦子簋蓋 eb423 盈(溫)□□秉	 曾伯霥壺 ms1069 囦(溫)恭且忌  曾子斿鼎 02757 囦(溫)厗下保
			 盅鼎 02356 盅之噂鼎  盅子或鼎蓋 02286 盅子𢧵(諄)		
		 楚叔之孫途盉 09426 爲之鐈(盉)			
	虢	楚	CE	秦	曾

 楚太師登鐘 mt15511a 慎褩𠧚(溫)恭	 楚太師登鐘 mt15513a 慎褩𠧚(溫)恭	 楚太師登鐘 mt15516a 慎褩𠧚(溫)恭	 楚太師登鐘 mt15518a 慎褩𠧚(溫)恭	 楚太師鄧子鎛 mx1045 慎褩𠧚(溫)恭	 楚太師登鐘 mt15511a 既𠧚(溫)既記(忌)
 楚太師登鐘 mt15512a 慎褩𠧚(溫)恭	 楚太師登鐘 mt15514a 慎褩𠧚(溫)恭	 楚太師登鐘 mt15517 慎褩𠧚(溫)恭	 楚太師登鐘 mt15519a 慎褩𠧚(溫)恭		 楚太師登鐘 mt15512a 既𠧚(溫)既記(忌)
 王孫誥鐘 xs418 𠧚(溫)恭㝬遲	 王孫誥鐘 xs420 𠧚(溫)恭㝬遲	 王孫誥鐘 xs422 𠧚(溫)恭㝬遲	 王孫誥鐘 xs424 𠧚(溫)恭㝬遲	 王孫誥鐘 xs426 𠧚(溫)恭㝬遲	 王孫誥鐘 xs428 𠧚(溫)恭㝬遲
 王孫誥鐘 xs419 𠧚(溫)恭㝬遲	 王孫誥鐘 xs421 𠧚(溫)恭㝬遲	 王孫誥鐘 xs423 𠧚(溫)恭㝬遲	 王孫誥鐘 xs425 𠧚(溫)恭㝬遲	 王孫誥鐘 xs427 𠧚(溫)恭㝬遲	 王孫誥鐘 xs429 𠧚(溫)恭㝬遲

楚

 楚太師登鐘 mt15514a [既]㐭(溫)既記(忌)  楚太師登鐘 mt15516a 既㐭(溫)既記(忌)	 楚太師登鐘 mt15517 既㐭(溫)既口  楚太師登鐘 t15512b 既㐭(溫)既記(忌)	 楚太師鄧子鎛 mx1045 既㐭(溫)既記(忌)			
 王孫誥鐘 xs430 㐭(溫)恭䜌遟  王孫誥鐘 xs434 㐭(溫)恭䜌遟	 王孫誥鐘 xs432 㐭(溫)恭䜌遟  王孫誥鐘 xs433 㐭(溫)恭䜌遟	 王孫誥鐘 xs440 㐭(溫)恭䜌遟  王孫遺者鐘 00261.2 㐭(溫)恭䜌遟	 王子午鼎 02811.2 㐭(溫)恭䜌遟  王子午鼎q xs444 㐭(溫)恭䜌遟	 王子午鼎 xs445 㐭(溫)恭䜌遟  王子午鼎 xs446 㐭(溫)恭䜌遟	 王子午鼎q xs447 㐭(溫)恭䜌遟
		楚			

盥

		 國子山壺 mt12270 盥壺			
	 郜公典盤 xs1043 盥盤			 庚壺 09733.1B 澱(盥)壺	
 䣄瞰尹朁鼎 02766.1 㐭(溫)良聖敏  䣄瞰尹朁鼎 02766.2 㐭(溫)良聖敏		 齊侯匜 10283 盥盂 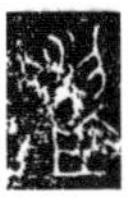 齊侯盤 10159 盥盤	 慶叔匜 10280 盥匜		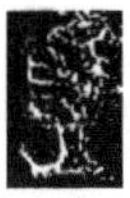 鄬平壺 xs1088 盥□壺
徐	郜	齊			莒

	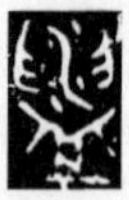 夆叔盤 10163 盥盤  夆叔匜 10282 盥盤		 鄧公匜 10228 盥匜  鄧伯吉射盤 10121 盥盤		
 曩公壺 09704 盥壺		 賈孫叔子屖盤 mt14512 盥盤		 曾季关臣盤 eb933 盥盤	 嫼盤 mx0948 濼(盥)盤
曩	逢	D	鄧	曾	

			 上鄀太子平侯匜 ms1252 盥匜	 伯歸臺盤 mt14484 盥盤	 楚季咩盤 10125 盥盤  塞公孫𢔑父匜 10276 盥匜
 鄦中姬丹盤 xs471 盥盤  蔡大司馬燮盤 eb936 盥盤				 邨子𧇍盤 xs1372 盥盤	 倗盤 xs463 盥盤  倗匜 xs464 盥盤
 蔡侯𩵦缶 09992.1 盥缶  蔡侯𩵦缶 09992.2 盥缶	 蔡侯𩵦缶 10004 盥缶  蔡侯𩵦匜 10189 盥匜	 雌盤 ms1210 盥盤		  羅兒匜 xs1266 盥匜	 楚王酓忎盤 mt14402 盥盤
蔡			CE		楚

盈

 圃公鼎 xs1463 盥鼎	 中子化盤 10137 盤（盥）盤			 樊君匜 10256.1 浂（盥）匜  樊君匜 10256.2 浂（盥）匜	 杞伯每亡盆 10334 寶盈（盆）
 匽君壺 09680 盥壺					
 痟父匜 mt14986 盥匜		 徐王義楚盤 10099 盜（盥）盤	  工𫹂季生匜 10212 盜（盥）會匜		
	楚	徐	吴	樊	杞

⿱⿰古于皿	盄	⿱中亏	盇	盗	
	 益余敦 xs1627 卲鄝公之孫盄余	 子諆盆 10335.1 行⿱中亏 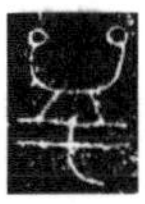 子諆盆 10335.2 行⿱中亏		 盗叔壶 09625 盗叔  盗叔壶 09626 盗叔	 盗叔戈 11067 盗叔
 冉鉦鋮 00428 □□⿱⿰古于皿			 飼方豆 04662 飼之飤盇		
吴		CE	樊	CE	

盞　　盬

				 鄀公簋 04016 鄀公伯韭	 鄀公簋 04017.1 鄀公伯韭  鄀公簋 04017.2 鄀公伯韭
		 王子申盞 04643 盞豈	 愠兒盞g xs1374 盞豈  愠兒盞q xs1374 盞豈		
 許子敦 eb478 盞盂	 賹于盞 04636 行盞	 仲姬敦g xs502 仲姬彥之盞  仲姬敦q xs502 仲姬彥之盞	 襄王孫盞 xs1771 飤盞  叔皇之孫鮽敦 ms0593 飤盞		
許	曾	楚		CE	

⿱⿰爿酉皿　⿰氵盉　⿱亐皿

		 齊良壺 09659 齊皇作壺⿱亐皿			
				 王子申盞 04643 盞⿱亐皿  楚王酓審盂 xs1809 楚王酓審之⿱亐皿	 愠兒盞g xs1374 盞⿱亐皿  愠兒盞q xs1374 盞⿱亐皿
 鄦子⿱⿰爿酉皿自鎛 00153 許子⿱⿰爿酉皿(醬)自  鄦子⿱⿰爿酉皿自鎛 00154 許子⿱⿰爿酉皿(醬)自	 哀成叔鼎 02782 亦弗其⿰氵盉隻(獲)		 曾少宰黄仲酉壺　eb861 行⿱亐皿  可壺 eb850 行⿱亐皿		
許	鄭	齊	曾	楚	

𥂴		盩			盬
	 伯戔盆g 10341 餴亘(𥂴)  伯戔盆q 10341 餴亘(𥂴)	 秦公鐘 00262 盩盩允義  秦公鐘 00265 盩盩允義	 秦公鎛 00267.1 盩盩允義  秦公鎛 00268.1 盩盩允義	 秦公鎛 00269.1 盩盩允義	 茢仲盬鑪 mt14087 茢仲盬作其宗器尊甗
 晋公盆 10342 媵𥂴(𥂴)四酉		 秦公簋 04315.2 盩盩文武	 盄和鐘 00270.2 盩盩文武		
晋	CE	秦			AB

⿱無皿			⿰氵⿱咸皿		⿰氵⿱虍皿
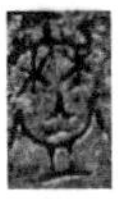 許子□父鼎 mx0161 ⿱無皿(許)子□父  許成孝鼎 mx0190 ⿱無皿(許)成孝	 伯國父鼎 mx0194 ⿱無皿(許)大或伯國父				
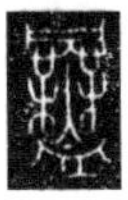 許公簠g mx0510 ⿱無皿(許)公  許公簠g mx0511 ⿱無皿(許)公	 許公簠q mx0511 ⿱無皿(許)公  許公簠q mx0510 ⿱無皿(許)公		 者⿰氵⿱咸皿鐘 00194 皮[難](然)之子者⿰氵⿱咸皿  者⿰氵⿱咸皿鐘 00195 皮難(然)之子[者]⿰氵⿱咸皿	 者⿰氵⿱咸皿鐘 00196 皮難(然)[之子]者⿰氵⿱咸皿	 倗之⿰氵⿱虍皿鼎g xs456 ⿰氵⿱虍皿鼎  倗之⿰氵⿱虍皿鼎q xs456 ⿰氵⿱虍皿鼎
 鄦公買簠 04617.2 ⿱無皿(許)公  鄦公買簠g eb475 ⿱無皿(許)公	 鄦公買簠q eb475 ⿱無皿(許)公  許公戈 xs585 ⿱無皿(許)公	 許公戈 eb1144 ⿱無皿(許)公  許公寍戈 eb1145 ⿱無皿(許)公			
許			吳		楚

鼞　去　衄

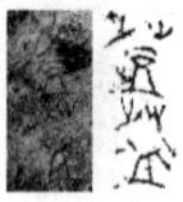 鄬子受鼎 xs527 鬳鼞(升)  鄬子受鼎 xs528 鬳鼞(升)			 邾公釛鐘 00102 敬衄盟祀	 叔夷鐘 00272.2 虔衄乃死(尸)事  叔夷鐘 00274.1 汝尃余于艱衄	 叔夷鐘 00274.2 虔衄不易  叔夷鐘 00274.2 膺衄余于盟衄
	 哀成叔鼎 02782 少去母父	 郐䣄尹替鼎 02766.1 以去衄辱  郐䣄尹替鼎 02766.2 以去衄辱	 鼄公華鐘 00245 以衄其祭祀盟祀		
楚	鄭	徐	邾	齊	

 叔夷鐘 00275.1 膺卹余于盟卹  叔夷鐘 00275.1 汝以卹余朕身	 叔夷鐘 00282 汝専余于艱卹  叔夷鐘 00282 …虔卹不易	 叔夷鎛 00285.2 虔卹乃死(尸)事  叔夷鎛 00285.4 汝専余于艱卹	 叔夷鎛 00285.4 虔卹不易  叔夷鎛 00285.4 膺卹余于盟卹	 叔夷鎛 00285.5 膺卹余于盟卹  叔夷鎛 00285.5 汝以卹余朕身	 曾公畎鎛鐘 jk2020.1 隶(肆)途辝卹   曾公畎甬鐘 A jk2020.1 隶(肆)途辝卹
齊					曾

墧　丹　青

				 番君伯歡盤 10136 用其青金	
 曾公畎甬鐘 B jk2020.1 隶(肆)途辪卹			 鄦中姬丹盤 xs471 鄦仲姬丹  鄦中姬丹匜 xs472 鄦仲姬丹		
	 郐䣄尹譬鼎 02766.1 以去卹辱  郐䣄尹譬鼎 02766.2 以去卹辱	 曾旨尹喬缶 mx0902 曾旨尹墧之让缶  曾工尹喬匜 ms1245 曾旨尹喬之升			 子季嬴青簠 04594.1 子季嬴青  子季嬴青簠 04594.2 子季嬴青
曾	徐	曾	楚	番	楚

静

				 秦公鐘 00262 静公  秦公鐘 00264 静公	 秦公鎛 00267.1 静公  秦公鎛 00268.1 静公
				 秦公簋 04315.2 鋘(鎮)静不廷  盄和鐘 00270.2 鋘(鎮)静不廷	
 鄬子孟孀青簠g xs522 倗子孟孀青  鄬子孟孀青簠q xs522 倗子孟青孀	 吴王光鐘 0223.1 青[吕]尃皇  吴王光鐘 00224.1 青吕(鋁)尃皇	 吴王光鐘 00224.4 既孜叡(且)青  吴王光鐘 00224.7 青吕(鋁)尃皇	 吴王光鐘 00224.13 青[吕]尃皇  吴王光鐘 00224.24 青吕(鋁)尃[皇]		
楚	吴			秦	

井

 秦公鎛 00269.1 静公					
	 晋公盤 mx0952 孔静晋邦	 國差罏 10361 鼏(謐)静安寧  姬寏母豆 04693 静公	 文公之母弟鐘 xs1479 鼏(謐)静朕配遠邇	 盄和鐘 00270.1 睿尃明井(刑)	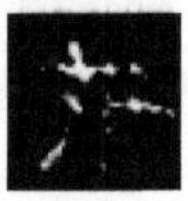 晋公盆 10342 帥井(型)先王 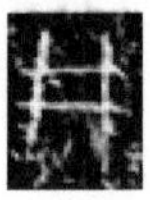 晋公盤 mx0952 帥井(型)先王
秦	晋	齊		秦	晋

刑

 鄭井叔蒦父鬲 00580 鄭井叔 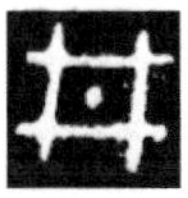 鄭井叔蒦父鬲 00581 鄭井叔		 曩侯簋 xs1462 井(邢)姜妢母	 曾伯陭鉞 xs1203 非歷殹井(型)用爲民政	 晉刑氏鼎 ms0247 晉荆(刑)氏	
	 叔夷鐘 00274.2 中尃(布)盟井(刑)				
					 郳公韎父鎛 mt15815 荆(型)鑄和鐘  郳公韎父鎛 mt15816 荆(型)鑄和鐘
鄭	齊	曩	曾	晉	郳

刱　　即

			 叔家父簠 04615 用盛稻刱(粱)	 秦公鐘 00262 具即其服  秦公鐘 00265 具即其服	 秦公鎛 00267.2 具即其服  秦公鎛 00268.2 具即其服
		 叔夷鎛 00285.4 中尃(布)盟刑			
 郳公𩁹父鎛 mt15817 㓝(型)鑄和鐘  郳公𩁹父鎛 mt15818 㓝(型)鑄和鐘	 司馬楙鎛 eb48 帥㓝(型)灋則				
郳	滕	齊		秦	

既

 秦公鎛 00269.2 具即其服	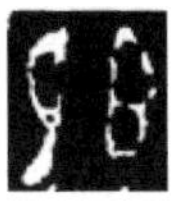 鄭義伯鐳 09973.2 我酉(酒)即(既)清		 戎生鐘 xs1617 既龢叡盄		
		 者尚余卑盤 10165 即擇其吉金	 邵黛鐘 00225 大鐘既縣(懸)  邵黛鐘 00232 既旃(伸)鬯(暢)虡	 邵黛鐘 00226 既旃(伸)鬯(暢)虡  邵黛鐘 00226 大鐘既縣(懸)	 邵黛鐘 00228 既旃(伸)鬯(暢)虡  邵黛鐘 00228 大鐘既縣(懸)
秦	鄭	越	晉		

 郘黛鐘 00230 既旃(伸)鬯(暢)虡  郘黛鐘 00230 大鐘既縣(懸)	 郘黛鐘 00231 既旃(伸)鬯(暢)虡  郘黛鐘 00231 大鐘既縣(懸)	 郘黛鐘 00233 既旃(伸)鬯(暢)虡  郘黛鐘 00233 大鐘既縣(懸)	 郘黛鐘 00235 既旃(伸)鬯(暢)虡  郘黛鐘 00235 大鐘既縣(懸)	 郘黛鐘 00236 既旃(伸)鬯(暢)虡  郘黛鐘 00236 大鐘既縣(懸)	 郘黛鐘 00237 既旃(伸)鬯(暢)虡  郘黛鐘 00237 大鐘既縣(懸)
晉					

	 毛虎壺q hx2021.5 既生霸 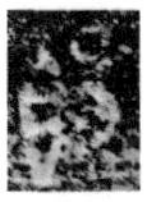 毛虎壺g hx2021.5 既生霸				 上曾太子鼎 02750 既龢無測
			 齊侯子仲姜鬲 mx0260 既死霸	 叔夷鐘 00272.1 余既専乃心  叔夷鎛 00285.1 余既専乃心	
 杕氏壺 09715 自頌既好		 哀成叔鼎 02782 君既安叀(惠)	 洹子孟姜壺 09730 齊侯既遰(躋)		
燕	毛	鄭	齊		D

 曾仲大父螽𣪘 04203 既生霸  曾仲大父螽𣪘 04204.1 既生霸	 曾仲大父螽𣪘 04204.2 既生霸  曾伯從寵鼎 02550 十月既吉	 曾伯霥簠 04631 具既俾方  曾伯霥簠 04632 具既俾方	 鼄乎簋 04157.1 既死霸  鼄乎簋 04157.2 既死霸	 鼄乎簋 04158.1 既死霸  鼄乎簋 04158.2 既死霸	
 嬭加編鐘 kg2020.7 楚既爲代(忒)	 曾公𠰢鎛鐘 jk2020.1 既淑既平  曾公𠰢鎛鐘 jk2020.1 既淑既平	 曾公𠰢甬鐘 A jk2020.1 既淑既平  曾公𠰢甬鐘 A jk2020.1 既淑既平	 曾公𠰢甬鐘 B jk2020.1 既淑既平 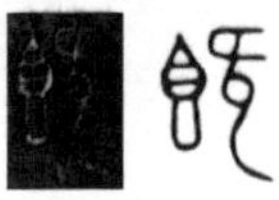 曾公𠰢甬鐘 B jk2020.1 既淑既平		
 曾侯與鐘 mx1029 周室之既庳(卑)  曾侯與鐘 mx1029 晢(荆)邦既𡪞					 蔡侯紐鐘 00210.2 既聽于心  蔡侯紐鐘 00211.2 既聽于心
曾					蔡

<table>
<tr>
<td></td>
<td></td>
<td>
鄀公諴鼎
02753
既死霸</td>
<td>
鄁公鼎
02714
八月既朢</td>
<td>
楚太師登鐘
mt15511a
既溫既記(忌)

楚太師登鐘
mt15511a
既溫既記(忌)</td>
<td>
楚太師登鐘
mt15512a
既溫既記(忌)

楚太師登鐘
mt15512a
既溫既記(忌)</td>
</tr>
<tr>
<td></td><td></td><td></td><td></td><td></td><td></td>
</tr>
<tr>
<td>
蔡侯紐鐘
00217.2
既聰于心

蔡侯紐鐘
00218.2
既聰于心</td>
<td>
蔡侯鎛
00222.2
既聰于心</td>
<td></td><td></td><td></td><td></td>
</tr>
<tr>
<td colspan="2">蔡</td>
<td colspan="2">CE</td>
<td colspan="2">楚</td>
</tr>
</table>

 楚太師登鐘 mt15514a [既]溫既記(忌)  楚太師登鐘 mt15516a 既溫既記(忌)	 楚太師登鐘 mt15516a 既溫既記(忌)  楚太師登鐘 mt15517 既溫既□	 楚太師登鐘 mt15517 既溫既□  楚太師登鐘 mt15518b 既溫既記(忌)	 楚太師登鐘 mt15518b 既溫既記(忌)	 楚太師鄧子辥慎鎛　mx1045 既溫既記(忌)  楚太師鄧子辥慎鎛　mx1045 既溫既記(忌)	
					 吴王光鐘 00224.14 既[孜]且[青]  吴王光鐘 00224.15 既[孜叡青]
楚					吴

鬯

 吴王光鐘 00224.18 既…	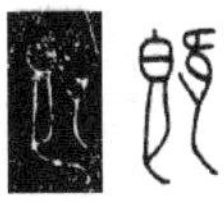 吴王光鑑 10299 既字白期 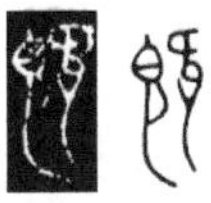 吴王光鑑 10298 既字白期	 吴王餘眜劍 mx1352 既北既殃  吴王餘眜劍 mx1352 既北既殃	 郘黛鐘 00225 既旃(伸)鬯(暢)虡  郘黛鐘 00226 既旃(伸)鬯(暢)虡	 郘黛鐘 00228 既旃(伸)鬯(暢)虡  郘黛鐘 00229 既旃(伸)鬯(暢)虡	 郘黛鐘 00230 既旃(伸)鬯(暢)虡  郘黛鐘 00231 既旃(伸)鬯(暢)虡
吴			晋		

			爵		食
					 上曾太子鼎 02750 多用旨食
 郘黛鐘 00233 既旆(伸)鬯(暢)虡  郘黛鐘 00234 既旆(伸)鬯(暢)虡	 郘黛鐘 00235 既旆(伸)鬯(暢)虡  郘黛鐘 00236 既旆(伸)鬯(暢)虡	 郘黛鐘 00237 既旆(伸)鬯(暢)虡	 郐䣄尹征城 00425 次唬斞(爵)稍	 曾侯與鐘 mx1029 荆邦既[illegible](爵—削)	
晉			徐	曾	D

餗

	 戈叔朕鼎 02690 餗鼎  戈叔朕鼎 02691 餗鼎	 戈叔朕鼎 02692 餗鼎			
 仲義君鼎 02279 食繁			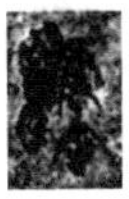 宋公圝鋪 mt06157 餗鋪  宋公圝鋪 mx0532 餗鋪	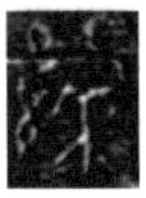 宋公圝鼎g mx0209 餗鼎  宋公圝鼎q mx0209 餗鼎	
			 宋公繺鼎蓋 02233 餗鼎  宋君夫人鼎蓋 02358 餗盂鼎	 宋君夫人鼎q eb304 餗鼎  宋君夫人鼎g eb304 餗鼎	 宋左太師睪鼎 mt01923 餗鼎
	戴		宋		

 魯司徒仲齊盨 04440. 1 䭻盨簋  魯司徒仲齊盨 04441.1 䭻盨簋	 魯司徒仲齊盨 04441.2 䭻盨簋	 邾叔彪父簠q ms0573 䭻盬  邾叔彪父簠 04592 䭻盬		 子皇母簠 mt05853 䭻盬	
		 鼄大宰簠 04623 䭻盬	 鼄大宰簠 04623 其眉壽以䭻  鼄大宰簠 04624 其眉壽用䭻	 䧅公克敦 04641 饔(䭻)敦  郳大司馬彊盤 ms1260 䭻匜	 禾簋 03939 䭻彝
魯		邾		郳	D

 鄧公牧簋 03590.1 餴簋  鄧公牧簋 03590.2 餴簋	 鄧公牧簋 03591 餴簋				
		 黄太子白克盆 10338 餴盆	 番君召簠 04582 餴𥂴  番君召簠 04583 餴𥂴	 番君召簠 04584 餴𥂴  番君召簠 04585 餴𥂴	 番君召簠 04586 餴𥂴  番君召簠 04587 餴𥂴
鄧		黄	番		

			 蔡大善夫趣簠g xs1236 鍊䀇  蔡大善夫趣簠q xs1236 鍊䀇	 伯戔盆g 10341 鍊盬  伯戔盆q 10341 鍊盬	 喬夫人鼎 02284 鍊鼎  彭子仲盆蓋 10340 鍊盆
 番君召簠 ms0567 鍊䀇	 湛作季嬴簋甲 kx2021.1 鍊簋  湛作季嬴簋乙 kx2021.1 鍊簋	 湛作季嬴簋丙 kx2021.1 鍊簋  湛作季嬴簋丁 kx2021.1 鍊簋		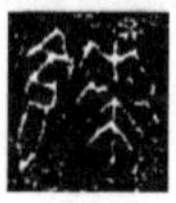 鄬伯受簠 04599.1 鍊䀇  鄬伯受簠 04599.2 鍊䀇	
	 曾□□簠 04614 鍊䀇				
番	曾		蔡	CE	

				饔	餥
	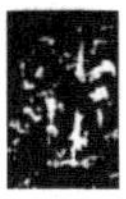 郤王鼎攗鼎 02675 䭃鼎	 爲甫人鼎 mt02064 䭃鼎	 叔夜鼎 02646 䭃鼎  叔液鼎 02669 䭃鼎	 鄭饔原父鼎 02493 鄭饔(饔)遼父	
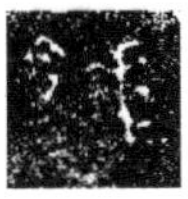 何次簠 xs402 䭃䀇					
 楚王孙簠 ms0551 䭃䀇		 要君盂 10319 䭃盂	 慶孫之子峠簠 04502.1 䭃䀇  慶孫之子峠簠 04502.2 䭃䀇		 宋右師延敦 CE33001 作盨(粢)棐(餥)器
楚	徐			鄭	宋

飯　　飤

	 内公鼎 02475 飤鼎	 鄭戠句父鼎 02520 飤鬻			
  公子土折壺 09709 公孫竈涖事歲飯香月		 哀成叔鼎 02782 飤器黄鑊	 封子楚簠g mx0517 飤盙  封子楚簠q mx0517 飤盙	 寬兒鼎 02722 飤繁	 鄦公買簠 04617.2 飤盙
齊	芮	鄭		蘇	許

	 嗽生雈鼎 02468 飤鼎			 魯士浮父簠 04517.1 飤匿(籃)  魯士浮父簠 04517.2 飤匿(籃)	 魯士浮父簠 04518 飤匿(籃)  魯士浮父簠 04519 飤匿(籃)
	 嗽姬小公子盨 04379.1 飤盨  嗽姬小公子盨 04379.2 飤盨				
 鄦公買簠g eb475 飤簠  鄦公買簠q eb475 飤簠	 宋兒鼎 mx0162 飤鲧	 樂子簠 04618 飤簠	 鄦子棗簠 04545 飤(飤)簠		
許	陳	宋	邊	魯	

 魯士浮父簠 04520 飤匱(簠)		 郜召簠q xs1042 用飤諸母諸兄  郜召簠g xs1042 用飤諸母諸兄			
			 齊医敦 04639.1 飤敦  齊医敦 04639.2 飤敦	 齊医敦 04638 飤敦	 鄧鰟鼎 02085.1 飤鼎  鄧鰟鼎 02085.2 飤鼎
	 郳大司馬彊盤 ms1216 飲飤無期  郳大司馬彊匜 ms1260 飲飤無期				 鄧子午鼎 02235 飤鐈
魯	郳	郜	齊		鄧

	 樊君簠 04487 飤𥂴			 曾伯克父壺g ms1062 飤壺  曾伯克父壺q ms1062 飤壺	 曾伯克父壺 ms1063 飤壺  曾伯克父鐳 ms1174 飤鐳
 鄧公乘鼎 02573.1 飤𩰫 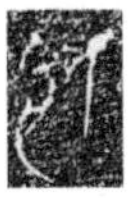 鄧公乘鼎 02573.2 飤𩰫			 番子鼎 ww2012.4 飤鼎	 曾侯宏簋 mt04975 飤簋 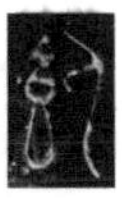 曾侯宏簋 mt04976 飤簋	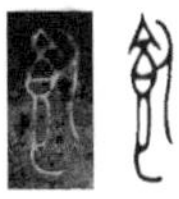 湛作季嬴鼎甲 kx2021.1 飤鼎  湛作季嬴鼎乙 kx2021.1 飤鼎
	 㪅方豆 04662 飤盍	 黃韋俞父盤 10146 飤器		 曾侯邶鼎 eb257 飤鼎 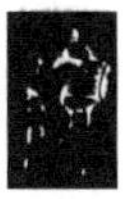 曾子口簠 04588 飤𥂴	 曾子季关臣簠 eb463 飤𥂴  曾子季关臣簠 eb464 飤𥂴
鄧	樊	黃	番	曾	

 湛作季嬴鼎丙 kx2021.1 飤鼎  湛作季嬴簠 kx2021.1 飤盬	 曾公子叔湰簠g mx0507 飤盬  曾公子叔湰簠 mx0508 飤盬	 叔旟鼎g mx0139 飤鼎  曾孫褱簠 mx0483 飤盬	 孂加鎛丙 ms1284 宴饎飲飤		
 曾子義行簠g xs1265 飤盬  曾子義行簠q xs1265 飤盬	 曾孫無期鼎 02606 飤緐  曾孫史夷簠 04591 飤盬	 曾大司馬國鼎 mx0128 飤鼎  曾大司馬伯國簠　mx0488 飤盬	 曾公叔考臣甗 ms0357 飤甗	 蔡侯鼾 02215 飤鼾  蔡侯鼾 02216 飤鼾	 蔡侯䵼鼎 02217.1 飤鼎  蔡侯䵼鼎 02217.2 飤鼎
曾				蔡	

 蔡侯殘鼎 02218 飤鼎  蔡侯殘鼎 02219 飤鼎	 蔡侯殘鼎 02220 飤鼎 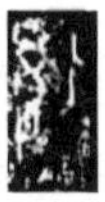 蔡侯殘鼎 02225 飤鼾	 蔡侯䵼簠 04490.1 飤𥂴  蔡侯䵼簠 04490.2 飤𥂴	 蔡侯䵼簠 04491 飤𥂴  蔡侯䵼簠 04492.1 飤𥂴	 蔡侯䵼簠 04492.2 飤𥂴  蔡侯䵼簠 04493.1 飤𥂴	 蔡侯䵼簠 04493.2 飤𥂴  蔡侯䵼簠 mt05775 飤𥂴
蔡					

 蔡侯䜌簠 mt05776 飤盬  蔡大師鼎 02738 飤鐈	 蔡公子義工簠 04500 飤盬  蔡侯簠 ms0582 飤盬	 申文王之孫簠 mt05943 飤盬  無所簠 eb474 飤盬	 叔姜簠g xs1212 飤盬  叔姜簠q xs1212 飤盬	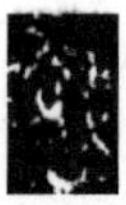 彭子壽簠 mx0497 飤盬  申公壽簠 mx0498 飤盬	 彭子射盂鼎 mt02264 飤盂  彭子射兒簠 mt05884 飤盬
蔡		CE			

		 蛊子或鼎蓋 02286 飤鐈  諆余鼎 mx0219 飤緐鼎	 郹子行盆 10330.1 飤盆  郹子行盆 10330.2 飤盆	 楚子暖簠 04575 飤簠  楚子暖簠 04576 飤簠	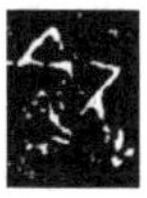 楚子暖簠 04577 飤簠  楚子棄疾簠 xs314 飤簠
 彭啓簠丙g ww2020.10 飤簠  彭啓簠丙g ww2020.10 吾以飤士庶子	 彭啓簠丙q ww2020.10 飤簠  彭啓簠丙q ww2020.10 吾以飤士庶子	 丁兒鼎蓋 xs1712 飤鼾  遊孫癸鼎 ms0188 飤宕鉈	 義子鼎 eb308 飤鬴  襄王孫盞 xs1771 飤盞	 楚子适鼎 02231 飤繁  王孫霧簠 04501.2 飤簠	 楚子涩鄴敦 04637 楚子迦鄴之飤
CE				楚	

 楚屈子赤目簠 04612 飤盬  楚屈子赤目簠 xs1230 飤盬	 何次簠g xs403 飤盬  何次簠q xs403 飤盬	 何次簠g xs404 飤盬  何次簠q xs404 飤盬	 王孫誥鐘 xs418 誨猷不飤  王孫誥鐘 xs419 誨猷不飤	 王孫誥鐘 xs420 誨猷不飤  王孫誥鐘 xs421 誨猷不飤	 王孫誥鐘 xs422 誨猷不飤  王孫誥鐘 xs423 誨猷不飤
 子季嬴青簠 04594.1 飤盬 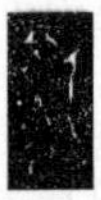 子季嬴青簠 04594.2 飤盬	 褱鼎 02551.1 飤硼鼨  褱鼎 02551.2 飤硼鼨	 王子啓疆鼎 mt11690 飤緐			
楚					

 王孫誥鐘 xs424 誨猷不飤	 王孫誥鐘 xs426 誨猷不飤	 王孫誥鐘 xs428 誨猷不飤	 王孫誥鐘 xs431 誨猷不飤	 王孫誥鐘 xs432 誨猷不飤	 王孫誥鐘 xs441 誨猷不飤
 王孫誥鐘 xs425 誨猷不飤	 王孫誥鐘 xs427 誨猷不飤	 王孫誥鐘 xs429 誨猷不飤	 王孫誥鐘 xs436 誨猷不飤	 王孫誥鐘 xs439 誨猷不飤	 王孫遺者鐘 00261.2 誨猷(猷)不飤

楚

 楚叔之孫倗鼎 02357.1 飤鼾  楚叔之孫倗鼎 xs411 飤鼾	 楚叔之孫倗鼎g xs410 飤鼾  楚叔之孫倗鼎q xs410 飤鼾	 倗鼎 xs450 飤鼾  倗鼎 xs451 飤鐈	 倗鼎 xs452 飤盬  倗鼎 xs454 飤鐈	 倗鼎 xs455 飤□  倗鼎g xs474 飤鼎	 倗鼎q xs474 飤鼎  飤簠g xs475 飤䀇
楚					

 飤簠q xs475 飤㿽	 飤簠q xs476 飤㿽	 飤簠g xs478 飤㿽	 楚王鼎g mt02318 飤緐	 楚王鼎 mx0210 飤緐	 發孫虜鼎g xs1205 飤鼎
 飤簠g xs476 飤㿽	 飤簠g xs477 飤㿽	 飤簠q xs478 飤㿽	 楚王鼎q mt02318 飤緐	 發孫虜簠 xs1773 飤㿽	 發孫虜鼎q xs1205 飤鼎
 鄬子孟孎青簠g xs522 飤㿽	 鄬子孟升嬭鼎g xs523 飤鼎	 鄬子辛簠g xs541 飤㿽	 鄬子昃鼎g xs532 飤鼎	 鄬子昃鼎g xs533 飤鼎	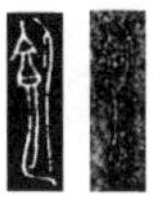 醻祓想簠g xs534 飤㿽
 鄬子孟孎青簠q xs522 飤㿽	 鄬子孟升嬭鼎q xs523 飤鼎	 鄬子辛簠q xs541 飤㿽	 鄬子昃鼎q xs532 飤鼎	 鄬子昃鼎q xs533 飤鼎	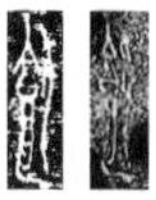 醻祓想簠q xs534 飤㿽

楚

 王子吳鼎 02717 飤鼾  王子吳鼎 mt02343b 飤鼾	 童麗君柏匿q mx0494 飤盬 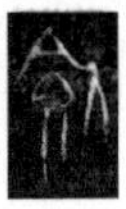 童麗君柏匿g mx0494 飤盬	 童麗君柏匿q mx0495 飤盬  童麗君柏匿g mx0495 飤盬	 宜桐盂 10320 飤盂	 庚兒鼎 02715 飤䋣  庚兒鼎 02716 飤䋣	
			 余購逐兒鐘 00183.1 飲飤歌舞  余購逐兒鐘 00184.2 飲飤歌舞		 夫欧申鼎 xs1250 飤鼎
楚	鍾離		徐		舒

				饋	餓
	 邧子良人甗 00945 飤甗  王孫壽甗 00946 飤甗	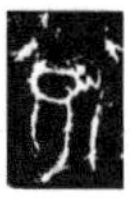 大嗣馬簠 04505.1 飤盬  大嗣馬簠 04505.2 飤盬			
 卑梁君光鼎 02283 飤鼎	 王孫叔諲甗 mt03362 以飤父兄				 叔夷鐘 00280 餓公  叔夷鐘 00276.1 餓公
	 王子姪鼎 02289.1 飤鼎  王子姪鼎 02289.2 飤鼎	 乙鼎 02607 飤繁  揚鼎 mt02319 飤繁	 鈙孫宋鼎 xs1626 飤鈑(繁)	 卲王之諻鼎 02288 饋鼎	
吳				楚	齊

合				倉	
	 秦公鐘 00262 卲(昭)合皇天  秦公鐘 00264 卲(昭)合皇天	 秦公鎛 00267.1 卲(昭)合皇天  秦公鎛 00268.1 卲(昭)合皇天	 秦公鎛 00269.1 卲(昭)合皇天		
 叔夷鎛 00285.6 鰜公				 晉公盤 mx0952 卲(昭)倉(答)皇卿	
					 九里墩鼓座 00429.4 余以倉(答)同姓九礼
齊	秦			晉	鍾離

僉

 僉父瓶g mt14036 霝父君會(僉)父  僉父瓶q mt14036 霝父君會(僉)父					
	 蔡侯産劍 xs1267 用會(劍)  蔡侯産劍 xs1267 用會(劍)	 蔡侯産劍 11604 用會(劍)	 徐王義楚之元子劍　11668 用會(劍)	 攻吾王光劍 wy030 用僉(劍)  攻吾王光劍 wy030 用僉(劍)	 攻吴王光劍 xs1478 用會(劍)  攻吾王光劍 wy031 用會(劍)
邸	蔡		徐	吴	

今

					 戎生鐘 xs1615 今余弗叚灋其顯光
					 晉公盆 10342 余锥(唯)今小子  晉公盆 10342 锥(唯)今小子
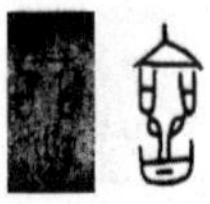 者差劍 xs1869 用𩰫(劍)	 越王者旨劍 wy070 用僉(劍)  越王者旨劍 wy070 用僉(劍)	 越王丌北古劍 wy098 永之用之僉(劍)	 越王丌北古劍 11703 元之用之𩰫(劍) 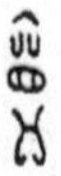 越王丌北古劍 xs1317 元之用之𩰫(劍)	 越王丌北古劍 xs1317 用𩰫(劍)  越王丌北古劍 xs1317 用𩰫(劍)	
吴	越				晉

舍　　　　會

 晉公盤 mx0952 余锥(唯)今小子  晉公盤 mx0952 锥(唯)今小子					 趞亥鼎 02588 會鼎
	 遷邟鐘 mt15520 舍(舒)王  遷邟鐘 mt15521 舍(舒)王	 遷邟鎛 mt15796 舍(舒)王  遷邟鎛 mt15794 舍(舒)王	 配兒鉤鑃 00427.2 □不敢誇舍擇厥吉金	 封子楚簠g mx0517 用會嘉賓大夫  封子楚簠q mx0517 用會嘉賓大夫	
晉	舒		吴	鄭	宋

 哀鼎g mt0231 會鼎  哀鼎q mt0231 會鼎					
		 鄬中姬丹匜 xs472 會匜		 以鄧匜 xs405 會匜  東姬匜 xs398 會匜	
	 曾𡗞臣匜 eb948 會匜	 蔡子匜 10196 會匜	 壽匜 mx0982 會匜  彭子射匜 mt14878 行會匜		  工獻季生匜 10212 溢(盥)會匜
㠱	曾	蔡	CE	楚	吳

倉

 曾侯與鐘 mx1034 稱稱倉倉(鏘鏘)	 侯古堆鎛 xs276 □□倉倉  侯古堆鎛 xs277 □□倉倉	 侯古堆鎛 xs279 □□倉倉  侯古堆鎛 xs281 □□倉倉	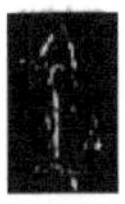 郜子成周鐘 xs289 □□倉倉	 𪑇鐘 xs482b 逾(會)平倉倉  𪑇鐘 xs483a 逾(會)平倉倉	 𪑇鐘 xs487b 逾(會)平倉倉  𪑇鎛 xs489a 逾(會)平倉倉
曾	CE			楚	

			 者𣄃鐘 00193 [龢龢]倉倉(鏘鏘)  者𣄃鐘 00194 □□倉倉(鏘鏘)	 者𣄃鐘 00195 龢龢倉倉(鏘鏘)  者𣄃鐘 00197.2 龢龢倉倉(鏘鏘)	 入公戈 10973 入(芮)公
 𪒠鎛 xs490a 逾(會)平倉倉  𪒠鎛 xs491b 逾(會)平倉倉	 𪒠鎛 xs492b 逾(會)平倉倉  𪒠鎛 xs494b 逾(會)平倉倉	 𪒠鎛 xs496a 逾(會)平倉倉			
楚			吳		芮

内

			 内公鐘 00031 内（芮）公  内公鐘鈎 00032 内（芮）公	 内公鐘鈎 00033 内（芮）公  内公簋蓋 03707 内（芮）公	 内公簋蓋 03708 内（芮）公 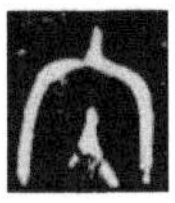 内大子白簠蓋 04537 内（芮）太子
 庚壺 09733.1B 入鄘從河					
	 吴王光鐘 0223.1 入成（城）不賡  吴王光鐘 00224.1 入成（城）不賡	 吴王光鐘 00224.2 入成（城）不□  吴王光鐘 00224.28 入成（城）不賡	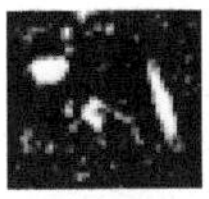 内大攻戈 11203 内（芮）大攺□之造		
齊	吴		芮		

 内大子白簠蓋 04538 内(芮)太子	 内公壺 09596 内(芮)公	 内公壺 09598 内(芮)公	 内大子白壺 09645.1 内(芮)太子	 芮太子白鬲 mt2980 内(芮)太子	 芮太子白鬲 mt2898 内(芮)太子
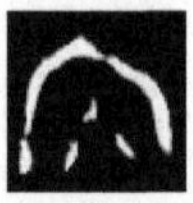 内太子白鼎 02496 内(芮)太子	 内公壺 09597 内(芮)公	 内大子白壺蓋 09644 内(芮)太子	 内大子白壺 09645.2 内(芮)太子	 芮太子白鬲 mt2981 内(芮)太子	 芮太子白鬲 mt2899 内(芮)太子

芮

 芮公鬲 eb77 内(芮)公  芮公簋 eb391 内(芮)公	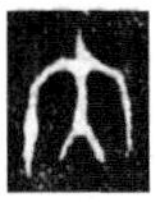 芮太子鬲 eb78 内(芮)太子  内公鼎 00743 内(芮)公	 内公鼎 02475 内(芮)公  内公鼎 02387 内(芮)公	 内公鼎 02389 内(芮)公  内太子鼎 02448 内(芮)太子	 内太子鼎 02449 内(芮)太子  内子仲□鼎 02517 内(芮)子仲	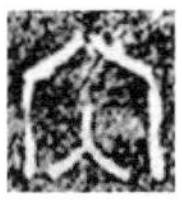 芮子仲殿鼎 mt02125 内(芮)子仲  内公簠 04531 内(芮)公

芮

 芮子仲鼎 mt01910 内(芮)子仲	 芮公簋q mx0350 内(芮)公	 芮公鼎 ms0254 内(芮)公	 芮公簋 ms0428 内(芮)公	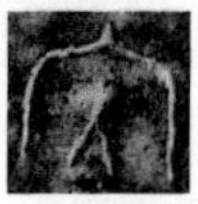 芮公簋q ms0429 内(芮)公	 芮公簋q ms0431 内(芮)公
 芮公簋g mx0350 内(芮)公	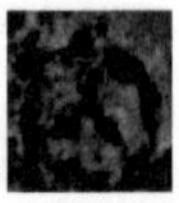 芮公㚖父壺 ms1046 内(芮)公	 芮公鼎 ms0255 内(芮)公	 芮公簋g ms0429 内(芮)公	 芮公簋g ms0431 内(芮)公	 芮公簋g ms0430 内(芮)公

芮

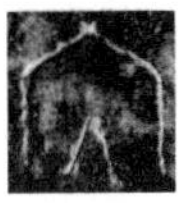 芮公簋q ms0430 內(芮)公 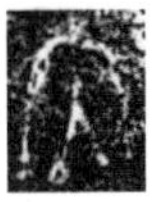 芮太子白鼎 ms0229 內(芮)太子	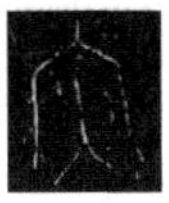 芮公鼓架銅套 ms1725 內（芮）定公		 魯內小臣厎生鼎　02354 魯內小臣		
		 鄭大內史叔上匜　10281 鄭大內史		 叔夷鐘 00274.2 總命于外內之事  叔夷鐘 00277.2 外內愷辟(悌)	 叔夷鐘 00284 外內…  叔夷鎛 00285.4 總命于外內之事
芮		鄭	魯	齊	

缶

	 子叔嬴内君盆 10331 子叔嬴内君				
 叔夷鎛 00285.8 外内愷辟(悌)					
		 鄭莊公之孫缶 xs1238 爲之□缶  鄭莊公之孫缶 xs1239 爲之□缶	 寬兒缶 mt14091 行缶  寬兒缶 mt14092 行缶	 曾子缶 09996 行缶  曾旨尹喬缶 mx0902 辻缶	 曾公子棄疾匿g mx0903 行缶  曾公子棄疾缶q mx0903 行缶
齊		鄭	蘇	曾	

 蔡侯朱缶 09991 蔡侯朱之缶					 孟縢姬缶 10005 浴缶  孟縢姬缶 xs416 浴缶
 蔡侯龖缶 09992.1 盥缶  蔡侯龖缶 09992.2 盥缶	 蔡侯龖缶 09994 尊缶 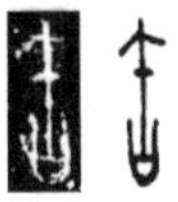 蔡侯龖缶 09993.1 尊缶	 蔡侯龖缶 09993.2 尊缶  蔡侯龖缶 10004 盥缶	 蔡侯龖尊 06010 媵彝𥮆(缶)	 盥缶 mt14051 賁(盥)缶  彭射缶 g mt14058 御缶	 郙子彭缶 09995 赿(赴)缶  永陳缶蓋 xs1191 尊缶
蔡				CE	楚

 倗尊缶 09988.1 尊缶	 倗尊缶g xs415 尊缶	 鄬子倗浴缶g xs459 浴缶	 鄬子倗浴缶g xs460 浴缶	 倗缶 xs461 尊缶	 倗缶 xs479 倗之缶
 倗尊缶 09988.2 尊缶	 倗尊缶q xs415 尊缶	 鄬子倗浴缶q xs459 浴缶	 鄬子倗浴缶q xs460 浴缶	 倗缶 xs462 尊缶	 倗缶g xs480 倗之缶

楚

匋

 倗缶q xs480 倗之缶  楚王媵嬭加缶 kg2020.7 楚王媵隨仲嬭加缶	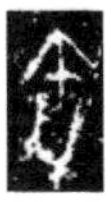 次尸祭缶 xs1249 卝(盥)缶			 鼄子鼎 mt02404A 仲匋姒其隻生男子  鼄子鼎 mt02404A 仲匋姒及子思	
 樂書缶 10008.2 以作鑄鋯(缶)  郘夫人巠缶 ms1179 辻鋯(缶)		 吴王夫差缶 mt14082 御缶	 嘉子孟嬴指缶 xs1806 行缶		 鵙公劍 11651 延匋(寶)用之
楚	徐	吴		齊	D

鑐		𦉜	矢	射	
	 曾伯文鑐 09961 飲鑐			 琱射壺 kw2021.3 周(琱)射作尊壺	 鄧伯吉射盤 10121 鄧伯吉射
 伯亞臣鑐 09974 自作鑐  伯遊父鑐 mt14009 尊鑐		 國差𦉜 10361 西墉寶鐳(𦉜)			
			 攻吴大叡矛 xs1625 工䱷大叡矢		
黄	曾	齊	吴	燕	鄧

侯

					 筍侯匜 10232 筍(荀)医(侯)
			 彭射缶 g mt14057 彭射之䤬  彭射缶 q mt14057 彭射之䤬	 彭射缶 g mt14058 彭子射  彭射缶 q mt14058 彭子射	
 彭子射繁鼎g mt01666 彭子射  彭子射繁鼎q mt01666 彭子射	 彭子射湯鼎 mt01667 彭子射  彭子射盂鼎 mt02264 彭子射兒	 彭子射兒簠 mt05884 彭子射兒  彭子射盤 mt14388 彭子射	 彭子射匜 mt14878 彭子射	 射戈 mt16504 射之用  射戟 mt16505 射之用	
CE					荀

 虞侯政壺 09696 虞矦(侯)	 戎生鐘 xs1615 晋矦(侯)  晋侯簋q mt04713 晋矦(侯)	 晋侯簋g mt04712 晋矦(侯)  晋侯簋q mt04712 晋矦(侯)	 晋姜鼎 02826 文矦(侯)  晋侯簋 ms0467 晋矦(侯)	 楷侯宰吹壺甲g jk2020.4 楷矦(侯)  楷侯宰吹壺甲q jk2020.4 楷矦(侯)	 楷侯宰吹壺乙g jk2020.4 楷矦(侯)  楷侯宰吹壺乙q jk2020.4 楷矦(侯)
	 子犯鐘 xs1010 諸矦(侯)  子犯鐘 xs1011 諸矦(侯)	 子犯鐘 xs1022 諸矦(侯)  子犯鐘 xs1023 諸矦(侯)			
虞	晋			黎	

	 敶侯作嘉姬毁 03903 陳医(侯)  敶侯鼎 02650 陳医(侯)	 敶医壺 09633.1 陳医(侯)  敶医壺 09633.2 陳医(侯)	 敶医壺 09634.1 陳医(侯)  敶医壺 09634.2 陳医(侯)	 陳医鬲 00705 陳医(侯)  陳医鬲 00706 陳医(侯)	 魯侯壺 eb848 魯医(侯)  魯侯壺 eb849 魯医(侯)
	 敶医作孟姜𤖼簠 04606 陳医(侯)  敶医作孟姜𤖼簠 04607 陳医(侯)	 敶医作王仲嬀𤖼簠 04603.1 陳医(侯)  敶医作王仲嬀𤖼簠 04603.2 陳医(侯)	 敶医作王仲嬀𤖼簠 04604.1 陳医(侯)  敶医作王仲嬀𤖼簠 04604.2 陳医(侯)	 陳医盤 10157 陳医(侯)  陳侯匜 xs1833 陳医(侯)	
 衛侯之孫書鐘 ms1280 衛医(侯)	 宋兒鼎 mx0162 陳医(侯)				
衛	陳				魯

 魯侯鼎 xs1067 魯医(侯)  魯侯簠 xs1068 魯医(侯)	 侯母壺 09657.1 医(侯)母  侯母壺 09657.1 医(侯)父戎	 侯母壺 09657.2 医(侯)母  侯母壺 09657.2 医(侯)父戎	 鑄侯求鐘 00047 鑄医(侯)	 簇侯穌盨 04428 滕医(侯) 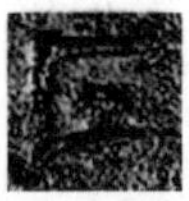 滕侯蘇盨 mt05620 滕医(侯)	
				 簇侯昃戈 11123 滕医(侯)  簇侯昃戈 11018 滕医(侯)	 簇侯昃戈 11079 滕医(侯)  簇侯昃敦 04635 滕医(侯)
魯			鑄	滕	

		 薛侯盤 10133 薛医(侯)  薛侯匜 10263 薛医(侯)	 薛侯壺 xs1131 薛医(侯)	 齊侯子行匜 10233 齊医(侯)  齊侯匜 10272 齊医(侯)	 齊侯匜 10242 齊医(侯)  齊侯盤 10117 齊医(侯)
				 齊侯鎛 00271 医(侯)氏  齊侯鎛 00271 医(侯)氏	 齊侯鎛 00271 医(侯)氏  齊侯盂 10318 齊医(侯)
 𣄰侯耆戈 11077 滕医(侯)  𣄰侯耆戈 11078 滕医(侯)	 滕侯賕鎛 mt15757 滕医(侯)			 洹子孟姜壺 09729 齊医(侯)  洹子孟姜壺 09729 齊医(侯)	 洹子孟姜壺 09729 齊医(侯)  洹子孟姜壺 09730 齊医(侯)
滕		薛		齊	

 齊不趄鬲 mt02926 医(侯)伯					
 國差罎 10361 医(侯)氏  國差罎 10361 医(侯)氏	 齊侯匜 10283 齊医(侯) 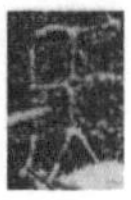 齊侯作孟姜敦 04645 齊医(侯)	 齊侯盤 10159 齊医(侯)  齊侯鼎 mt02363 齊医(侯)	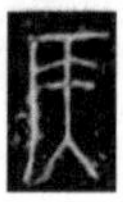 齊侯子仲姜鬲 mx0260 齊医(侯)  叔夷鐘 00276.2 齊医(侯)	 叔夷鐘 00278 齊医(侯)  叔夷鐘 00280 齊医(侯)	 叔夷鎛 00285.6 齊医(侯)  叔夷鎛 00285.8 齊医(侯)
 洹子孟姜壺 09730 齊医(侯)  洹子孟姜壺 09730 齊医(侯)	 洹子孟姜壺 09730 齊医(侯)				

齊

			 己侯壺 09632 己(紀)医(侯)	 曩侯弟叟鼎 02638 曩医(侯)  曩侯簋 xs1462 曩医(侯)	
 齊医敦 04638 齊医(侯)  齊侯作孟姬盤 10123 齊医(侯)	 齊医敦 04639.1 齊医(侯)  齊医敦 04639.2 齊医(侯)				
		 鄘侯少子簋 04152 鄘医(侯)			 侯散戈 xs1168 医(侯)散戈
齊		莒	紀	曩	D

 鄧公簋 03858 王在医(侯)					
	 㙇侯制随侯鼎 kg2020.7 㙇(唐)医(侯)  唐侯制鼎 ms0219 㙇(唐)医(侯)	 㙇侯制随侯鼎 kg2020.7 随医(侯) 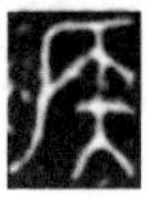 唐侯制鼎 ms0220 㙇(唐)医(侯)	 唐侯制鼎 ms0221 㙇(唐)医(侯)  唐侯制簋 ms0468 㙇(唐)医(侯)	 唐侯制簋 ms0468 隋医(侯)  唐侯制簋 ms0468 㙇(唐)医(侯)	 唐侯制簋 ms0468 㙇(唐)医(侯)  唐侯制壶 mx0829 㙇(唐)医(侯)
鄧	唐				

 曾侯戈 11121 曾医(侯)  曾侯絆伯戈 ms1400 曾侯	 曾侯仲子遊父鼎　02423 曾医(侯)  曾侯仲子遊父鼎　02424 曾医(侯)	 曾侯簠 04598 曾医(侯)  曾侯鼎 ms0224 曾医(侯)			
 曾大工尹戈 11365 穆医(侯)	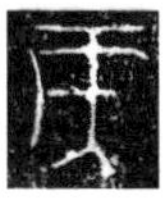 曾侯宏鼎 mt02219 曾医(侯) 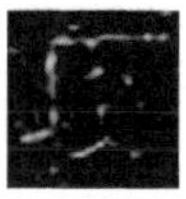 曾侯宏鼎 mt02220 曾医(侯)	 曾侯宏鼎 mx0187 曾医(侯)  曾侯宏簋 mt04975 曾医(侯)	 曾侯宏簋 mt04976 曾医(侯)  曾侯宏壺 mt12390 曾医(侯)	 曾侯宏鼎 mx0185 曾医(侯) 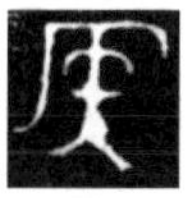 曾侯宏鼎 mx0186 曾医(侯)	 曾侯寶鼎 ms0265 曾侯
 曾侯郕鼎 eb257 曾医(侯) 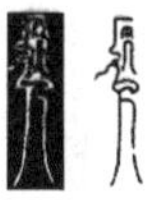 曾侯郕簠 eb460a 曾医(侯)	 曾侯與鬲 mx0240 曾医(侯) 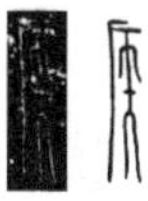 曾侯與鐘 mx1029 曾医(侯)	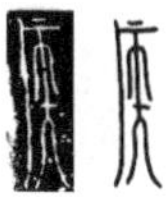 曾侯與鐘 mx1029 有嚴曾医(侯) 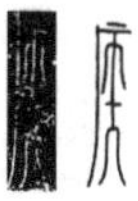 曾侯與鐘 mx1029 曾医(侯)之靈	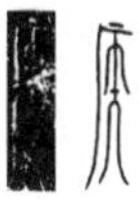 曾侯與鐘 mx1029 脺穆曾医(侯)  曾侯與鐘 mx1032 曾医(侯)	 曾侯殘鐘 mx1031 [脺穆曾]医(侯)  曾侯鐘 mx1025 曾医(侯)	 曾侯郕戈 11094 曾医(侯)  曾侯郕戈 11095 曾医(侯)
曾					

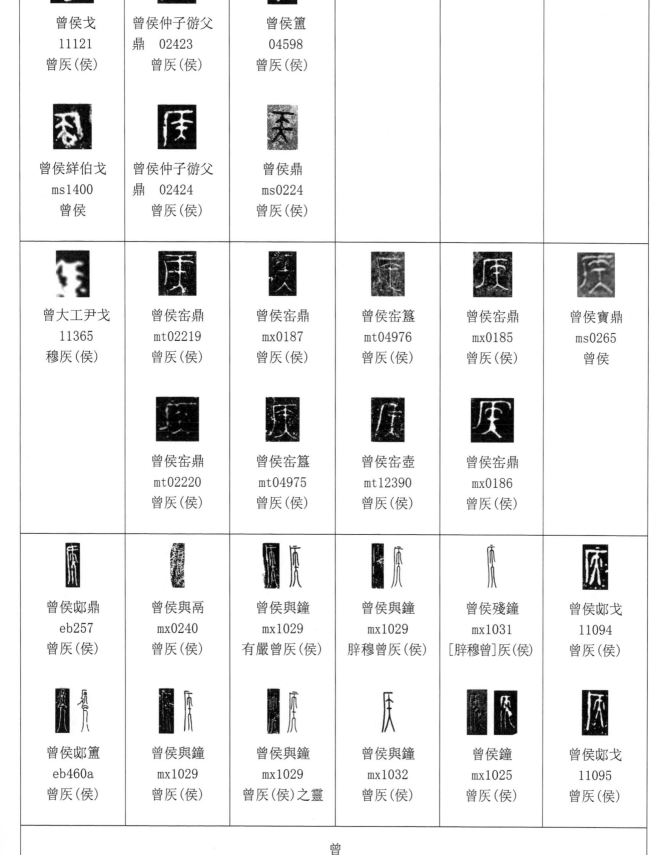

 曾侯子鐘 mt15141 曾医(侯)	 曾侯子鐘 mt15143 曾医(侯)	 曾侯子鐘 mt15145 曾医(侯)	 曾侯子鐘 mt15147 曾医(侯)	 曾侯子鎛 mt15763 曾医(侯)	 曾侯子鎛 mt15765 曾医(侯)
 曾侯子鐘 mt15142 曾医(侯)	 曾侯子鐘 mt15144 曾医(侯)	 曾侯子鐘 mt15146 曾医(侯)	 曾侯子鐘 mt15148 曾医(侯)	 曾侯子鎛 mt15764 曾医(侯)	 曾侯子鎛 mt15766 曾医(侯)
 曾侯邚戟 11096 曾医(侯)	 曾侯邚戟 11098a 曾医(侯)	 曾侯邚戈 11174 曾医(侯)	 曾侯邚戟 11176a 曾医(侯)	 曾侯邚戟 11177a 曾医(侯)	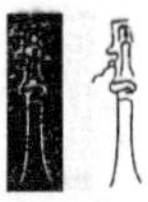 曾侯邚簠 eb460 曾医(侯)
 曾侯邚戟 11097 曾医(侯)	 曾侯邚戟 11098b 曾医(侯)	 曾侯邚戟 11175 曾医(侯)	 曾侯邚戟 11176b 曾医(侯)	 曾侯邚戟 11177b 曾医(侯)	 曾侯邚簠 mx0477 曾医(侯)

曾

	 蔡侯鼎 xs1905 蔡厌(侯)				
	 鄬中姬丹盤 xs471 蔡厌(侯)  鄬中姬丹匜 xs472 蔡厌(侯)	 蔡侯朱缶 09991 蔡厌(侯)			
 曾侯郕殳 11567 曾厌(侯)  曾侯郕戈 10981 曾厌(侯)	 蔡侯鼾 02215 蔡厌(侯)  蔡侯鼾 02216 蔡厌(侯)	 蔡侯鬻鼎 02217.1 蔡厌(侯)  蔡侯鬻鼎 02217.2 蔡厌(侯)	 蔡侯殘鼎 02218 蔡厌(侯) 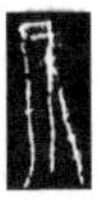 蔡侯殘鼎 02219 蔡厌(侯)	 蔡侯殘鼎蓋 02221 蔡厌(侯)  蔡侯殘鼎蓋 02222 蔡厌(侯)	 蔡侯殘鼎蓋 02223 蔡厌(侯)  蔡侯殘鼎 02225 蔡厌(侯)
曾	蔡				

 蔡侯[illegible]簋 03592.1 蔡厌(侯)  蔡侯[illegible]簋 03594.1 蔡厌(侯)	 蔡侯[illegible]簋 03595.1 蔡厌(侯) 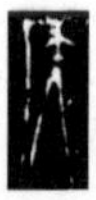 蔡侯[illegible]簋 03595.2 蔡厌(侯)	 蔡侯[illegible]簋 03597.1 蔡厌(侯)  蔡侯[illegible]簋 03597.2 蔡厌(侯)	 蔡侯[illegible]簋 03598.1 蔡厌(侯)  蔡侯[illegible]簋 03598.2 蔡厌(侯)	 蔡侯[illegible]簋 03599 蔡厌(侯)  蔡侯[illegible]簠 04490.1 蔡厌(侯)	 蔡侯[illegible]簠 04490.2 蔡厌(侯)  蔡侯[illegible]簠 04491 蔡厌(侯)
蔡					

 蔡侯𩟀簠 04492.1 蔡医(侯)	 蔡侯𩟀簠 04493.1 蔡医(侯)	 蔡侯𩟀尊 05939 蔡医(侯)	 蔡侯方壺 09573 蔡医(侯)	 蔡侯𩟀缶 09992.1 蔡医(侯)	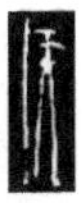 蔡侯𩟀缶 09993.1 蔡医(侯)
 蔡侯𩟀簠 04492.2 蔡医(侯)	 蔡侯𩟀簠 04493.2 蔡医(侯)	 蔡侯𩟀尊 06010 蔡医(侯)	 蔡侯𩟀瓶 09976 蔡医(侯)	 蔡侯𩟀缶 09992.2 蔡医(侯)	 蔡侯𩟀缶 09993.2 蔡医(侯)

蔡

 蔡侯𨬛缶 09994 蔡医(侯)  蔡侯𨬛缶 10004 蔡医(侯)	 蔡侯𨬛盤 10171 蔡医(侯)  蔡侯𨬛盤 10072 蔡医(侯)	 蔡侯𨬛匜 10189 蔡医(侯)  蔡侯𨬛鑑 10290 蔡医(侯)	 蔡侯𨬛戈 11141 蔡医(侯)  蔡侯紐鐘 00210.1 蔡医(侯)	 蔡侯紐鐘 00211.1 蔡医(侯)  蔡侯紐鐘 00217.1 蔡医(侯)	 蔡侯紐鐘 00218.1 蔡医(侯)  蔡侯鎛 00220.1 蔡医(侯)

蔡

 蔡侯鎛 00222.1 蔡厌(侯)  蔡侯紐鐘 00212 蔡厌(侯)	 蔡侯紐鐘 00213 蔡厌(侯)  蔡侯紐鐘 00214 蔡厌(侯)	 蔡侯龖簠 mt05775 蔡厌(侯)  蔡侯龖簠 mt05776 蔡厌(侯)	 蔡侯龖鼎蓋 mt01588 蔡厌(侯)  蔡侯龖戈 11140 蔡厌(侯)	 蔡侯龖戈 11142 蔡厌(侯)  蔡侯龖戈 mt16833 蔡厌(侯)	 蔡侯簠g xs1896 蔡厌(侯)  蔡侯簠q xs1896 蔡厌(侯)

蔡

 蔡侯簠 xs1897 蔡医(侯)  蔡侯劍 11601 蔡医(侯)	 蔡侯產戈 xs1311 蔡医(侯)  蔡侯產劍 11587 蔡医(侯)	 蔡侯朔戟 mx1161 蔡医(侯)  蔡侯朔劍 mx1301 蔡医(侯)	 蔡侯班戈 mx1163 蔡医(侯)  蔡侯簠 ms0582 蔡医(侯)	 蔡侯產戟 mx1169 蔡医(侯)  蔡侯產戈 ms1448 蔡医(侯)	 蔡侯產戈 mx1166 蔡医(侯)  蔡侯產戈 mx1167 蔡医(侯)
蔡					

 蔡侯産戈 xs1677 蔡医(侯)  蔡侯産戈 11143 鄝医(侯)	 蔡侯産戈 11144 蔡医(侯)	 蔡侯産劍 xs1267 蔡医(侯)  蔡侯産劍 xs1267 蔡医(侯)	 蔡侯産劍 11602 蔡医(侯)  蔡侯産劍 11603 蔡医(侯)	 蔡侯産劍 11604 蔡医(侯)  蔡侯産戟 mt16840 蔡医(侯)	 丁兒鼎蓋 xs1712 雁(應)医(侯)
蔡					CE

 都公平侯鼎 02771 都公平医(侯)	 上都太子平侯 匜　ms1252 太子平医(侯)	 鄂侯鐘 jk2020.3 鄂医(侯)	 鄂侯鼎 ms0230 鄂医(侯)	 鄂侯簋 ms0464 鄂医(侯)	 鄂侯鐘 ms1264 鄂医(侯)
 都公平侯鼎 02772 都公平医(侯)		 鄂侯作孟姬壺 ms1044 鄂医(侯)	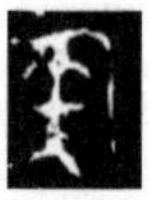 鄂侯鬲 ms0319 鄂医(侯)	 鄂侯鐘 ms1263 鄂医(侯)	 鄂侯鐘 ms1265 鄂医(侯)

CE

 鄂侯夫人鼎 jjmy004 鄂医(侯)	 ⿰礻旦仲侯盤 ms1206 ⿰礻旦仲医(侯)	 楚太師登鐘 mt15511a 庶医(侯)  楚太師登鐘 mt15512a 庶医(侯)	 楚太師登鐘 mt15514a 庶医(侯)  楚太師登鐘 mt15516a 庶医(侯)	 楚太師登鐘 mt15516a 庶医(侯)  楚太師鄧子辪慎鎛 mx1045 庶医(侯)	 郳侯戈 11202 郳医(侯)
	 侯孫老簠 g ms0586 侯孫老	 王孫誥鐘 xs418 諸医(侯)  王孫誥鐘 xs420 諸医(侯)	 王孫誥鐘 xs421 諸医(侯)  王孫誥鐘 xs422 諸医(侯)	 王孫誥鐘 xs423 諸医(侯)  王孫誥鐘 xs424 諸医(侯)	 王孫誥鐘 xs425 諸医(侯)  王孫誥鐘 xs426 諸医(侯)
	 ⿰害夫侯之孫陳鼎 02287 ⿰害夫医(侯)				
CE		楚			

				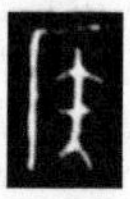 䢅侯盤 ms1205 䢅医(侯)	 䢅侯簠 04561 䢅医(侯)  䢅侯簠 04562 䢅医(侯)
 王孫誥鐘 xs427 諸医(侯)  王孫誥鐘 xs428 諸医(侯)	 王孫誥鐘 xs429 諸医(侯)  王孫誥鐘 xs431 諸医(侯)	 王孫誥鐘 xs436 諸医(侯)  王孫誥鐘 xs437 諸医(侯)	 王孫誥鐘 xs438 諸医(侯)  王孫誥鐘 xs441 諸医(侯)		
楚					

矦　　高

 □伯侯盤 xs1309 □伯厌(侯)  盨洩侯戈 11065 盨洩厌(侯)散戈		 卜淦□高戈 xs816 卜淦□高	 伯高父甗 00938 鄭氏白(伯)高父		
		 秦公簋 04315.2 高引有慶  盄和鐘 00270.2 高引有慶		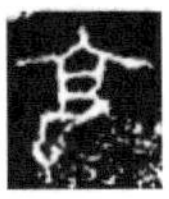 敶大喪史仲高鐘　00351.1 敶大喪史仲高  敶大喪史仲高鐘　00353.1 敶大喪史仲高	 敶大喪史仲高鐘　00355.1 敶大喪史仲高
	 工吳王叡𨊨劍 mt17948 工吳王叡矦工吳  工𠫑大叔叡矦劍　mx1345 工𠫑大叔叡矦				
	吳	秦	鄭	陳	

<table>
<tr><td></td><td></td><td></td><td>
鄧公孫無忌鼎
xs1231
皇高祖</td><td></td><td></td></tr>
<tr><td>
叔夷鐘
00275.2
高祖

叔夷鎛
00285.5
高祖</td><td>
高子戈
10961
高子

高平戈
11020
高坪作戈</td><td>
高密戈
11023
高密

高密戈
10972
高密</td><td></td><td>
曾公畎鎛鐘
jk2020.1
高祖

曾公畎甬鐘 A
jk2020.1
高祖</td><td>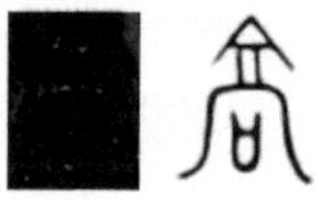
曾公畎甬鐘 B
jk2020.1
高祖</td></tr>
<tr><td></td><td></td><td>
平陽高馬里戈
11156
平陽高馬里</td><td></td><td></td><td></td></tr>
<tr><td colspan="3">齊</td><td>鄧</td><td colspan="2">曾</td></tr>
</table>

央		𩫖			⿰𩫖䖵
				 祉伯墉盤 10130 祉伯𩫖(墉)  祉伯墉鐳 09960 祉伯𩫖(墉)	
		 國差罎 10361 西𩫖(墉)寶罎  姬寏母豆 04693 𩫖(庸)公			 邾公釛鐘 00102 陸⿰𩫖䖵(融)之孫
 洹子孟姜壺 09729 余不其使汝受央(殃)  洹子孟姜壺 09730 余不其使汝受央(殃)	 中央勇矛 11566.1 毋[又]中央  中央勇矛 11566.2 毋[又]中央		 拍敦 04644 作朕配平姬𩫖(墉)宮祀彝		
齊		齊	D	養	郳

京

 内公鼎 00743 京仲氏	 晋姜鼎 02826 京師	 京叔盨q xs1964 京叔  京叔盨g xs1964 京叔	 京叔姬簠 04504 京叔姬  京戈 10808 京		
	 晋公盆 10342 京師 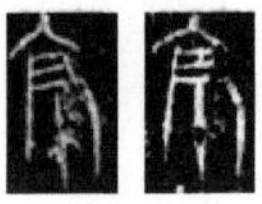 晋公盤 mx0952 京師			 曾公畎鎛鐘 jk2020.1 質(誓)應京社  曾公畎甬鐘A jk2020.1 質(誓)應京社	 曾公畎甬鐘B jk2020.1 質(誓)應京社
		 亳庀戈 11085 京庀(庫)八族			
芮	晋	鄭		曾	

亯

 秦子簋蓋 eb423 秦子姬口亯(享)	 内大子白壺蓋 09644 永用亯(享)  内大子白壺 09645.1 永用亯(享)	 芮太子白鬲 mt2980 永保用亯(享)  芮太子白鬲 mt2981 永保用亯(享)	 芮太子白鬲 mt2898 永保用亯(享)  芮太子白鬲 mt2899 永保用亯(享)	 芮公鬲 eb77 永寶用亯(享)  芮太子鬲 eb78 永寶用亯(享)	 内公鼎 00743 永寶用亯(享)  内公鼎 02475 永寶用亯(享)
 盄和鐘 00270.2 卲(昭)formatted孝亯(享)					
秦	芮				

 内太子鼎 02448 永用亯(享)  内太子鼎 02449 永用亯(享)	 芮子仲鼎 mt01910 永寶用亯(享)  内公簠 04531 永寶用亯(享)	 芮公鼎 ms0254 永寶用亯(享)	 内大子白壺 09645.2 永用亯(享)	 虢季鐘 xs1 用亯(享)追孝于其皇考  虢季鐘 xs2 用亯(享)追孝于其皇考	 虢季鐘 xs2 用樂用亯(享)  虢季鐘 xs3 用亯(享)追孝于其皇考
芮				虢	

 虢季鐘 xs3 用樂用亯(享)  虢季鐘 xs6 用亯(享)追孝	 虢季鼎 xs9 永寶用亯(享)  虢季鼎 xs10 永寶用亯(享)	 虢季鼎 xs11 永寶用亯(享)  虢季鼎 xs12 永寶用亯(享)	 虢季鼎 xs14 永寶用亯(享)  虢季鼎 xs15 永寶用亯(享)	 虢季鬲 xs22 永寶用亯(享)  虢季鬲 xs23 永寶用亯(享)	 虢季鬲 xs24 永寶用亯(享)  虢季鬲 xs25 永寶用亯(享)
虢					

 虢季鬲 xs26 永寶用亯(享)  虢季鬲 xs27 永寶用亯(享)	 虢季鬲 xs29 永寶用亯(享)  虢季鋪 xs36 子子孫孫用亯(享)	 虢季鋪 xs37 子子孫孫用亯(享)  國子碩父鬲 xs48 永寶用亯(享)	 國子碩父鬲 xs49 永寶用亯(享)  虢季氏子組鬲 00662 永寶用亯(享)	 虢碩父簠g xs52 永寶用亯(享)  虢碩父簠q xs52 永寶用亯(享)	 虢季氏子組簋 03971 永寶用亯(享)  虢季氏子組簋 03972 永寶用亯(享)

虢

 虢季氏子組簋 03973 永寶用亯(享)  虢季氏子組壺 09655 永寶其用亯(享)	 虢季子組鬲 00661 永寶用亯(享)  虢季氏子組盤 ms1214 永寶用亯(享)	 虢季甗 ws2020.1 永寶用亯(享)	 晋侯簋g mt04713 永寶用亯(享)  晋姜鼎 02826 用亯(享)用德	 晋叔家父壺 xs908 永寶用亯(享)  晋刑氏鼎 ms0247 永寶用亯(享)	
			 子犯鐘 xs1014 用亯(享)用孝  子犯鐘 xs1018 用亯(享)用孝		
			 郘黛鐘 00226 我以亯(享)孝樂我先祖  郘黛鐘 00228 我以亯(享)孝樂我先祖	 郘黛鐘 00231 我以亯(享)孝樂我先祖  郘黛鐘 00232 我以亯(享)孝樂我先祖	 郘黛鐘 00233 我以亯(享)孝樂我先祖  郘黛鐘 00235 我以亯(享)孝樂我先祖
虢			晋		

	 仲考父匜 jk2020.4 用亯(享)  楷宰仲考父鼎 jk2020.4 用亯(享)	 燕仲鼎 Kw2021.3 永寶用亯(享)  燕仲鬲 kw2021.3 永寶用亯(享)	 琱射壺 kw2021.3 永寶用亯(享)  畢鬲 kw2021.3 用亯(享)用孝	 毛叔虎父簋g hx2021. 5 用亯(享)大宗  毛叔虎父簋g mx0424 用亯(享)大宗	 毛叔虎父簋q mx0424 用亯(享)大宗  毛叔虎父簋q hx2021. 5 用亯(享)大宗
 郘黛鐘 00236 我以亯(享)孝樂我先祖  郘黛鐘 00237 我以亯(享)孝樂我先祖					
晉	黎	燕		毛	

 毛百父匜 mx0988 永寶用亯(享)	 單伯邍父鬲 00737 永寶用亯(享)	 鄭伯氏士叔皇父鼎　02667 永寶用亯(享)  寶登鼎 mt02122 永寶用亯(享)	 召叔山父簠 04601 用亯(享)用孝  召叔山父簠 04602 用亯(享)用孝	 穌公子毁 04014 永寶用亯(享)  穌公子毁 04015 永寶用亯(享)	 伯國父鼎 mx0194 永寶用亯(享)
					 許公簠g mx0510 用亯(享)用孝  許公簠q mx0510 用亯(享)用孝
		 與兵壺q eb878 用亯(享)用孝 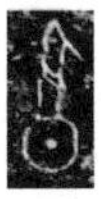 與兵壺 ms1068 用亯(享)用孝			
毛	單	鄭		蘇	許

		 曹伯狄毁 04019 永寶用亯(享)	 杞伯每亡鼎 02642 永寶用亯(享)  杞伯每亡毁 03897 永寶用亯(享)	 杞伯每亡毁 03898.1 永寶用亯(享)  杞伯每亡毁 03898.2 永寶用亯(享)	 杞伯每亡毁 03899.1 永寶用亯(享)  杞伯每亡毁 03899.2 永寶用亯(享)
 許公簠g mx0511 用亯(享)用孝  許公簠q mx0511 用亯(享)用孝	 有兒簋 mt05166 用亯(享)用祀				
 喬君鉦鋮 00423 用亯(享)用考(孝)					
許	陳	曹	杞		

 杞伯每亡段 03901 永寶用亯(享)  杞伯每亡段 03900 永寶用亯(享)	 杞伯每亡段 03902.2 永寶用亯(享)  杞伯每亡壺蓋 09687 永寶用亯(享)	 杞伯每亡壺 09688 永寶用亯(享)  杞伯雙聯鬲 mx0262 用亯(享)孝于其姑公	 魯仲齊鼎 02639 永寶用亯(享)  魯司徒仲齊盨 04440.1 永寶用亯(享)	 魯司徒仲齊盨 04441.1 永寶用亯(享)  魯司徒仲齊盨 04441.2 永寶用亯(享)	 魯司徒仲齊盤 10116 永寶用亯(享)  魯司徒仲齊匜 10275 永寶用亯(享)
杞			魯		

 魯伯大父作仲姬俞簋　03989 永寶用亯(享)  魯伯悆盨 04458.1 永寶用亯(享)	 魯伯悆盨 04458.2 永寶用亯(享)	 鑄侯求鐘 00047 永亯(享)用之	 鼄叔之伯鐘 00087 永保用亯(享)  邾叔彪父簠q ms0573 永寶用亯(享)	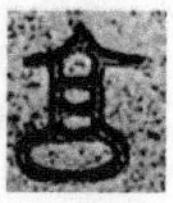 郳慶簠 mt05878 永寶用亯(享)  郳慶簠 mt05879 永寶用亯(享)	 郳慶匜 mt14955 永寶用亯(享)  郳壽父鼎 jk2020.1 永寶用亯(享)
			 鼄大宰鐘 00086.2 永保用亯(享)  鼄公華鐘 00245 永保用亯(享)		
魯		鑄	邾	郳	

 郳眉父鼎 jk2020.1 永寶用亯(享)		 薛子仲安簠 04546.1 永寶用亯(享)  薛子仲安簠 04546.2 永寶用亯(享)	 薛子仲安簠 04547 永寶用亯(享)  走馬薛仲赤簠 04556 永保用亯(享)	 郜伯祀鼎 02602 永寶用亯(享)  郜造譴鼎 02422 子子孫孫用亯(享)	 郜譴簋 04040.1 永寶用亯(享)  郜譴簋 04040.2 永寶用亯(享)
	  司馬楙鎛 eb50 用亯(享)于皇祖文考				
郳	滕	薛		郜	

 鄀譴簋 mt05022 永寶用亯(享)	 齊侯子行匜 10233 永寶用亯(享)  齊縈姬盤 10147 永保用亯(享))	 齊趫父鬲 00685 永寶用亯(享)  齊趫父鬲 00686 永寶用亯(享)			
	 齊侯鎛 00271 用亯(享)用考(孝)  齊侯鎛 00271 永保用亯(享)	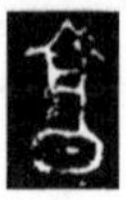 齊䨻氏鐘 00142.2 用亯(享)以孝	 叔夷鐘 00277.1 用亯(享)于其皇祖…  叔夷鐘 00278 永保用亯(享)	 叔夷鎛 00285.7 用亯(享)于其皇祖  叔夷鎛 00285.8 永保用亯(享)	
					 鄘侯少子簋 04152 永保用亯(享)
鄀	齊				莒

 鄀甘辜鼎 xs1091 永寶用亯(享)	 上曾太子鼎 02750 用孝用亯(享)	 鄧伯吉射盤 10121 永寶用亯(享)	 樊孫伯渚鼎 mx0197 永用之亯(享)	 黃仲匜 10214 永寶用亯(享)  黃季鼎 02565 永寶用亯(享)	 叔單鼎 02657 永寶用亯(享)  □□單盤 10132 永寶用亯(享)
	 華孟子鼎 mx0207 子子孫孫保用亯(享)		 樊君匜 10256.1 永寶用亯(享)  樊君匜 10256.2 永寶用亯(享)		
過	D	鄧	樊	黃	

 郳子宿車盆 10337 永寶用亯(享)	 番□伯者君盤 10139 永寶用亯(享)  番□伯者君匜 10268 永寶用亯(享)	 番□伯者君匜 10269 永寶用亯(享)	 番君伯歡盤 10136 永用之亯(享)  番君匜 10271 永寶用亯(享)	 曾伯文簋 04051.1 永寶用亯(享)  曾伯文簋 04051.2 永寶用亯(享)	 曾伯文簋 04052.1 永寶用亯(享)  曾伯文簋 04052.2 永寶用亯(享)
	 番君召簠 04582 用亯(享)用孝  番君召簠 04583 用亯(享)用孝	 番君召簠 04584 用亯(享)用孝  番君召簠 04585 用亯(享)用孝	 番君召簠 04586 用亯(享)用孝  番君召簠 ms0567 用亯(享)用孝	 曾公畎鎛鐘 jk2020.1 以亯(享)于其皇祖  曾公畎鎛鐘 jk2020.1 永保用亯(享)	 曾公畎甬鐘 A jk2020.1 以亯(享)于其皇祖 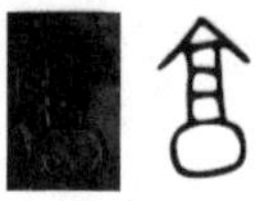 曾公畎甬鐘 A jk2020.1 永保用亯(享)
				 曾侯與鐘 mx1029 用考(孝)以亯(享)于悖皇祖  曾侯與鐘 mx1030 用考(孝)以亯(享)于悖皇祖	
黄	番			曾	

 曾伯文簋 04053 永寶自<用>亯(享)  曾伯文簋 t05237 永寶用亯(享)	 曾仲大父蝨𣪘 04203 永寶用亯(享)  曾仲大父蝨𣪘 04204.1 永寶用亯(享)	 曾仲大父蝨𣪘 04204.2 永寶用亯(享)  𬎼右盤 10150 永寶用亯(享)	 曾子伯𥥍盤 10156 永寶用亯(享)  曾者子鼎 02563 用亯(享)于祖	 曾伯陭壺 09712.2 用孝用亯(享)  曾伯陭壺 09712.5 用孝用亯(享)	 曾伯霥簠 04631 用孝用亯(享)  曾伯霥簠 04631 永寶用之亯
	 曾公畎甬鐘 B jk2020.1 以亯(享)于其皇祖 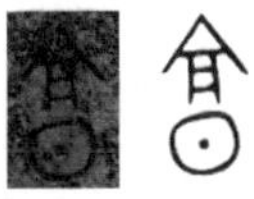 曾公畎甬鐘 B jk2020.1 永保用亯(享)	 嬭加鎛丙 ms1284 用孝用亯(享)			

曾

 曾伯霥簠 04632 用孝用亯(享)	 曾伯霥壺 ms1069 用孝用亯(享)	 伯克父鼎 ms0285 永寶用亯(享)	 曾太保簠q ms0559 用亯(享)	 曾仲子敔鼎 02564 永用亯(享)	 曾子伯皮鼎 mx0166 子孫用亯(享)
 曾伯霥簠 04632 永寶用之亯(享)	 伯克父鼎 ms0285 用亯(享)于其皇考	 曾太保簠g ms0559 用亯(享)	 曾太保嬬簋 mx0425 用亯(享)于其皇祖文考	 曾子斿鼎 02757 用考(孝)用亯(享)	 曾師季馯盤 10138 用孝用亯(享)
曾					

 黿乎簋 04157.1 用亯(享)孝皇祖  黿乎簋 04157.2 用亯(享)孝皇祖	 黿乎簋 04158.1 用亯(享)孝皇祖  黿乎簋 04158.2 用亯(享)孝皇祖	 蔡公子叔湯壺 xs1892 永寶用亯(享)  蔡侯鼎 xs1905 永寶用亯(享)	 昜娟鼎 ms0225 永寶用亯(享)	 申比父豆g ms0604 永亯(享)用  申比父豆q ms0604 永亯(享)用	 上鄀公敄人簋蓋　04183 用亯(享)孝于厥皇祖  上鄀公敄人簋蓋　04183 永寶用亯(享)
		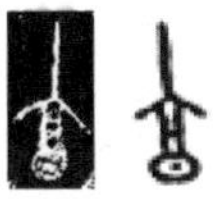 蔡侯䵼尊 06010 禋亯(享)是以  蔡侯䵼盤 10171 禋亯(享)是以			
曾		蔡	唐	CE	

 郜公平侯鼎 02771 永寶用亯(享)  郜公平侯鼎 02772 永寶用亯(享)	 郜公諴鼎 02753 用追亯(享)孝于皇祖考	 䢼伯墉盤 10130 永用亯(享)  䢼盤 10094 永寶用亯(享)	 䢼仲匜 mt14953 [永] 寶用亯(享)  䢼仲無龍匜 10249 永寶用亯(享)	 䢼仲無龍鬲 00713 永寶用亯(享)  䢼仲無龍鬲 00714 永寶用亯(享)	 䢼伯𡜊父罍 mt13826 永寶用亯(享)  䢼帳伯壺 jjmy011 永寶用亯(享)
CE					

 䢅{帳}伯壺蓋 ms1057 永寶用亯(享)  䢅{帳}伯壺蓋 ms1058 永寶用亯(享)	 䢅{帳}伯壺 mx0831 永寶用亯(享)  䢅仲侯盤 ms1206 永寶用享	 鄂伯邍鼎 ms0241 用亯(享)  郳伯貝懋盤 mx0941 永用亯(享)	 鄁公鼎 02714 永寶用亯(享)  鄁公簋 04016 永用亯(享)	 鄁公簋 04017.1 永用亯(享)  鄁公簋 04017.2 永用亯(享)	 楚嬴盤 10148 永用亯(享)  楚嬴匜 10273 永用亯(享)
					 王孫遺者鐘 00261.1 用亯(享)以孝 于我皇祖文考
					 競孫旟也鬲 mt03036 永保之用亯(享)
CE					楚

 楚季咩盤 10125 永寶用亯(享)					
 王子午鼎 02811.2 用亯(享)以孝 于我皇祖文考  王子午鼎q xs444 用亯(享)以孝 于我皇祖文考	 王子午鼎 xs446 用亯(享)以孝 于我皇祖文考  王子午鼎q xs447 用亯(享)以孝 于我皇祖文考				
 競孫不服壺 mt12381 永保之用亯(享)		 郐王義楚觶 06513 用亯(享)于皇 天	 郐譖尹征城 00425.2 皿彼吉人亯(享)  三兒簋 04245 □保用亯(享)	 遷祁鐘 mt15520 以亯(享)于我 先祖  遷祁鐘 mt15521 以亯(享)于我 先祖	 遷祁鎛 mt15796 以亯(享)于我 先祖
楚		徐		舒	

					 束仲豋父簋 mx0404 永寶用亯(享)  束仲豋父簋蓋 03924 永寶用亯(享)
 邍祁鎛 mt15794 以亯(享)于我先祖  邍祁鐘 mx1027 以亯(享)于我先祖	 吴王光鑑 10298 用亯(享)用孝 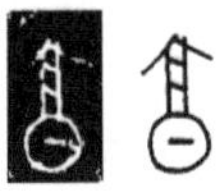 吴王光鑑 10299 用亯(享)用	 䢦巢鎛 xs1277 以亯(享)以孝	 其次句鑃 00421 以亯(享)以孝  其次句鑃 00422A 以亯(享)以孝	 其次句鑃 00422B 以亯(享)以孝	
舒	吴		越		

辜

 䨻侯簠 04561 永寶用亯(享)  䨻侯簠 045622 永寶用亯(享)	 卓林父簋蓋 04018 用亯(享)用孝	 萅仲之孫簋 04120 永寶用亯(享)  叔皮父簋 04127 用亯(享)孝于 叔皮父	 仲阪父盆g ms0619 永亯(享)用  仲阪父盆q ms0619 永亯(享)用	 自作尊鼎 02430 永□用亯(享)  妝盎 ms0618 用亯(享)	
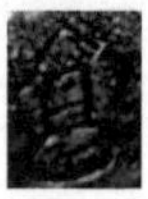 王孫叔譚甗 mt03362 永寶用亯(享)  大孟姜匜 10274 用亯(享)用孝	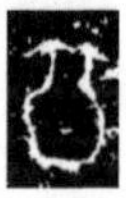 掃片昶豯鼎 02570 永寶用亯(享)  掃片昶豯鼎 02571 永寶用亯(享)	 □偖生鼎 02632 永寶用亯(享)  □偖生鼎 02633 永寶用亯(享)			
 尊父鼎 mt02096 永寶用亯(享)					 歸父敦 04640 膳辜(敦)
					魯

<table>
<tr><td></td><td></td><td></td><td>
鄙甘臺鼎
xs1091
鄙甘臺肈作尊鼎</td><td></td><td></td></tr>
<tr><td></td><td>
齊医敦
04639.1
飤臺(敦)

齊医敦
04639.2
飤臺(敦)</td><td>
齊医敦
04638
飤臺(敦)</td><td></td><td></td><td></td></tr>
<tr><td>
滕侯昊敦
04635
御臺(敦)</td><td>
齐侯作孟姜敦
04645
膳臺(敦)</td><td></td><td></td><td>
淳于公戈
11124
臺(淳)于公

淳于公戈
11125
臺(淳)于公</td><td>
淳于戈
xs1110
臺(淳)于

淳于公戈
xs1109
臺(淳)于公</td></tr>
<tr><td>滕</td><td colspan="2">齊</td><td>過</td><td colspan="2">淳于</td></tr>
</table>

覃　　厚

			 晋姜鼎 02826 魯覃京師	 魯伯厚父盤 10086 魯伯厚父  魯伯厚父盤 mt14413 魯伯厚父	
		 益余敦 xs1627 膳辜(敦)		 魯大司徒厚氏元簠　04689 大司徒厚氏元  魯大司徒厚氏元簠　04690.1 大司徒厚氏元	 魯大司徒厚氏元簠　04690.2 大司徒厚氏元  魯大司徒厚氏元簠　04691.1 大司徒厚氏元
 淳于右戈 xs1069 辜(淳)于  淳于公戈 ms1426 辜(淳)于	 荆公孫敦 04642 膳盙(敦)				
淳于	D		晋	魯	

魯	齊	曾		秦	晉
		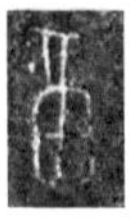 牧臣簠g ms0553 祐畐(福) 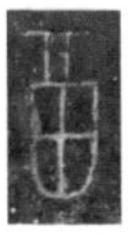 牧臣簠q ms0553 祐畐(福)			
 魯大司徒厚氏元簠　04691.2 大司徒厚氏元	 叔夷鐘 00274.1 余用登純厚乃命  叔夷鎛 00285.4 余用登純厚乃命			  仲滋鼎 xs632 囂(鐈)良鈇黄	
		 曾子叔牀父簠蓋　04544 永古(祜)畐(福)	 永禄鈹 mt17926 永成壽畐(福)		 翏金戈 11262 翏(鏐)金良金  翏金戈 11262 以鑄良兵

 齊侯匜 10272 虢孟姬良女(母)  齊良壺 09659 齊良作壺盂	 曾伯霥壺 ms1069 唯玄其良		 郐王鼎攈鼎 02675 良金	 伯剌戈 11400 良金  郳子良人甗 00945 郳子良人	 魯伯車鼎 sh188 魯白稟(廩)自作文考迊嘉鼎  伯車鼎 sh188 魯稟(廩)其萬年眉壽
		 季子康鎛 mt15788b 柏之季康是良以從我師行  季子康鎛 mt15790b 柏之季康是良以從我師行			
			 郐讎尹譬鼎 02766.1 温良聖敏  郐讎尹譬鼎 02766.2 温良聖敏		
齊	曾	鍾離	徐		魯

啚		來			复
			 鼄來隹鬲 00670 郲來隹		
 齊侯鎛 00271 都啚(鄙)	 嬭加編鐘 kg2020.7 疆啚(鄙)	 子犯鐘 xs1008 子犯佑晉公左右來復其邦  子犯鐘 xs1020 子犯佑晉公左右來復其邦			 黃子盤 10122 霝終霝复<後>  黃子匜 10254 霝終霝复<後>
				 洹子孟姜壺 09729 太子乘遽來句宗伯  洹子孟姜壺 09730 太子乘遽來句宗伯	
齊	曾	晉	郲	齊	黃

致　　憂　　夏

		 秦公簋 04315.1 緣（蠻）夏  盄和鐘 00270.1 緣（蠻）夏	 叔夷鐘 00276.1 剸伐頣（夏）司  叔夷鎛 00285.6 剸伐頣（夏）司	 簷叔之仲子平鐘　00172 聞于頣（夏）東  簷叔之仲子平鐘　00173 聞于頣（夏）東	 簷叔之仲子平鐘　00174 聞于頣（夏）東  簷叔之仲子平鐘　00175 聞于頣（夏）東
 王子姪鼎 02289.1 王子致自作飤鼎  王子姪鼎 02289.2 王子致□［自］飤鼎	 曾侯鐘 mx1025 以憂此鰥寡				
	曾	秦	齊	莒	

 篖叔之仲子平鐘　00176 聞于頙(夏)東  篖叔之仲子平鐘　00177 聞于頙(夏)東	 篖叔之仲子平鐘　00178 聞于頙(夏)東	 嬭加編鐘 kg2020.7 以長辝夏			
			 遷沵鐘 mt15520 以頙(夏)以南  遷沵鐘 mt15521 以頙(夏)以南	 遷沵鎛 mt15796 以頙(夏)以南	 遷沵鎛 mt15794 以頙(夏)以南  遷沵鐘 mx1027 以頙(夏)以南
莒		曾	舒		

夒

 右戲仲夏父鬲 00668 右戲仲夏父	 秦子簋蓋 eb423 又(有)夒(柔)孔嘉				
		 曾公畎鎛鐘 jk2020.1 夒(憂)余孺小子  曾公畎甬鐘A jk2020.1 夒(憂)余孺小子	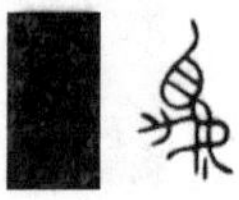 曾公畎甬鐘B jk2020.1 夒(憂)余孺小子 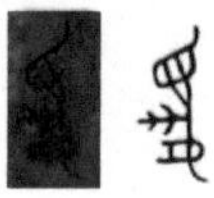 曾公畎甬鐘B jk2020.1 夒(憂)余孺小子	 鄝膚簠 mx0500 夒(鄝)膚擇其吉金	
					 工盧大叔戈 mt17138 工盧大叔姤女夒
	秦	曾		CE	吴

夒　　⿰卣夒　　舞

樊	樊	秦	晉	曾	徐
			 晉姜鼎 02826 康⿰卣夒(揉)妥(綏)褱		
 樊君匜 10256.1 樊君夒 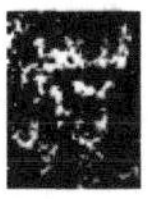 樊君匜 10256.2 樊君夒	 樊君盆 10329.1 樊君夒  樊君盆 10329.2 樊君夒	 盄和鐘 00270.2 ⿰卣夒(揉)燮百邦		 孎加鎛丙 ms1284 酬獻歌趣(舞)	
					 余購逐兒鐘 00183.1 飲飤歌遯(舞)  余購逐兒鐘 00184.2 飲飤歌遯(舞)

韋　　韍　　韣　　弟

韋	韍	韣	弟		
	 曾師季韍盤 10138 曾師季韍		 弟大叔殘器 xs991 …弟大叔		 㠱侯弟叟鼎 02638 㠱侯賜弟叟司 戒  㠱侯弟叟鼎 02638 弟叟作寶鼎
				 齊侯鎛 00271 兄弟  鼄子鼎 mt02404A 兄弟	
 黃韋俞父盤 10146 黃韋俞父		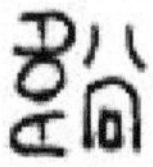 吳王餘眜劍 mx1352 □□□韣			
黃	曾	吳	BC	齊	㠱

<table>
<tr>
<td></td>
<td></td>
<td>
夆子選簠
mt05890
夆子

夆子選簠
mt05891
夆子</td>
<td>
夆叔盤
10163
夆叔

夆叔匜
10282
夆叔</td>
<td></td>
<td></td>
</tr>
<tr>
<td></td>
<td>
文公之母弟鐘
xs1479
余文公母弟

文公之母弟鐘
xs1479
兄弟</td>
<td></td>
<td></td>
<td></td>
<td>
庚壺
09733.1B
二百乘舟

庚壺
09733.2B
縢相乘牡</td>
</tr>
<tr>
<td> 
姑發諸樊之弟劍　xs988
姑發睯反之弟

吴王餘眛劍
mx1352
嗣弟</td>
<td></td>
<td></td>
<td></td>
<td>
匽公匜
10229
姜乘</td>
<td>
洹子孟姜壺
09729
太子乘遽來句宗伯

洹子孟姜壺
09730
太子乘遽來句宗伯</td>
</tr>
<tr>
<td>吴</td>
<td></td>
<td colspan="2">逄</td>
<td>燕</td>
<td>齊</td>
</tr>
</table>

 庚壺 09733.2B 其王乘牡	 鄧公乘鼎 02573.1 鄧公𠒐(乘)  鄧公乘鼎 02573.2 鄧公𠒐(乘)		 微乘簠 04486 微乘鑄其寶𥂴		
		 之乘辰鐘 xs1409 之𠒐(乘)辰曰			
齊	鄧	徐			

		楷		枸	杞
卷六	早期	 楷侯宰吹壺甲g jk2020.4 櫅(楷)侯  楷侯宰吹壺甲q jk2020.4 櫅(楷)侯	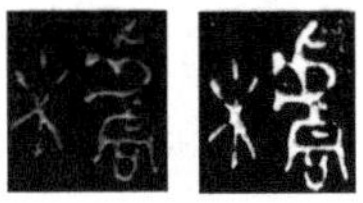 楷侯宰吹壺乙g jk2020.4 櫅(楷)侯  楷侯宰吹壺乙q jk2020.4 櫅(楷)侯		 杞伯每亡鼎 02494.1 杞伯  杞伯每亡鼎 02494.2 杞伯
	中期				
	晚期			 曾侯與鐘 mx1034 難老黄枸(耇)  曾侯與鐘 mx1037 難老黄枸(耇)	
	時期 區域	黎		曾	杞

 杞伯每亡鼎 02495 杞伯	 杞伯每亡𣪘 03897 杞伯	 杞伯每亡𣪘 03898.2 杞伯	 杞伯每亡𣪘 03899.2 杞伯	 杞伯每亡𣪘 03900 杞伯	 杞伯每亡𣪘 03902.2 杞伯
 杞伯每亡鼎 02642 杞伯	 杞伯每亡𣪘 03898.1 杞伯	 杞伯每亡𣪘 03899.1 杞伯	 杞伯每亡𣪘 03901 杞伯	 杞伯每亡𣪘 03902.1 杞伯	 杞伯每刅簋 mt04860 杞伯

杞

 杞伯每亡壺蓋 09687 杞伯  杞伯每亡壺 09688 杞伯	 杞伯每亡匜 10255 杞伯  杞伯每亡盆 10334 杞伯	 杞伯雙聯鬲 mx0262 杞伯	 鄀叔彪父簠 04592 杞孟姒  鄀叔彪父簠q ms0573 杞孟姒		
				 宜桐盂 10320 季糧之孫宜桐	 童麗君柏匿q mx0494 鍾離公柏  童麗君柏匿g mx0494 鍾離公柏
杞			鄀	徐	鍾離

 童麗君柏匠q mx0495 鍾離公柏  童麗君柏匠g mx0495 鍾離公柏	 柏之盙 mx0476 柏之盙  童麗君柏鐘 mx1016 鍾離公柏	 童麗君柏鐘 mx1017 鍾離公柏  童麗君柏鐘 mx1018 鍾離公柏	 童麗君柏鐘 mx1019 鍾離公柏  童麗君柏鐘 mx1020 鍾離公柏	 童麗君柏鐘 mx1021 鍾離公柏  童麗君柏鐘 mx1022 鍾離公柏	 童麗君柏鐘 mx1023 鍾離公柏  童麗君柏鐘 mx1024 鍾離公柏
鍾離					

樹

 童麗公柏戟 mx1145 鍾離公柏  童麗公柏戟 mt17055 鍾離公柏	 余子白耴此戈 mx1248 鍾離公柏 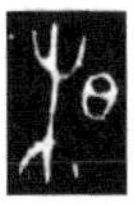 季子康鎛 mt15787a 鍾離公柏	 季子康鎛 mt15788b 柏之季康是良  季子康鎛 mt15789a 鍾離公柏	 季子康鎛 mt15790a 鍾離公柏  季子康鎛 mt15790b 柏之季康是良	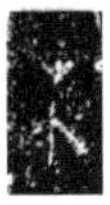 季子康鎛 mt15791a 鍾離公柏  季子康鎛 mt15791b 柏[之季康]	
					 曾侯與鐘 mx1034 嘉樹華英  曾侯與鐘 mx1035 嘉樹華英
鍾離					曾

朱		末			果
	 蔡侯朱缶 09991 蔡侯朱				
 曾孟嬭朱姬簠g xs530 曾孟嬭朱(邾)姬  曾孟嬭朱姬簠q xs530 曾孟嬭朱(邾)姬		 蔡侯紐鐘 00210.1 末少子  蔡侯紐鐘 00211.1 末少子	 蔡侯紐鐘 00218.1 末少子  蔡侯鎛 00221.1 末少子	 蔡侯鎛 00222.1 末少子	 蔡公子果戈 11146 蔡公子果  蔡公子果戈 11147 蔡公子果
曾	蔡	蔡			蔡

		條		杕	梠
					 中子化盤 10137 中子化用保楚王用征梠(莒)
 蔡公子果戈 mx1174 蔡公子果	 郯竝果戈 xs1485 郯竝果之造戈	 吴王光鐘 00224.4 鳴揚條虡  吴王光鐘 00224.18 鳴揚條虡	 吴王光鐘 00224.21 鳴揚條虡	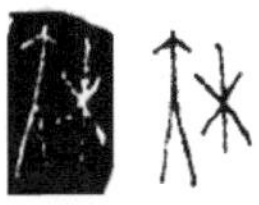 杕氏壺 09715 杕氏	
蔡		吴		燕	楚

檽		槃			
		 虢季氏子組盤 ms1214 虢季氏子組作盤	 太師盤 xs1464 盥(沬)盤		
 曾公畎鎛鐘 jk2020.1 丕顯其檽(靁) 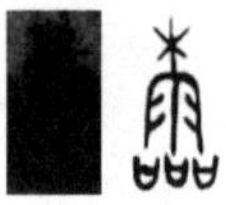 曾公畎甬鐘A jk2020.1 丕顯其檽(靁)	 曾公畎甬鐘B jk2020.1 丕顯其檽(靁)			 齊太宰歸父盤 10151 [illegible](沬)盤	
					 唐子仲瀕兒盤 xs1211 御盤
曾		虢	晋	齊	唐

	 □□單盤 10132 自作簝(盤)	 郳季寬車盤 10109 行盤	 番□伯者君盤 10140 旅盤	 曾子伯窞盤 10156 旅盤	 矢叔匜 ms1257 塍孟姬元女匜盤
	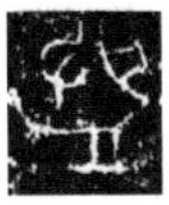 黄太子白克盤 10162 塍盤  伯遊父盤 mt14510 醴(沫)盤				
 樊夫人龍嬴盤 10082 行盤				 曾姬盤 eb924 曾姬之盤  曾季关臣盤 eb933 盥盤	 嬟盤 mx0948 盥盤 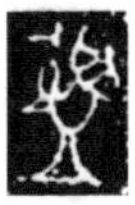 亘多盤 mx0926 行盤
樊	黄		番	曾	

			 伯戔盤 10160 顯(沬)盤	 伯歸臺盤 mt14484 盥盤	 楚嬴盤 10148 寶盤  中子化盤 10137 盤(盥)盤
 鄦中姬丹盤 xs471 盥盤  蔡大司馬燮盤 eb936 盥盤				 邵子絜盤 xs1372 盥盤	 倗盤 xs463 盥盤  倗匜 xs464 盥盤
 蔡侯龖盤 10171 媵彝盤(盤)  蔡侯龖盤 10072 尊盤(盤)	 蔡叔季之孫君匜　10284 盨(沬)盤  雎盤 ms1210 盥盤	 壽盤 mx0921 盥盤  彭子射盤 mt14388 行盤			 楚王酓恷盤 mt14402 盥盤(盤)
蔡		CE			楚

徐	徐	吴		棋 晉	櫓 陳
					 陳医壺 09633.1 陳侯作嬀櫓媵壺  陳医壺 09633.2 嬀櫓
				 長子沫臣簠 04625.1 萬年無棋(期)  長子沫臣簠 04625.2 萬年無棋(期)	
 徐王義楚盤 10099 盥盤  郐令尹者旨曶爐 10391 爐盤(盤)	 沇兒鎛 00203.2 用盤(盤)飲酒	 攻吴大叔盤 xs1264 行盤	 般仲柔盤 10143 作其盤		

樂

 敶医壺 09634.1 嫣櫓  敶医壺 09634.2 嫣櫓	 芮公鼓架銅套 ms1725 樂鼓	 虢季鐘 xs1 用樂用享  虢季鐘 xs2 用樂用享	 虢季鐘 xs3 用樂用享		
				 郘黛鐘 00226 樂我先祖  郘黛鐘 00228 樂我先祖	 郘黛鐘 00229 樂我先祖  郘黛鐘 00231 樂我先祖
陳	芮	虢		晉	

 邵黛鐘 00232 樂我先祖	 邵黛鐘 00235 樂我先祖	 子璋鐘 00113 用樂父兄	 子璋鐘 00115.2 用樂父兄	 子璋鐘 00117.2 用樂父兄	 鄦子盟自鎛 00153 用樂嘉賓
 邵黛鐘 00233 樂我先祖	 邵黛鐘 00237 樂我先祖	 子璋鐘 00114 用樂父兄	 子璋鐘 00116.2 用樂父兄	 子璋鐘 00119 用樂天〈父〉兄	 鄦子盟自鎛 00154 用樂嘉賓
晉		許			

		 邾公釛鐘 00102 用樂我嘉賓		 齊鞷氏鐘 00142.2 用樂嘉賓	
 陳樂君甗 xs1073 陳樂君歅	 樂子簠 04618 樂子嚷豧	 鼄公牼鐘 00150 以樂其身  鼄公牼鐘 00151 以樂其身	 鼄公華鐘 00245 以樂大夫	 洹子孟姜壺 09729 縱爾大樂  洹子孟姜壺 09729 縱爾大樂	 洹子孟姜壺 09730 縱爾大樂
陳	宋	邾		齊	

					 楚太師登鐘 mt15511a 用樂庶侯  楚太師登鐘 mt15512a 用樂庶侯
 濫夫人鎛 mx1040 用樂□□	 嬭加鎛乙 ms1283 以樂好賓嘉客				 敬事天王鐘 00074 以樂君子  敬事天王鐘 00077 以樂君子
	 曾侯與鐘 mx1034 宴樂爰饗	 侯古堆鎛 xs277 子<孔>樂父兄  侯古堆鎛 xs278 子<孔>樂父兄	 侯古堆鎛 xs279 子<孔>樂父兄  侯古堆鎛 xs280 子<孔>樂父兄	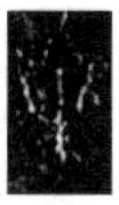 侯古堆鎛 xs281 子(孔)樂父兄	 𪒠鐘 xs482b 歌樂自喜  𪒠鐘 xs483a 歌樂自喜
D	曾	CE			楚

 楚太師登鐘 mt15514a 用樂庶侯  楚太師登鐘 mt15516a 用樂庶侯	 楚太師鄧子辥慎鎛 mx1045 用樂庶(諸)侯				
 敬事天王鐘 00078.2 以樂君子  敬事天王鐘 00081.1 以樂君子	 王孫誥鐘 xs418 以樂楚王諸侯  王孫誥鐘 xs419 以樂楚王諸侯	 王孫誥鐘 xs420 以樂楚王諸侯  王孫誥鐘 xs421 以樂楚王諸侯	 王孫誥鐘 xs422 以樂楚王諸侯  王孫誥鐘 xs423 以樂楚王諸侯	 王孫誥鐘 xs424 以樂楚王諸侯  王孫誥鐘 xs425 以樂楚王諸侯	 王孫誥鐘 xs426 以樂楚王諸侯  王孫誥鐘 xs427 以樂楚王諸侯
 黝鐘 xs487a 歌樂自喜	 黝鎛 xs489a 歌樂以喜 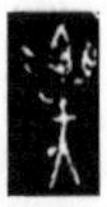 黝鎛 xs490a 歌樂以喜	 黝鎛 xs491b 歌樂自喜  黝鎛 xs492b 歌樂自喜	 黝鎛 xs494b 歌樂自喜  黝鎛 xs496a 歌樂自喜		

楚

 王孫誥鐘 xs428 以樂楚王諸侯  王孫誥鐘 xs429 以樂楚王諸侯	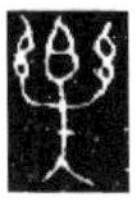 王孫誥鐘 xs431 以樂楚王諸侯  王孫誥鐘 xs436 以樂楚王諸侯	 王孫誥鐘 xs437 以樂楚王諸侯  王孫誥鐘 xs438 以樂楚王諸侯	 王孫誥鐘 xs441 以樂楚王諸侯  王孫遺者鐘 00261.2 用樂嘉賓	 季子康鎛 mt15787b 以樂我父兄  季子康鎛 mt15788 b 以樂我父兄	 季子康鎛 mt15789b 以樂我父[兄] 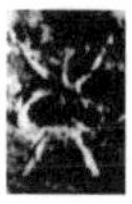 季子康鎛 mt15790b 以樂我父兄
楚				鍾離	

 季子康鎛 mt15791b 以樂我[父兄]					
	 沇兒鎛 00203.2 以樂嘉賓  徐王子旃鐘 00182.1 以樂嘉賓	 余購逨兒鐘 00183.2 樂我父兄  余購逨兒鐘 00184.2 樂我父兄	 遷邟鐘 mt15520 我以樂我心  遷邟鎛 mt15794 我以樂我心	 遷邟鎛 mt15796 我以樂我心  遷邟鐘 mx1027 我以樂我心	 配兒鉤鑃 00427.2 以樂我諸父
鍾離	徐		舒		吳

梁

	 隹仲之孫簋 04120 爲尋率樂口子 𫵷父	 梁伯戈 11346.1 沕(梁)伯	 陳公子甗 00947 用鬻稻沕(梁)		 梁姬罐 xs45 沕(梁)姬
	 樂大司徒瓶 09981 樂大司徒  文公之母弟鐘 xs1479 用匽(宴)樂諸 父兄弟			 卑梁君光鼎 02283 卑沕(梁)君光	
 姑馮昏同之子 句鑃　00424.2 以樂賓客  越王者旨於睗 鐘　00144 我樂考帝(嫡) 祖大夫賓客	 嘉賓鐘 00051 用樂嘉賓				 者梁戈 mx1111 者梁之用
越		梁	陳	吴	

枼

			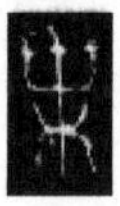 齊侯鎛 00271 枼(世)萬至於辝孫子	 叔夷鐘 00278 毋替毋已至于枼(世)  叔夷鎛 00285.8 毋替毋已至于枼(世)	
 與兵壺q eb878 萬枼(世)無期  與兵壺g eb878 萬枼(世)無期	 與兵壺 ms1068 萬枼(世)無期	 封子楚簠g mx0517 萬枼(世)倗改  封子楚簠q mx0517 萬枼(世)倗改			 拍敦 04644 永枼(世)毋出
鄭			齊		D

 王孫遺者鐘 00261.1 枼(世)萬孫子					
	 徐王子旃鐘 00182.1 萬枼(世)鼓之  郤諧尹征城 00425.2 枼(世)萬子孫	 之乘辰鐘 xs1409 枼枼(世世)鼓之	 夫跌申鼎 xs1250 枼(世)萬子孫	 冉鉦鋮 00428 萬枼(世)之外	 越王者旨於睗鐘　00144 萬枼(世)亡(無)疆
楚	徐		舒	吳	越

休

 戎生鐘 xs1613 休辝皇祖憲公	 叔休盨 mt05617 司鹵叔休  叔休盨 mt05618 司鹵叔休	 叔休盨 mt05619 司鹵叔休  叔休盤 mt14482 司鹵叔休	 叔休壺 ms1059 司鹵叔休  叔休壺 ms1060 司鹵叔休		
 子犯鐘 xs1009 搏伐楚荆孔休  子犯鐘 xs1021 搏伐楚荆孔休					 叔夷鐘 00274.1 賜休命  叔夷鎛 00285.3 賜休命
				 司馬楙鎛 eb50 吉休晙（允）楙（茂）	
晉				滕	齊

 嬭加鎛丙 ms1284 休淑孔煌				 鄬子受鐘 xs505 永配厥休  鄬子受鐘 xs508 永配厥休	 鄬子受鐘 xs512 永配厥休  鄬子受鎛 xs513 永配厥休
	 蔡侯紐鐘 00210.2 休有成慶  蔡侯紐鐘 00211.2 休有成慶	 蔡侯紐鐘 00217.2 休有成慶  蔡侯紐鐘 00218.2 休有成慶	 蔡侯鎛 00222.2 休有成慶		
曾	蔡			楚	

桲

 鄬子受鎛 xs514 永配厥休  鄬子受鎛 xs515 永配厥休	 鄬子受鎛 xs516 永配厥休  鄬子受鎛 xs518 永配厥休	 鄬子受鎛 xs520 永配厥休			
			 永祿鈹 mt17926 承祿休悳	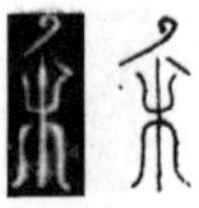 虡公劍 11663A 擇桲(厥)吉金  虡公劍 eb1297 擇桲(厥)吉金	 虡公劍 eb1298 擇桲(厥)吉金
楚					

補	絑	東			
		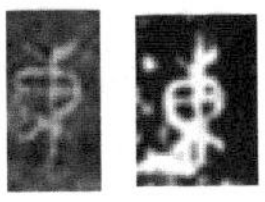 秦政伯喪戈 eb1248 東方 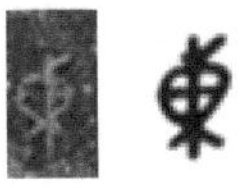 秦政伯喪戈 eb1249 東方			
 叔夷鐘 00276.1 伊小臣唯補(輔)  叔夷鎛 00285.6 伊小臣唯補(輔)			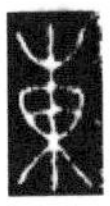 簷叔之仲子平鐘　00173 聞于夏東  簷叔之仲子平鐘　00174 聞于夏東	 簷叔之仲子平鐘　00175 聞于夏東  簷叔之仲子平鐘　00176 聞于夏東	 簷叔之仲子平鐘　00177 聞于夏東  簷叔之仲子平鐘　00178 聞于夏東
	 絑絑中戈 xs1772 絑絑仲 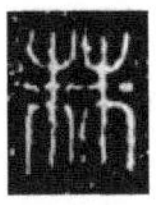 絑絑中戈 xs1772 絑絑仲				
齊		秦	莒		

林

				 卓林父簋蓋 04018 卓林父	
 簷叔之仲子平鐘　00179 䎽(聞)于夏東	 曾公畩鎛鐘 jk2020.1 漢東   曾公畩甬鐘 A jk2020.1 漢東	  曾公畩甬鐘 B jk2020.1 漢東	 東姬匜 xs398 䧹子之子東姬		 洱伯鼎 02621 洱伯□□林
莒	曾		楚		

無

 秦子鎛 mt15771 眉壽萬人(年)無疆  秦公鐘 00263 眉壽無疆	 秦公鎛 00267.2 眉壽無疆  秦公鎛 00268.2 眉壽無疆	 秦公鎛 00269.2 眉壽無疆	 鄀仲㿿鑑 mt14087 眉壽萬年無疆	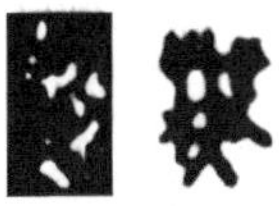 虢季鐘 xs2 受福無疆  虢季鐘 xs3 受福無疆	 虢季氏子組簋 03971 萬年無疆  虢季氏子組簋 03972 萬年無疆
 秦公簋 04315.2 眉壽無疆	 盄和鐘 00270.2 眉壽無疆				
秦			AB	虢	

 虢季氏子組簋 03973 萬年無疆  虢季氏子組盤 ms1214 萬年無疆	 戎生鐘 xs1619 萬年無疆  晉姜鼎 02826 萬年無疆	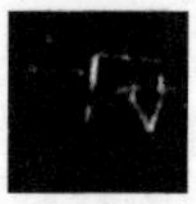 晉刑氏鼎 ms0247 萬年無疆		 燕仲鼎 kw2021.3 萬年無疆  燕仲鬲 kw2021.3 萬年無疆	 蘇公匜 xs1465 萬年眉壽無疆
	 長子沫臣簠 04625.1 萬年無棋(期)  長子沫臣簠 04625.2 萬年無棋(期)				
			 衛侯之孫書鐘 ms1279 福祿無期		 寬兒鼎 02722 眉壽無期  寬兒缶 mt14091 眉壽無期
虢	晉		衛	燕	蘇

 鮇公子毁 04014 萬年無疆  鮇公子毁 04015 萬年無疆	 毛叔盤 10145 眉壽無疆	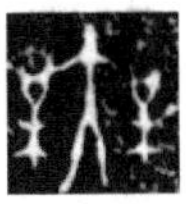 毛叔虎父簋g mx0424 萬年無疆 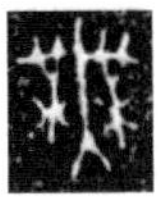 毛叔虎父簋q mx0424 萬年無疆	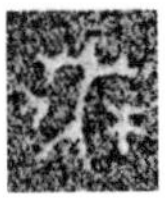 毛叔虎父簋g hx2021.5 萬年無疆  毛叔虎父簋q hx2021.5 萬年無疆	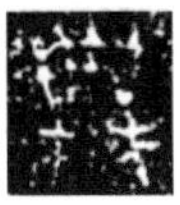 子耳鼎 mt02253 眉壽無疆	
				 鄭大内史叔上匜　10281 萬年無疆	
				 與兵壺q eb878 萬世無期  與兵壺g eb878 萬世無期	 與兵壺 ms1068 萬世無期 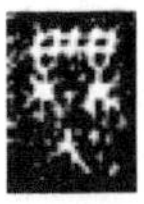 封子楚簠g mx0517 眉壽無期
蘇	毛			鄭	

 伯國父鼎 mx0194 萬壽無疆  鄦奓魯生鼎 02605 無(許)奓魯生					
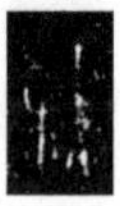 許公簠 mx0510g 永命無疆	 許公簠g mx0511 永命無疆  許公簠q mx0511 永命無疆				
 鄦公買簠 04617.1 永命無疆  鄦公買簠 04617.2 永命無疆	 鄦公買簠 g eb475 永命無疆  鄦公買簠q eb475 永命無疆	 子璋鐘 00113 眉壽無期  子璋鐘 00114 眉壽無期	 子璋鐘 00115.1 眉壽無期  子璋鐘 00116.1 眉壽無期	 子璋鐘 00117.1 眉壽無期  子璋鐘 00119 眉壽無期	 鄦子盟自鎛 00153 萬年無期  鄦子盟自鎛 00154 萬年無期

許

	 陳公子甗 00947 萬年無疆  原氏仲簠 xs395 萬年無疆	 原氏仲簠 xs396 萬年無疆  原氏仲簠 xs397 萬年無疆			
	 陳公子中慶簠 04597 萬年無疆  陳公孫㝃父瓶 09979 萬年無疆	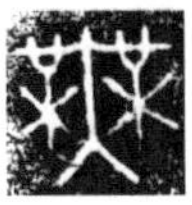 敶医作孟姜㛮簠　04606 萬年無疆  敶医作孟姜㛮簠　04607 萬年無疆	 敶医作王仲嬀㛮簠　04603.1 眉壽無疆  敶医作王仲嬀㛮簠　04603.2 眉壽無疆	 敶医作王仲嬀㛮簠　04604.1 眉壽無疆  敶医作王仲嬀㛮簠　04604.2 眉壽無疆	 陳医盤 10157 萬年無疆  敶子匜 10279 萬年無疆
 無伯彪戈 11134 無(許)伯彪  喬君鉦鋮 00423 無者俞	 陳樂君甗 xs1073 眉壽無疆				
許	陳				

<table>
<tr>
<td></td>
<td></td>
<td></td>
<td>
戈叔朕鼎
02690
萬年無疆

戈叔朕鼎
02691
萬年無疆</td>
<td>
戈叔朕鼎
02692
萬年無疆

叔朕簠
04620
萬年無疆</td>
<td>
叔朕簠
04621
萬年無疆</td>
</tr>
<tr>
<td>
陳大喪史仲高鐘　00352.1
眉壽無疆

陳大喪史仲高鐘　00353.1
眉壽無疆</td>
<td>
陳大喪史仲高鐘　00354.2
眉壽無疆

陳大喪史仲高鐘　00355.2
眉壽無疆</td>
<td>
有兒簋
mt05166
眉壽無期</td>
<td></td>
<td></td>
<td></td>
</tr>
<tr>
<td></td><td></td><td></td><td></td><td></td><td></td>
</tr>
<tr>
<td colspan="3">陳</td>
<td colspan="3">戴</td>
</tr>
</table>

		 侯母壺 09657.1 求福無疆  侯母壺 09657.2 求福無疆	 魯大司徒子仲白匜　10277 萬年無疆		 鼄來隹鬲 00670 眉壽無疆  邾囗白鼎 02640 眉壽無疆
		 魯大司徒厚氏元簠　04689 萬年無疆  魯大司徒厚氏元簠　04690.1 萬年無疆	 魯大司徒厚氏元簠　04690.2 萬年無疆  魯大司徒厚氏元簠　04691.1 萬年無疆	 魯大司徒厚氏元簠　04691.2 萬年無疆	
 樂子簠 04618 萬年無期	 曹公簠 04593 眉壽無疆 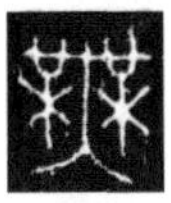 曹公盤 10144 眉壽無疆				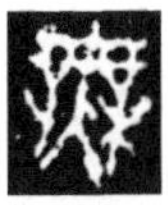 鼄大宰簠 04623 萬年無期  鼄大宰簠 04624 萬年無期
宋	曹	魯			邾

 邾□白鼎 02641 眉壽無疆 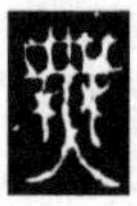 鼄叔之伯鐘 00087 眉壽無疆		 僉父瓶g mt14036 眉壽無疆  僉父瓶q mt14036 眉壽無疆	 邾公子害簠g mt05907 眉壽無疆  邾公子害簠q mt05907 眉壽無疆	 邾公子害簠 mt05908 萬年眉壽無疆	 郜伯祀鼎 02602 眉壽無疆
					 郜公典盤 xs1043 男女無期
 鼄大宰鐘 00086.2 萬年無疆  鼄公華鐘 00245 萬年無疆	 邾公孫班鎛 00140 靈命無期	 郳大司馬彊盤 ms1216 飲飤無期  郳大司馬彊匜 ms1260 眉壽無疆	 郳大司馬彊匜 ms1260 飲飤無期		
邾		郳			郜

 齊侯匜 10272 萬年無疆  齊縈姬盤 10147 眉壽萬年無疆	 齊良壺 09659 眉壽無期				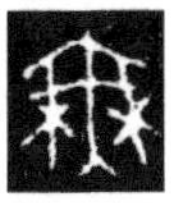 鄩仲盤 10135 萬年無疆  鄩仲匜 10266 萬年無疆
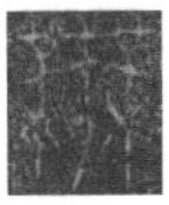 齊侯作孟姜敦 04645 萬年無疆 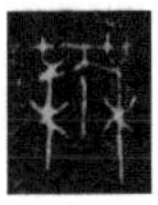 齊侯作孟姜敦 04645 男女無期	 齊侯盤 10159 萬年無疆  齊侯盤 10159 男女無期	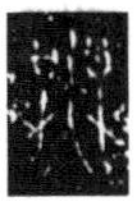 齊侯鼎 mt02363 萬年無疆 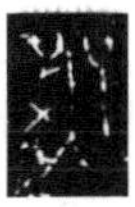 齊侯鼎 mt02363 男女無期	 𩁹子鼎 mt02404A 男女無期  齊侯子仲姜鬲 mx0261 老壽無期	 齊侯作孟姬盤 10123 萬年眉壽無疆	
 洹子孟姜壺 09729 于大無司誓 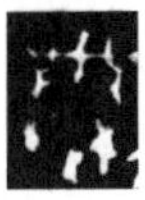 洹子孟姜壺 09729 萬年無疆	 洹子孟姜壺 09729 無用從爾大樂  洹子孟姜壺 09729 無用從爾大樂	 洹子孟姜壺 09730 于大無司誓  洹子孟姜壺 09730 無用從爾大樂	 洹子孟姜壺 09730 萬年無疆	 慶叔匜 10280 男女無期	
齊					鄩

 夆叔盤 10163 壽老無期  夆叔匜 10282 壽老無期				 𢀜伯子𡨦父盨 04442.1 眉壽無疆  𢀜伯子𡨦父盨 04442.2 眉壽無疆	 𢀜伯子𡨦父盨 04443.1 眉壽無疆  𢀜伯子𡨦父盨 04443.2 眉壽無疆
	 簷叔之仲子平鐘　00174 萬年無期  簷叔之仲子平鐘　00175 萬年無期	 簷叔之仲子平鐘　00177 萬年無期  簷叔之仲子平鐘　00178 萬年無期	 簷叔之仲子平鐘　00179 萬年無期  簷叔之仲子平鐘　00180 萬年無期		
				 𢀜公壺 09704 受福無期	
逢	莒			𢀜	

<table>
<tr>
<td>
㠱伯子宊父盨
04444.1
眉壽無疆

㠱伯子宊父盨
04444.2
眉壽無疆</td>
<td>
㠱伯子宊父盨
04445.2
眉壽無疆</td>
<td>
㠱伯宊父盤
10081
媵姜無𣅀(沬)盤

㠱伯宊父匜
10211
媵姜無㬝(沬)匜</td>
<td>
哀鼎g
mt0231
萬年無疆

哀鼎q
mt0231
萬年無疆</td>
<td>
上曾太子鼎
02750
既龢無測</td>
<td></td>
</tr>
<tr>
<td></td>
<td></td>
<td></td>
<td></td>
<td>
此余王鼎
mx0220
永□□無疆

華孟子鼎
mx0207
眉壽萬年無疆</td>
<td></td>
</tr>
<tr>
<td></td>
<td></td>
<td></td>
<td></td>
<td>
賈孫叔子屖盤
mt14512
壽老無期</td>
<td>
荊公孫敦
04642
大寶無期

荊公孫敦
mt06070
大寶無期</td>
</tr>
<tr>
<td colspan="4">㠱</td>
<td colspan="2">D</td>
</tr>
</table>

  鄧公孫無忌鼎 xs1231 鄧公孫無嬰  鄧公孫無忌鼎 xs1231 永壽無疆	 鄧子仲無忌戈 xs1232 鄧子仲無䣍  鄧子仲無忌戈 xs1233 鄧子仲無䣍	 鄧子仲無忌戈 xs1234 鄧子仲無䣍	 樊伯千鼎 mx0200 其萬年無疆	 黃子季庚臣簠 ms0589 萬年無疆  叔單鼎 02657 萬年無疆	 奚子宿車鼎 02603.1 萬年無疆  奚子宿車鼎 02603.2 萬年無疆
 鄧公乘鼎 02573.1 眉壽無期  鄧公乘鼎 02573.2 眉壽無期				 黃太子白克盤 10162 萬禾(年)無疆  黃太子白克盆 10338 眉壽無疆	 伯遊父壺 mt12412 眉壽無疆  伯遊父壺 mt12413 眉壽無疆
鄧			樊	黃	

 奚子宿車鼎 02604.1 萬年無疆		 番君酯伯鬲 00732 萬年無疆	 番君酯伯鬲 00734 萬年無疆	 曾伯霥簠 04631 眉壽無疆	 曾伯陭壺 09712.1 爲德無叚
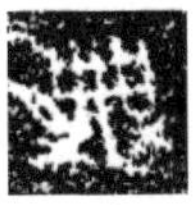 郲子宿車盆 10337 萬年無疆		 番君酯伯鬲 00733 萬年無疆	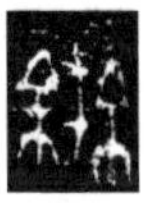 番伯酓匜 10259 萬年無疆	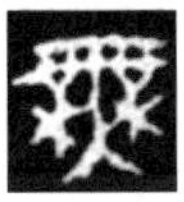 曾伯霥簠 04632 眉壽無疆	 曾伯陭壺 09712.5 爲德無叚
 伯遊父鐳 mt14009 萬年無疆	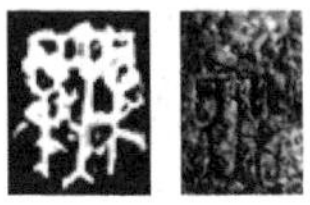 伯遊父卮 mt19239b 眉壽無疆	 番子鼎 ww2012.4 眉壽無疆		 曾公畭鎛鐘 jk2020.1 [南]方無疆	 曾公畭鎛鐘 jk2020.1 眉壽無疆
 伯遊父盤 mt14510 眉壽無疆	 伯亞臣鐳 09974 萬年無疆			 曾公畭鎛鐘 jk2020.1 余無謗受	 曾公畭甬鐘 A jk2020.1 [南]方無疆
		 鄱子成周鐘 mt15256 眉壽無期		 曾侯與鐘 mx1034 珥終無疆	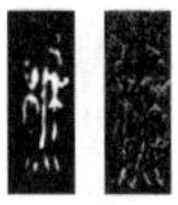 曾侯鐘 mx1025 弗戠(討)是無(許)
		 鄱子成周鐘 xs288 眉壽無期		 曾侯與鐘 mx1037 珥終無疆	 曾侯鐘 mx1025 綏□彼無□
黄		番		曾	

 曾伯陭壺 09712.3 大福無疆	 曾伯克父簋 ms0509 多福無疆	 曾子伯䛭盤 10156 萬年無疆	 蔡大善夫趣簠g xs1236 眉壽無疆	 蔡公子叔湯壺 xs1892 眉壽無疆	
 曾伯陭壺 09712.5 大福無疆		 曾師季𩊚盤 10138 [祈]福無疆	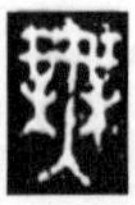 蔡大善夫趣簠q xs1236 眉壽無疆		
 曾公畎甬鐘 A jk2020.1 余無諺受	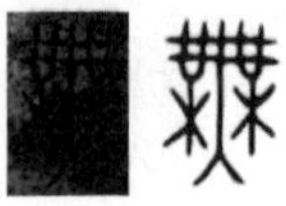 曾公畎甬鐘 B jk2020.1 南方無疆	 曾公畎甬鐘 B jk2020.1 眉壽無疆	 鄢中姬丹盤 xs471 萬年無疆	 蔡大司馬燮盤 eb936 眉壽無期	
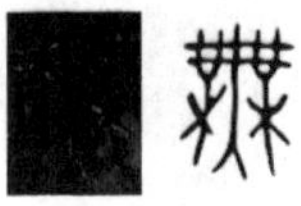 曾公畎甬鐘 A jk2020.1 眉壽無疆	 曾公畎甬鐘 B jk2020.1 余無諺受	 孂加鎛丙 ms1284 受福無疆	 鄢中姬丹匜 xs472 萬年無疆		
 曾孫無期鼎 02606 曾孫無期	 曾□□簠 04614 眉壽無疆		 蔡侯𩐨尊 06010 □歲無疆	 蔡侯紐鐘 00210.2 元鳴無期	 蔡侯紐鐘 00216.2 元鳴無期
 曾孫無期鼎 02606 眉壽無疆			 蔡侯𩐨盤 10171 千歲無疆	 蔡侯紐鐘 00211.2 元鳴無期	 蔡侯紐鐘 00217.2 元鳴無期
曾			蔡		

					 齍公彭宇簠 04610 萬年無疆  齍公彭宇簠 04611 萬年無疆
 蔡侯紐鐘 00218.2 元鳴無期  蔡侯鎛 00222.2 元鳴無期	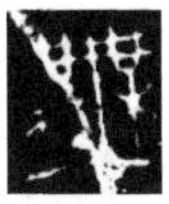 蔡大師鼎 02738 萬年無疆  蔡叔季之孫䢅匜 10284 萬年無疆	 蔡侯簠 xs1897 眉壽無疆  蔡侯簠g xs1896 眉壽無疆	 蔡侯簠q xs1896 眉壽無疆 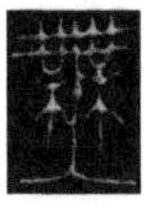 蔡侯簠 ms0582 眉壽無疆	 雌盤 ms1210 眉壽無期	 叔姜簠g xs1212 眉壽無期  叔姜簠q xs1212 眉壽無期
蔡					CE

 矩甗 xs970 眉壽無疆  彭子仲盆蓋 10340 眉壽無疆					 上鄀公敄人簋蓋　04183 萬年無疆  鄀公敄人鐘 00059 萬年無疆
					 𦿈兒罍 xs1187 眉壽無期
 彭啓簠丙g ww2020.10 眉壽無疆  彭啓簠丙q ww2020.10 眉壽無疆	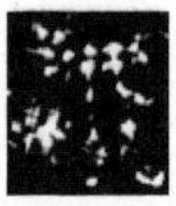 彭子壽簠 mx0497 眉壽無期 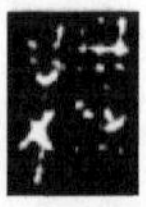 申公壽簠 mx0498 眉壽無期	 彭公孫無所鼎 eb299 彭公之孫無所  無所簠 eb474 彭公之孫無所	 彭公孫無所鼎 eb299 眉壽無期  無所簠 eb474 眉壽萬年無期	 彭子射盂鼎 mt02264 眉壽無期  彭子射兒簠 mt05884 眉壽無期	
CE					

都公平侯鼎
02771
萬年無疆

孟城瓶
09980
其眉壽無疆

伯戔盤
10160
萬年無疆

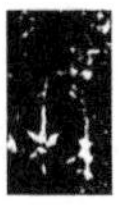
䢔伯業鼎
02622
萬年無疆

䢔仲無龍匜
10249
䢔仲無龍

䢔仲無龍鬲
00713
䢔仲無龍

都公平侯鼎
02772
萬年無疆

都公諴鼎
02753
萬年無疆

伯戔盆g
10341
萬年無疆

䢔伯墉盤
10130
萬年疆無

䢔仲無龍匕
00970
䢔仲無龍

䢔仲無龍鬲
00714
䢔仲無龍

上都公簠g
xs401
眉壽萬年無期

上都府簠
04613.1
眉壽無記(期)

叔師父壺
09706
萬年無疆

上都公簠q
xs401
眉壽萬年無期

上都府簠
04613.2
眉壽無記(期)

褱君季𦗘鑑
mx0535
眉壽無疆

CE

 鄁公鼎 02714 萬年無疆  鄁公簋 04016 萬年無疆	 鄁公簋 04017.1 萬年無疆  鄁公簋 04017.2 萬年無疆	 䢅侯盤 ms1205 萬年無疆  郘君𢊁鼎 mx0198 萬年無疆	 醫子奠伯鬲 00742 萬年無疆	 楚王鐘 00072 眉壽無疆  考叔㫚父簠 04608.1 萬年無疆	 考叔㫚父簠 04609.1 萬年無疆  考叔㫚父簠 04609.2 萬年無疆
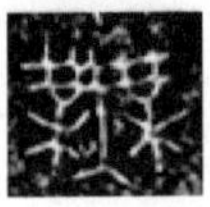 蔡子𩚔盞g xs1235 萬年無疆  諆余鼎 mx0219 眉壽無疆	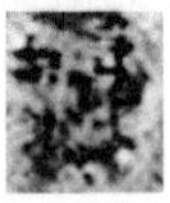 侯孫老簠 g ms0586 萬年無期			 王子申盞 04643 眉壽無期	 楚屈子赤目簠 xs1230 眉壽無疆  楚屈子赤目簠 04612 眉壽無疆
 義子鼎 eb308 眉壽無期  丁兒鼎蓋 xs1712 眉壽無期	 侯古堆鎛 xs276 萬年無期  侯古堆鎛 xs277 萬年無期	 侯古堆鎛 xs278 萬年無期  侯古堆鎛 xs279 萬年無期	 侯古堆鎛 xs280 萬年無期  侯古堆鎛 xs281 萬年無期	 子季嬴青簠 04594.1 眉壽無期  子季嬴青簠 04594.2 眉壽無期	 褱鼎 02551.1 眉壽無期  褱鼎 02551.2 眉壽無期
CE				楚	

 塞公孫⿸疒旨父匜 10276 眉壽無疆					
 何次簠 xs402 萬年無疆	 何次簠g xs404 萬年無疆	 敬事天王鐘 00073 眉壽無疆	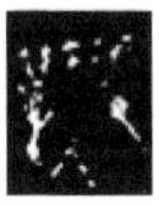 敬事天王鐘 00076 眉壽無疆	 敬事天王鐘 00080.1 眉壽無疆	 王孫誥鐘 xs418 萬年無期
 何次簠g xs403 萬年無疆	 何次簠q xs404 萬年無疆	 敬事天王鐘 00075 眉壽無疆	 敬事天王鐘 00078.2 眉壽無疆	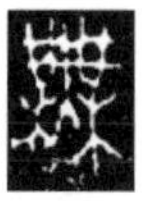 東姬匜 xs398 眉壽萬年無期	 王孫誥鐘 xs419 萬年無期
 臧之無咎戈 mt16706 莊之無咎		 𪒠鐘 xs483b 眉壽無疆	 𪒠鎛 xs489a 眉壽無疆	 𪒠鎛 xs491b 眉壽無疆	 𪒠鎛 xs495a 眉壽無疆
		 𪒠鐘 xs488b 眉壽無疆	 𪒠鎛 xs490a 眉壽無疆	 𪒠鎛 xs493a 眉壽無疆	

楚

 王孫誥鐘 xs420 萬年無期	 王孫誥鐘 xs422 萬年無期	 王孫誥鐘 xs424 萬年無期	 王孫誥鐘 xs426 萬年無期	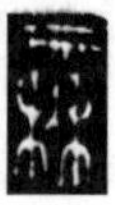 王孫誥鐘 xs428 萬年無期	 王孫誥鐘 xs431 萬年無期
 王孫誥鐘 xs421 萬年無期	 王孫誥鐘 xs423 萬年無期	 王孫誥鐘 xs425 萬年無期	 王孫誥鐘 xs427 萬年無期	 王孫誥鐘 xs429 萬年無期	 王孫誥鐘 xs436 萬年無期

楚

 王孫誥鐘 xs437 萬年無期  王孫誥鐘 xs438 萬年無期	 王孫誥鐘 xs442 萬年無期  王孫遺者鐘 00261.1 萬年無諆(期)	 楚王鼎g mt02318 眉壽無期  楚王鼎q mt02318 眉壽無期	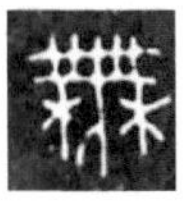 楚王鼎 mx0210 眉壽無期  楚王鼎 mx0188 眉壽無疆	 楚王媵孋加缶 kg2020.7 眉壽無疆 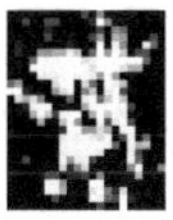 楚叔之孫倗鼎q xs473 眉壽無期	 王子吴鼎 02717 眉壽無期  王子吴鼎 mt02343b 眉壽無期

楚

 王子午鼎 02811.2 萬年無期  王子午鼎q xs444 萬年無期	 王子午鼎 xs445 萬年無期  王子午鼎 xs446 萬年無期	 王子午鼎q xs447 萬年無期  王子午鼎 xs449 萬年無期	 季子康鎛 mt15788b 眉壽無疆  季子康鎛 mt15789b 眉壽無疆	 季子康鎛 mt15790b 眉壽無疆	 庚兒鼎 02715 眉壽無疆  庚兒鼎 02716 眉壽無疆
 倗夫人嬺鼎 mt02425 永壽無疆					 沇兒鎛 00203.1 眉壽無期  徐王子旃鐘 00182.2 眉壽無期
楚			鍾離		徐

					 郳子良人甗 00945 萬年無疆  王孫壽甗 00946 眉壽無疆
 次□缶 xs1249 眉壽無期					 嘉子孟嬴指缶 xs1806 萬年無疆
 郐𩽋尹譬鼎 02766.1 眉壽無期  郐𩽋尹譬鼎 02766.2 眉壽無期	 郐諧尹征城 00425.2 眉壽無疆	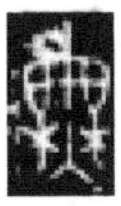 工吳王䲨䣄工吳劍 mt17948 有勇無勇	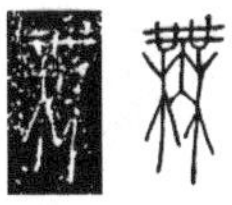 吳王光鑑 10298 眉壽無疆 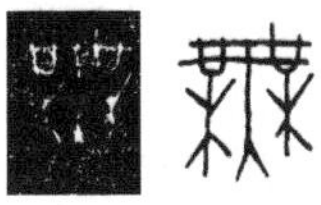 吳王光鑑 10299 眉壽無疆	 吳王孫無土鼎 02359.1 吳王孫無土  吳王孫無土鼎 02359.2 吳王孫無土	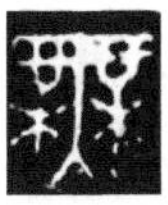 要君盂 10319 眉壽無疆
徐		吳			

楚

 王孫壽甗 00946 萬年無期  自作尊鼎 02430 萬年無□	 𠂤仲之孫簋 04120 萬年無疆  叔家父簠 04615 眉老無疆	 夢子匜 10245 萬年無疆  冶仲考父壺 09708 萬年無疆	 叔夜鼎 02646 眉壽無疆  叔液鼎 02669 萬年無疆		
 深伯鼎 02621 萬年無疆  般仲柔盤 10143 眉壽無疆	 □子季□盆 10339 萬年無疆  无疆匜 10264 □壽無疆	 益余敦 xs1627 眉壽無疆  王孫叔諲甗 mt03362 眉壽無疆		 子犯鐘 xs1010 楚荆  子犯鐘 xs1020 諸楚荆	 子犯鐘 xs1021 搏伐楚荆  子犯鐘 xs1022 大工(攻)楚荆
 乙鼎 02607 眉壽無期  揚鼎 mt02319 眉壽無疆	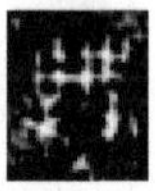 與子具鼎 xs1399 眉壽無疆  伯怡父鼎 eb312 萬年無疆	 痡父匜 mt14986 眉壽無疆			
				晋	

 晉公盆 10342 宗婦楚邦  晉公盤 mx0952 宗婦楚邦			 嬭加編鐘 kg2020.7 楚既爲代(忒)		
	 封子楚簠q mx0517 封子楚鄭武公之孫  封子楚簠g mx0517 封子楚鄭武公之孫	 封子楚簠g mx0517 楚王  封子楚簠g mx0517 虩虩叔楚	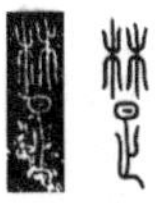 曾侯與鐘 mx1029 吾用燮就楚 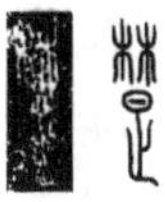 曾侯與鐘 mx1029 乃加於楚	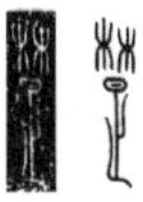 曾侯與鐘 mx1029 楚命是争(請)  曾侯與鐘 mx1029 楚王	 曾侯與鐘 mx1029 余申圝楚成  曾侯殘鐘 mx1031 余申圝楚成
晉	鄭		曾		

				 楚季哶盤 10125 楚季哶(苟)  楚嬴匜 10273 楚嬴	 楚嬴盤 10148 楚嬴  中子化盤 10137 楚王
				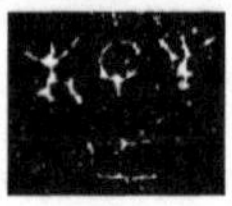 楚子暖簠 04575 楚子  楚子暖簠 04576 楚子	 楚子暖簠 04577 楚子  克黄豆 mt06132 楚叔
 曾侯鐘 mx1025 楚王	 蔡侯紐鐘 00210.1 楚王  蔡侯紐鐘 00211.1 楚王	 蔡侯紐鐘 00217.1 楚王  蔡侯鎛 00222.1 楚王	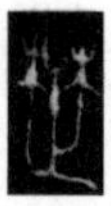 蔡侯簠 ms0582 楚仲姬	 楚子適鼎 02231 楚子  楚旗鼎 xs1197 楚旗之石沱	 楚叔之孫途盉 09426 楚叔  楚子妿鄭敦 04637 楚子
曾	蔡			楚	

 楚太師登鐘 mt15511a 楚太師  楚太師登鐘 mt15511a 楚王	 楚太師登鐘 mt15512a 楚太師  楚太師登鐘 mt15512a 楚王	 楚太師登鐘 mt15513a 楚太師	 楚太師登鐘 mt15514a 楚太師  楚太師登鐘 mt15514b 楚王	 楚太師登鐘 mt15516a 楚太師  楚太師登鐘 mt15516a 楚王	 楚太師登鐘 mt15517 楚太師
 楚屈叔佗戈 11198 楚屈叔	 楚屈叔佗戈 11393.1 楚王  楚屈叔佗戈 11393.2 楚屈叔	 楚王酓審盂 xs1809 楚王 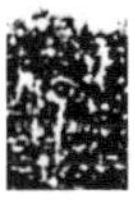 楚子棄疾簠 xs314 楚子	 楚屈子赤目簠 04612 楚屈子  楚屈子赤目簠 xs1230 楚屈子	 以鄧匜 xs405 楚叔	 以鄧鼎g xs406 楚叔  以鄧鼎q xs406 楚叔
 楚屈喜戈 eb1126 楚屈喜		 𥎦篙鐘 00038.2 晋人救戎於楚境	 楚王酓恷盤 mt14402 楚王  楚王酓恷匜 mt14869 楚王	 楚王孫漁戈 ms1435 楚王孫  楚王孙簠 ms0551 楚王孫	 楚王戈 ms1488 楚王

楚

 楚太師登鐘 mt15518 楚王	 楚太師登鐘 mt15519a 楚太師	 楚太師鄧子辥慎鎛　mx1045 楚太師	 楚王領鐘 00053.1 楚王		
 楚太師登鐘 mt15518a 楚太師		 楚太師鄧子辥慎鎛　mx1045 楚王	 楚王鐘 00072 楚王		
 王孫誥鐘 xs418 敬事楚王	 王孫誥鐘 xs420 楚王	 王孫誥鐘 xs422 楚王	 王孫誥鐘 xs425 楚王	 王孫誥鐘 xs427 楚王	 王孫誥鐘 xs429 楚王
 王孫誥鐘 xs419 楚王	 王孫誥鐘 xs421 楚王	 王孫誥鐘 xs424 □□楚王	 王孫誥鐘 xs426 楚王	 王孫誥鐘 xs428 楚王	 王孫誥鐘 xs430 楚王
 𪒠鐘 xs485a 楚城(成)王	 𪒠鎛 xs489b 楚城(成)王	 𪒠鎛 xs491b 楚城(成)王	 𪒠鎛 xs495b 楚城(成)王	 楚子壽戈 mx1156 楚子	 楚王孫漁戈 11152 楚王孫
 𪒠鐘 xs488a 楚城(成)王	 𪒠鎛 xs490b 楚城(成)王	 𪒠鎛 xs493a 楚城(成)王	 𪒠鐘 xs497 楚城(成)王		 楚王孫漁戈 11153 楚王孫

楚

 王孫誥鐘 xs434 楚王  王孫誥鐘 xs435 楚王	 王孫誥鐘 xs433 楚王  王孫誥鐘 xs443 楚王	 王孫誥鐘 xs418 以樂楚王  王孫誥鐘 xs419 楚王	 王孫誥鐘 xs420 楚王  王孫誥鐘 xs421 楚王	 王孫誥鐘 xs422 楚王  王孫誥鐘 xs423 楚王	 王孫誥鐘 xs424 楚王  王孫誥鐘 xs426 楚王
 楚王孫漁矛 eb1268 楚王孫					

楚

 王孫誥鐘 xs427 楚王	 王孫誥鐘 xs429 楚王	 王孫誥鐘 xs436 楚王	 王孫誥鐘 xs438 楚王	 楚叔之孫倗鼎g xs410 楚叔	 楚叔之孫倗鼎 xs411 楚叔
 王孫誥鐘 xs428 楚王	 王孫誥鐘 xs431 楚王	 王孫誥鐘 xs437 楚王	 王孫誥鐘 xs441 楚王	 楚叔之孫倗鼎q xs410 楚叔	 倗之遽鼎g xs456 楚叔

楚

 倗之𢋋鼎q xs456 楚叔  鄬子倗簋 xs457 楚叔	 鄬子倗浴缶g xs459 楚叔  鄬子倗浴缶q xs459 楚叔	 楚叔之孫倗鼎 02357.1 楚叔  鄬子倗浴缶g xs460 楚叔	 鄬子倗浴缶q xs460 楚叔  楚叔之孫倗鼎q xs473 楚叔	 楚王鼎g mt02318 楚王  楚王鼎q mt02318 楚王	 倗戟 xs469 新命楚王□  楚王鼎 mx0210 楚王

楚

 楚王鼎 mx0188 楚王  楚王媵嬭加缶 kg2020.7 楚王					
	 鄱子成周鐘 mt15257 與楚自作龢鐘	 郐王義楚觶 06513 徐王義楚  徐王義楚盤 10099 徐王義楚	 義楚觶 06462 義楚  徐王義楚之元子劍　11668 徐王義楚	 遷邟鐘 mt15520 舒王之孫尋楚猒  遷邟鐘 mt15521 舒王之孫尋楚猒	 遷邟鎛 mt15796 舒王之孫尋楚猒  遷邟鎛 mt15794 舒王之孫尋楚猒
楚	番	徐			

楙			林	嗇	才
		 曾伯霥壺 ms1069 余是楙是則	 齊侯匜 10242 作林姬寶匜  齊侯盤 10117 作林姬寶盤	 鄭義伯鑑 09973.1 我以嗇獸(獸)用賜眉壽  鄭義伯鑑 09973.2 我以嗇獸(獸)用賜眉壽	 秦子鎛 mt15771 畯𩵦才(在)位  秦公鐘 00263 畯𩵦才(在)位
					 秦公簋 04315.1 才(在)帝之坯  秦公簋 04315.2 畯疐才(在)天
 遷邟鐘 mx1027 尋楚猷之子	 司馬楙鎛 eb49 楙作宗彝  司馬楙鎛 eb50 畯楙子孫萬年是保				
舒	滕	曾	齊	鄭	秦

 秦公鎛 00267.2 畯㦈才(在)位  秦公鎛 00268.2 畯㦈才(在)位	 秦公鎛 00269.2 畯㦈才(在)位				
 盄和鐘 00270.1 不惰在上  盄和鐘 00270.2 畯疐才(在)位		 晉公盆 10342 虩虩才(在)上 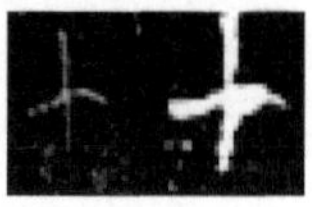 晉公盤 mx0952 虩虩才(在)[上]			 叔夷鐘 00272.1 辰才(在)戊寅  叔夷鐘 00275.2 有敢才(在)帝所
			 鼄公牼鐘 00149 辰才(在)乙亥  鼄公牼鐘 00150 辰才(在)乙亥	 鼄公牼鐘 00151 辰才(在)乙亥  鼄公牼鐘 00152 辰才(在)乙亥	
秦		晉	邾		齊

	 鄧公簋 03858 王才(在)侯𡨦				
 叔夷鎛 00285.1 辰才(在)戊寅  叔夷鎛 00285.6 有敢才(在)帝所		 曾公畎鎛鐘 jk2020.1 昔才(在)辝丕顯高祖  曾公畎甬鐘A jk2020.1 昔才(在)辝丕顯高祖	 曾公畎甬鐘B jk2020.1 昔才(在)辝丕顯高祖		
				 𪨣鐘 xs485b 余不忒才(在)天之下  𪨣鎛 xs489b 余不忒才(在)天之下	 𪨣鎛 xs490b 余不忒才(在)天之下  𪨣鎛 xs491a 余不忒才(在)天之下
齊	鄧	曾		楚	

之

				 有司伯喪矛 eb1271 有司伯喪之車矛   有司伯喪矛 eb1272 有司伯喪之車矛	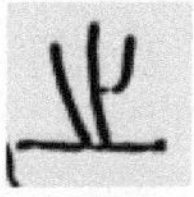 秦子簋蓋 eb423 秦子之光
				 秦公簋 04315.1 在帝之坯	
 𪒠鎛 xs493b 余不忒才(在)天之下  𪒠鎛 xs495b 余不忒才(在)天之下	 俶夫人孎鼎 mt02425 歲才(在)𣪘𩰫  俶夫人孎鼎 mt02425 孟屯(春)才(在)奎之逌	 郐諧尹征城 00425.1 日才(在)庚	 姑發睸反劍 11718 才(在)行之先		
楚		徐	吴	秦	

 內公鐘鉤 00033 從鐘之鉤	 國子碩父鬲 xs48 虢仲之嗣  國子碩父鬲 xs49 虢仲之嗣	 郳湯伯匜 10208 永用之 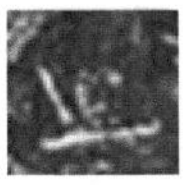 晋公戈 xs1866 歲之祭車			
		 子犯鐘 xs1016 子犯之所  子犯鐘 xs1021 西之六師	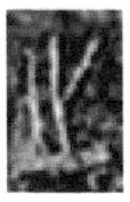 子犯鬲 mt02727 子犯之寶鬲  長子沫臣簠 04625.1 孟孎(羋)之母	 長子沫臣簠 04625.2 孟孎(羋)之母  長子沫臣簠 04625.2 永保用之	 趙[illegible]戈 xs972 趙[illegible]之御戈
 内大攻戈 11203 内(芮)大攻□ 之造		 郘黛鐘 00226 畢公之孫  郘黛鐘 00227 畢公之孫	 郘黛鐘 00228 畢公之孫  郘黛鐘 00229 畢公之孫	 郘黛鐘 00230 畢公之孫  郘黛鐘 00231 畢公之孫	 郘黛鐘 00232 畢公之孫  郘黛鐘 00233 畢公之孫
芮	虢	晉			

 郘黛鐘 00234 畢公之孫  郘黛鐘 00226 郘伯之子	 郘黛鐘 00228 郘伯之子  郘黛鐘 00230 郘伯之子	 郘黛鐘 00231 郘伯之子  郘黛鐘 00232 郘伯之子	 郘黛鐘 00233 郘伯之子  郘黛鐘 00237 郘伯之子	 吕大叔斧 11786 貳車之斧  吕大叔斧 11787 貳車之斧	 郘大叔斧 11788 貳車之斧 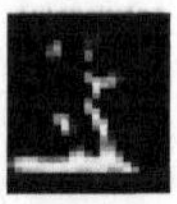 □君子之壺 xs992 □君子之壺
晋					

 晋公車軎 12027 晋公之車  晋公車軎 12028 晋公之車	 智君子鑑 10288 智君子之弄鑑  智君子鑑 10289 智君子之弄鑑	 趙孟庎壺 09678 邗王之賜金  趙孟庎壺 09679 邗王之賜金	 䤴城戟 xs971 䤴城之口戟  韓鍾劍 11588 韓鍾之造劍	 吕大叔斧 11786 吕大叔告(之)貳車	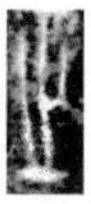 少虡劍 11696.2 朕余名之  少虡劍 11696.2 謂之少虡

晋

			 衛伯須鼎 xs1198 子孫用之  衛公孫吕戈 11200 衛公孫吕之造戈	 宗婦鄁嬰鼎 02683 剌公之宗婦  宗婦鄁嬰鼎 02684 剌公之宗婦	 宗婦鄁嬰鼎 02685 剌公之宗婦  宗婦鄁嬰鼎 02686 剌公之宗婦
 少虡劍 11697A2 朕余名之  少虡劍 11697 謂之少虡	 少虡劍 xs985 [朕]余名之  少虡劍 xs985 謂之少虡	 子之弄鳥尊 05761 子之弄鳥			
晋			衛	BC	

 宗婦鄁嬰鼎 02687 剌公之宗婦	 宗婦鄁嬰𣪘蓋 04076 剌公之宗婦	 宗婦鄁嬰𣪘 04078 剌公之宗婦	 宗婦鄁嬰𣪘 04080 剌公之宗婦	 宗婦鄁嬰𣪘 04084 剌公之宗婦	 宗婦鄁嬰𣪘 04086.1 剌公之宗婦
 宗婦鄁嬰鼎 02688 剌公之宗婦	 宗婦鄁嬰𣪘 04077 剌公之宗婦	 宗婦鄁嬰𣪘 04079 剌公之宗婦	 宗婦鄁嬰𣪘 04083 剌公之宗婦	 宗婦鄁嬰𣪘 04085 剌公之宗婦	 宗婦鄁嬰𣪘 04086.2 剌公之宗婦

BC

 宗婦鄁嬰𣪕 04087 剌公之宗婦  宗婦鄁嬰壺 09698.2 剌公之宗	 宗婦鄁嬰壺 09699.2 剌公之宗婦		 寶登鼎 mt02122 鄭𪉘叔之子		
		 叔左鼎 mt02334 唯己考仲之子  叔左鼎 mt02334 叔左口之	 鄭大內史叔上匜　10281 永寶用之		
			 哀成叔鼎 02782 余鄭邦之產  哀成叔鼎 02782 哀成叔之鼎	 哀成叔鈉 04650 哀成叔之卮  哀成叔豆 04663 哀成叔之峑	 與兵壺q eb878 鄭太子之孫  與兵壺g eb878 鄭太子之孫
BC		BC	鄭		

 與兵壺q eb878 永寶孥(教)之  與兵壺g eb878 永寶教之	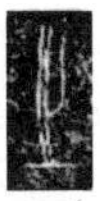 與兵壺 ms1068 鄭太子之孫  鄭莊公之孫盧鼎　mt02409 萬枼世用之	 鄭莊公之孫盧鼎　mt02409 余剌疚之子  鄭莊公之孫盧鼎　mt02409 鄭莊公之孫	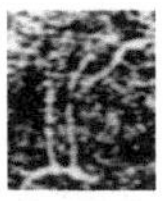 盧鼎q xs1237 鄭莊公之孫  封子楚簠g mx0517 鄭武公之孫	 封子楚簠g mx0517 楚王之士  封子楚簠g mx0517 剌之元子	 封子楚簠g mx0517 永保用之
鄭					

 穌冶妊盤 10118 永寶用之		 許成孝鼎 mx0190 永寶用之			
		 許公簠g mx0510 永保用之	 許公簠q mx0511 永保用之  許公簠g mx0511 永保用之		
 寬兒鼎 02722 蘇公之孫  寬兒缶 mt14091 蘇公之孫	 寬兒鼎 02722 永保用之  寬兒缶 mt14091 永保用之	 鄦公買簠 04617.2 永寶用之  鄦公買簠g eb475 永寶用之	 鄦公買簠q eb475 永寶用之  鄦子妝簠 04616 永保用之	 子璋鐘 00113 永保鼓之  子璋鐘 00116.1 永保鼓之	 子璋鐘 00117.1 永保鼓之  子璋鐘 00119 永保鼓之
蘇		許			

 子璋鐘 00119 永保鼓之  許公戈 xs585 許公之車戈	 許公戈 eb1121 許公之車戈  許公戈 eb1144 許公之造徒戈	 許公寍戈 eb1145 許公寍之用戈  許子敦 eb478 許子囗之盞盂	 鄦子盟自鎛 00153 永保鼓之  鄦子盟自鎛 00154 永保鼓之	 喬君鉦鋮 00423 永寶用之  無伯彪戈 11134 許伯彪之用戈	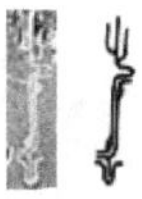 許公戈 xs531 許公之戈
許					

 陳侯鼎 02650 永壽用之  原氏仲簠 xs395 永用之	 原氏仲簠 xs397 永壽用之				
 陳公子中慶簠 04597 永壽用之  陳公孫𢘙父瓶 09979 永壽用之	 陳医作孟姜㛄簠　04606 永壽用之  陳伯元匜 10267 陳白鴋之子	 陳伯元匜 10267 永壽用之  陳子匜 10279 永壽用之	 陳大喪史仲高鐘　00353.2 永寶用之  陳大喪史仲高鐘　00355.2 永寶用之	 陳医作王仲嬀㛄簠　04603.1 永壽用之  陳医作王仲嬀㛄簠　04603.2 永壽用之	 陳医作王仲嬀㛄簠　04604.1 永壽用之  陳医盤 10157 永壽用之
 陳樂君甗 xs1073 永用之	 宋兒鼎 mx0162 陳侯之孫  宋兒鼎 mx0162 永保用之				
陳					

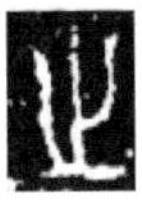 有兒簋 mt05166 陳桓公之孫  有兒簋 mt05166 永保用之	 趄亥鼎 02588 宋莊公之孫  趄亥鼎 02588 永壽用之	 宋公戌鎛 00008 宋公戌之歌鐘  宋公戌鎛 00009 宋公戌之歌鐘	 宋公戌鎛 00010 宋公戌之歌鐘  宋公戌鎛 00011 宋公戌之歌鐘	 宋公戌鎛 00012 宋公戌之歌鐘  宋公戌鎛 00013 宋公戌之歌鐘	 宋公圝鼎g mx0209 永保用之  宋公圝鼎q mx0209 永保用之
	 宋公䜌戈 11133 宋公䜌之造戈  宋公䜌鼎蓋 02233 宋公欒之餴鼎	 宋君夫人鼎蓋 02358 夫人之餴盂鼎  欒子簠 04618 永保用之	 宋左太師睪鼎 mt01923 左庖之餴鼎  宋公差戈 11204 宋公佐之造戈	 宋公差戈 11289 宋公佐之所造 不昜族戈  宋公得戈 11132 宋公得之造戈	
陳	宋				

		 𢦏叔朕鼎 02690 永寶用之 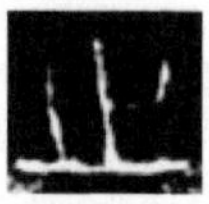 𢦏叔朕鼎 02691 永寶用之	 𢦏叔朕鼎 02692 永寶用之  叔朕簠 04621 永寶用之	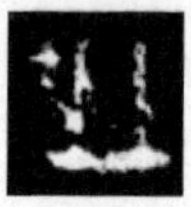 𢦏伯匜 10246 永寶用之	 曹公子沱戈 11120 曹公子沱之造戈
 公甗鋪 mx0532 永保用之					
	 鄬子莫臺鼎q 02498 永壽用之				 曹公簠 04593 永壽用之  曹公盤 10144 永壽用之
宋	邊	戴			曹

	 魯大司徒子仲白匜 10277 永保用之 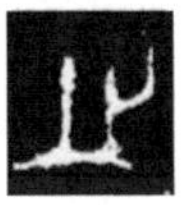 魯酉子安母簠gmt05903 正叔之士鴋俞	 魯正叔盤 10124 魯正叔之𥧌  魯正叔盤 10124 永壽用之	 ☐魯宰两鼎 02591 永寶用之	 鑄侯求鐘 00047 永享用之	 鼄叔之伯鐘 00087 邾叔之伯
	 魯大司徒厚氏元笸 04689 永寶用之  魯大司徒厚氏元笸 04690.1 永寶用之	 魯大司徒厚氏元笸 04690.2 永寶用之  魯大司徒厚氏元笸 04691.1 永寶用之	 魯大左𤔲徒元鼎 02592 永寶用之  魯少司寇封孫宅盤 10154 永寶用之		 邾公釛鐘 00102 陸融之孫
  主之升 kx2020.4 宔之升	 歸父敦 04640 魯子仲之子	 羊子戈 11089 羊子之造戈  羊子戈 11090 羊子之造戈			 鼄大宰簠 04623 永寶用之  鼄大宰簠 04624 永寶用之
	魯			鑄	邾

		 僉父瓶g mt14036 永寶用之  僉父瓶q mt14036 永寶用之	 子皇母簠 mt05853 永寶用之  畢仲弁簠 mt05912 永寶用之		
 郗太師戈 sh809 郗大師□□之艁戈  虘鈤丘君盤 wm6.200 永寶用之		 郘𥝩權 10381 郘𥝩之□			
 郗大司馬戈 11206 郗大司馬之造戈  鼄公華鐘 00245 慎爲之銘	 郗公孫班鎛 00140 永保用之	 隮公克敦 04641 永保用之	 郘公𩎟父鎛 mt15815 余有融之子孫  郘公𩎟父鎛 mt15816 余有融之子孫	 郘公𩎟父鎛 mt15817 余有融之子孫  郘公𩎟父鎛 mt15818 余有融之子孫	 郘公𩎟父鎛 mt15816 子之子孫之孫  郘公𩎟父鎛 mt15816 子之子孫之孫
郗		郘			

 郳公韍父鎛 mt15817 子之子孫之孫  郳公韍父鎛 mt15817 子之子孫之孫	 郳公韍父鎛 mt15818 子之子孫之孫  郳公韍父鎛 mt15818 子之子孫之孫	 郳公韍父鎛 mt15818 子之子孫之孫  郳大司馬彊盤 ms1216 永保用之	 郳大司馬彊匜 ms1260 永保用之  郳大司馬鈚 ms1177 永保用之	 滕太宰得匜 xs1733 滕太宰得之御匜  滕之不㤼劍 11608 滕之不㤼由于	 𦛗侯昃戈 11123 滕侯昃之造戟 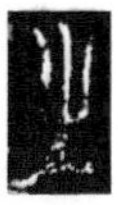 𦛗侯昃戈 11018 滕侯昃之[戈]
郳				滕	

					 齊縈姬盤 10147 齊縈姬之嬗(姪)
				 郜公典盤 xs1043 永保用之	 齊侯鎛 00271 䢦(鮑)叔之孫  齊侯鎛 00271 遵仲之子
 者兒戈 mx1255 滕師公之孫  者兒戈 mx1255 吞叔之子	 𪳪侯昊戈 11079 滕侯昃之造  𪳪侯昊敦 04635 滕侯昃之御敦	 𪳪侯耆戈 11077 滕侯者之造  𪳪侯耆戈 11078 滕侯者之造	 滕侯賕鎛 mt15757 滕侯賕之歌鐘		 公子土折壺 09709 作子仲姜鑄之盤壺 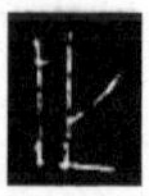 公子土折壺 09709 永保用之
滕				郜	齊

 齊侯鎛 00271 侯氏賜之邑  齊侯鎛 00271 鄩之民人都鄙	 齊侯鎛 00271 侯氏從達之 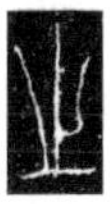 齊侯盂 10318 永保用之	 國差罎 10361 永保用之  齊侯子仲姜鬲 mx0261 永保用之	 庚壺 09733.1B 殷王之孫  庚壺 09733.1B 右師之子	 庚壺 09733.1B 庚大門之  庚壺 09733.1B 靈公之所	 庚壺 09733.1B 賞之以邑  庚壺 09733.1B 靈公之身
 洹子孟姜壺 09729 天子之事  洹子孟姜壺 09729 天子之事	 齐侯作孟姜敦 04645 永保用之  齊侯盤 10159 永保用之	 齊侯鼎 mt02363 永保用之	 慶叔匜 10280 永保用之		

齊

 庚壺 09733.2B 靈公之所	 庚壺 09733.2B 獻之于莊公之所	 叔夷鐘 00272.2 肅成朕師旟之政德	 叔夷鐘 00274.2 總命于外内之事	 叔夷鐘 00276.1 處禹之土	 叔夷鐘 00276.1 其配襄公之妣(出)
 庚壺 09733.2B 賞之以兵甲車馬	 庚壺 09733.2B 莊公之所	 叔夷鐘 00273.2 朕辟皇君之賜休命	 叔夷鐘 00275.2 君公之賜光	 叔夷鐘 00276.1 穆公之孫	 叔夷鐘 00276.1 鹹(成)公之女

齊

 叔夷鐘 00276.2 是辟于齊侯之所	 叔夷鐘 00280 …公之孫	 叔夷鐘 00280 鹹(成)公之女	 叔夷鐘 00283 處禹之土	 叔夷鎛 00285.3 朕辟皇君之賜休命	 叔夷鎛 00285.5 君公之賜光
 叔夷鐘 00276.2 靈公之所	 叔夷鐘 00280 其配襄公之妣(出)	 叔夷鐘 00282 君公之…	 叔夷鎛 00285.2 肅成朕師旟之政德	 叔夷鎛 00285.4 總命于外内之事	 叔夷鎛 00285.6 處禹之土

齊

 叔夷鎛 00285.6 穆公之孫  叔夷鎛 00285.6 其配襄公之妣(出)	 叔夷鎛 00285.6 鹹(成)公之女  叔夷鎛 00285.6 齊侯之所	 篖叔之仲子平鐘　00172 篖叔之仲子平  篖叔之仲子平鐘　00172 永保用之	 篖叔之仲子平鐘　00174 篖叔之仲子平  篖叔之仲子平鐘　00174 乃爲之音	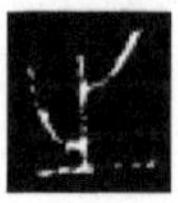 篖叔之仲子平鐘　00174 永保用之  篖叔之仲子平鐘　00175 永保用之	 篖叔之仲子平鐘　00177 篖叔之仲子平  篖叔之仲子平鐘　00177 永保用之
		 鄶平壺 xs1088 鄶大叔之孝子  鄶平壺 xs1088 永保用之	 篖太史申鼎 02732 郚审之孫		
齊		莒			

		 夆叔盤 10163 永保用之  夆叔匜 10282 永保用之			 哀鼎g mt0231 曩妟甥之孫  哀鼎g mt0231 永保用之
 簷叔之仲子平鐘　00178 乃爲之音  簷叔之仲子平鐘　00179 乃爲之音	 簷叔之仲子平鐘　00180 簷叔之仲子平  簷叔之仲子平鐘　00180 永保用之				
			 淳于公戈 11124 淳于公之䜌造  淳于公戈 11125 淳于公之䜌造	 淳于公戈 xs1109 淳于公之御戈  淳于公戈 ms1426 淳于公之左造	 曩公壺 09704 永保用之
莒		逢	淳于		曩

 哀鼎q mt0231 㠱妟甥之孫			 干氏叔子盤 10131 永寶用之		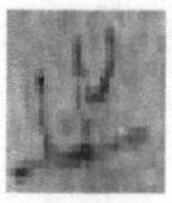 鄧公孫無忌鼎 xs1231 永寶用之  鄧子仲無忌戈 xs1232 無鼎之用戈之
	 取膚上子商盤 10126 用媵之麗奾  取膚上子商匜 10253 用媵之麗奾	 取它人鼎 02227 取它人之膳鼎	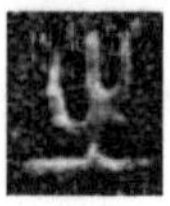 此余王鼎 mx0220 唯王正月之初吉丁亥  𡨦戈 xs1156 𡨦之親用戈	 司馬朢戈 11131 司馬朢之造戈  之辛造戈 sh799 □之辛造戈	 鄧鰟鼎 02085.1 鄧鰟之飤鼎  鄧鰟鼎 02085.2 鄧鰟之飤鼎
	 荆公孫敦 04642 老壽用之  荆公孫敦 mt06070 老壽用之	 䳓公劍 11651 延寶用之  □子戈 11080 𢀜子之造戈	 王武戈 mx1125 王武之車戈  王武戈 mx1126 王武之車戈	 媿戈 ms1383 媿之造戈	 鄧尹疾鼎 02234.1 鄧尹疾之沰盜  鄧尹疾鼎 02234.2 鄧尹疾之礁鮀
㠱	D				鄧

 鄧子仲無忌戈 xs1233 無䢸之用戈  鄧子仲無忌戈 xs1234 無䢸之用戈		 樊君簠 04487 樊君鼄之飤䀇  樊孫伯渚鼎 mx0197 永用之享	 黃季佗父戈 xs88 黃季佗父之戈	 郯季寬車匜 10234 永寶用之	 奚□單匜 10235 用之  郯季寬車盤 10109 永寶用之
 鄧公乘鼎 02573.1 永保用之 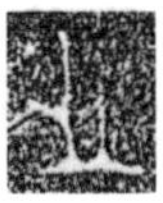 鄧公乘鼎 02573.2 永保用之			 黃太子白克盤 10162 永寶用之  黃太子白克盆 10338 永寶用之	 伯遊父壺 mt12412 永寶用之 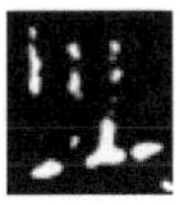 伯遊父壺 mt12413 永寶用之	 伯遊父鐳 mt14009 永寶用之  伯遊父盤 mt14510 永寶用之
 鄧子午鼎 02235 鄧子午之飤鐈	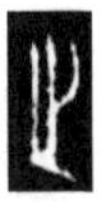 唐子仲瀕兒盤 xs1211 永寶用之  鴋子斨戈 mt16766 唐子斨之用	 𠣞方豆 04662 𠣞之飤盇	 黃韋俞父盤 10146 永用之		
鄧	唐	樊	黃		

	 番□伯者君盤 10140 永寶用之  番君伯歡盤 10136 永用之享	 番叔壺 xs297 永用之	 伯GA鬲 00592 …之孫	 炏右盤 10150 用之	 曾子斁鼎 mx0146 永用之  曾太保嬇簋 mx0425 永用之
 伯遊父卮 mt19239b 黃季之伯遊父	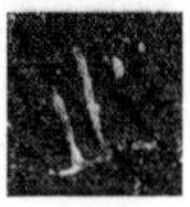 番子鼎 ww2012.4 永保用之  番君召簠 04584 永寶用之	 番君召簠 04585 永寶用之  番君召簠 04586 永寶用之	 曾大工尹戈 11365 穆侯之子  曾大工尹戈 11365 西宮之孫	 曾大工尹戈 11365 季怡之用	
	 鄱子成周鐘 mt15256 永保鼓之  鄱子成周鐘 xs291 之□	 番仲戈 11261 伯皇之造戈	 𪂆之行鼎 01990.1 𪂆之行鼎  𪂆之行鼎 01990.2 𪂆之行鼎	 盼于盞g 04636 盼于𪂆之行盞  盼于盞q 04636 盼于𪂆之行盞	 曾少宰黃仲酉鼎　eb279 黃仲之行鼎 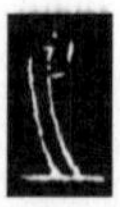 曾少宰黃仲酉簠　eb467 黃仲酉之行𬯀
黃	番		曾		

 曾伯霥簠 04631 天賜之福	 曾伯霥簠 04632 天賜之福	 曾伯霥壺 ms1069 先民之尚	 曾子仲謱甗 00943 其永用之	 曾侯簠 04598 永用之	 夨叔匜 ms1257 永壽用之
 曾伯霥簠 04631 永寶用之享	 曾伯霥簠 04632 永寶用之享	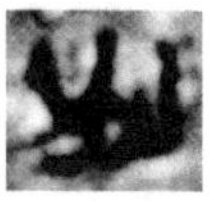 曾伯霥簠 ms0548 曾伯霥之盬	 曾子仲謱鼎 02620 其永用之	 曾大保盆 10336 永用之	
 曾公畭鎛鐘 jk2020.1 周之文武	 曾公畭鎛鐘 jk2020.1 南公之烈	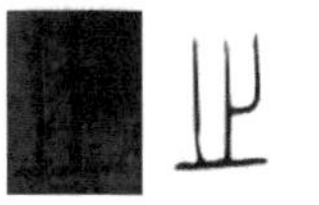 曾公畭甬鐘A jk2020.1 周之文武	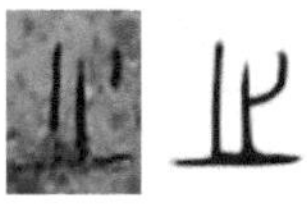 曾公畭甬鐘A jk2020.1 南公之烈	 曾公畭甬鐘A jk2020.1 賜之用鉞	 曾公畭甬鐘B jk2020.1 周之文武
 曾公畭鎛鐘 jk2020.1 賜之用鉞	 曾公畭鎛鐘 jk2020.1 文武之福	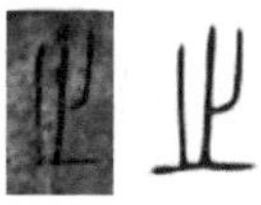 曾公畭甬鐘A jk2020.1 賜之用鉞	 曾公畭甬鐘A jk2020.1 文武之福	 曾公畭甬鐘A jk2020.1 南公之烈	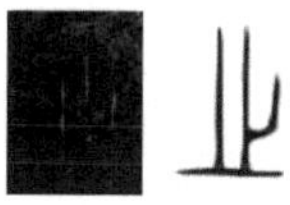 曾公畭甬鐘B jk2020.1 賜之用鉞
 曾少宰黄仲酉壺 eb861 黄仲酉之行盎	 可簠 eb459 可之行𬃸	 可壺 eb850 可之行盎	 曾孫定鼎 xs1213 曾孫定之廚鼎	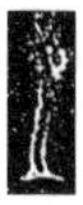 曾侯郕鼎 eb257 曾侯郕之飤鼎	 曾公子棄疾鼎q mx0126 曾公子棄疾之行鼎
 曾少宰黄仲酉匜 eb951 黄仲酉之行匜	 可盤 eb921 可之行盤	 曾仲之孫戈 11254 曾仲之孫	 曾都尹定簠 xs1214 曾都尹定之行𬃸	 曾仲姬壺 eb855 曾仲姬之𰻮壺	 曾公子棄疾鼎g mx0126 曾公子棄疾之行鼎

曾

 □□伯戈 11201 伯之元執□	 曾侯子鐘 mt15141 曾侯子之行鐘	 曾侯子鐘 mt15142 曾侯子之行鐘	 曾侯子鐘 mt15143 曾侯子之行鐘	 曾侯子鐘 mt15144 曾侯子之行鐘	 曾侯子鐘 mt15145 曾侯子之行鐘
	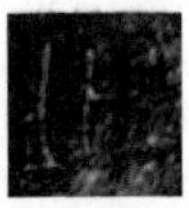 曾侯子鐘 mt15141 其永用之	 曾侯子鐘 mt15142 永用之	 曾侯子鐘 mt15143 永用之	 曾侯子鐘 mt15144 永用之	 曾侯子鐘 mt15145 永用之
 曾公畩甬鐘 B jk2020.1 文武之福	 湛之行鼎甲 kx2021.1 湛之行鼎	 湛之行鼎丙 kx2021.1 湛之行鼎	 湛之行緐鼎甲 q kx2021.1 湛之行緐	 湛之行簋甲 kx2021.1 湛之行簋	 湛之行簋丙 kx2021.1 湛之行簋
	 湛之行鼎乙 kx2021.1 湛之行鼎	 湛之行緐鼎甲 gkx2021.1 湛之行緐	 湛之行緐鼎乙 kx2021.1 湛之行緐	 湛之行簋乙 kx2021.1 湛之行簋	 湛之行簋丁 kx2021.1 湛之行簋
 曾公子棄疾鼎g mx0127 曾公子棄疾之行鼎	 曾公子棄疾匿q mx0486 曾公子棄疾之登盬	 曾公子棄疾壺 mx0819 曾公子棄疾之行壺	 曾公子棄疾壺g mx0818 曾公子棄疾之行壺	 曾公子棄疾缶q mx0903 曾公子棄疾之行缶	 曾侯與鬲 mx0240 曾侯與之行鬲
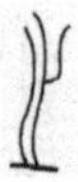 曾公子棄疾盬g mx0486 曾公子棄疾之登盬	 曾公子棄疾甗 mx0280 曾公子棄疾之登甗	 曾公子棄疾壺g mx0818 曾公子棄疾之行壺	 曾公子棄疾缶g mx0903 曾公子棄疾之行缶	 曾公子棄疾斗 mx0913 曾公子棄疾之御斗	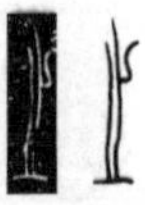 曾侯與鐘 mx1029 殷之命

曾

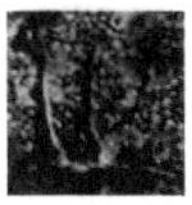 曾侯子鐘 mt15146 曾侯子之行鐘	 曾侯子鐘 mt15147 曾侯子之行鐘	 曾侯子鐘 mt15148 曾侯子之行鐘			
 曾侯子鐘 mt15146 永用之	 曾侯子鐘 mt15147 永用之	 曾侯子鐘 mt15149 永用之			
 湛之行簠甲g kx2021.1 湛之行藍	 湛之行簠乙g kx2021.1 湛之行藍	 湛之行鬲甲 kx2021.1 湛之行鬲	 湛之行鬲丙 kx2021.1 湛之行鬲	 湛之行壺g kx2021.1 湛之行壺	 湛之戈甲 kx2021.1 湛之戈
 湛之行簠甲q kx2021.1 湛之行藍	 湛之行簠乙q kx2021.1 湛之行藍	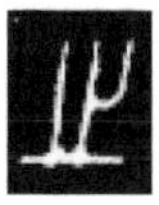 湛之行鬲乙 kx2021.1 湛之行鬲	 湛之行鬲丁 kx2021.1 湛之行鬲	 湛之行壺q kx2021.1 湛之行壺	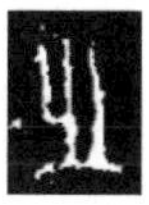 湛之戈乙 kx2021.1 湛之戈
 曾侯與鐘 mx1029 周室之既卑	 曾侯與鐘 mx1029 伐武之堵(土)	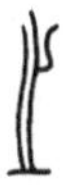 曾侯與鐘 mx1032 余稷之玄孫	 曾侯殘鐘 mx1031 伐武之堵(土)	 曾叔旂鼎 mx0109 曾叔旂之行鼎	 曾孫伯國甗 mx0277 曾孫伯國之行甗
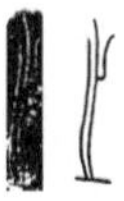 曾侯與鐘 mx1029 曾侯之靈	 曾侯與鐘 mx1029 大命之長	 曾侯與鐘 mx1032 畏天之命	 曾子旂戟 mx1158 曾子旂之用戟	 曾叔旂壺 mx0810 曾叔旂之尊壺	 曾大司馬國鼎 mx0128 曾大司馬國之飤鼎

曾

 湛之鈚 kx2021.1 湛之鬳鈚	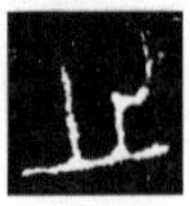 湛之行鼎甲 kx2021.1 其永用之  湛之行鼎乙 kx2021.1 其永用之	 湛之行鼎丙 kx2021.1 其永用之  湛之行繁鼎甲g kx2021.1 其永用之	 湛之行繁鼎甲q kx2021.1 其永用之  湛之行繁鼎乙 kx2021.1 其永用之	 湛之行簋甲 kx2021.1 其永用之  湛之行簋乙 kx2021.1 其永用之	 湛之行簋丙 kx2021.1 其永用之  湛之行簋丁 kx2021.1 其永用之
 曾大司馬伯國簠　mx0488 曾大司馬伯國之飤Ⓜ  曾孫卲簠 mx0482 曾孫卲之行Ⓜ	 曾孫卲壺 mx0820 曾孫卲之大行之壺  曾孫卲壺 mx0820 曾孫卲之大行之壺	 嬫盤 mx0948 余郲君之元女  嬫盤 mx0948 永保用之	 嬫簠 mx0478 嬫之行Ⓜ  曾孫褱簠 mx0483 曾孫褱之飤Ⓜ	 孟芈玄簠 mx0481 孟嬭玄之行Ⓜ  曾𠤳公臣鼎 mx0117 曾𠤳公臣之廚鼎	 崎鼎 mx0079 崎之阩鼎 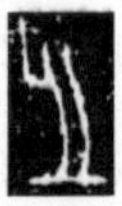 崎壺 mx0806 崎之尊壺

曾

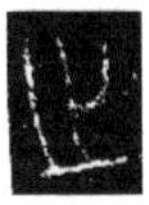 湛之行簠甲g kx2021.1 其永用之 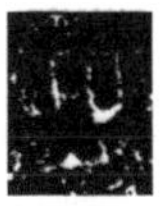 湛之行簠甲q kx2021.1 其永用之	 湛之行簠乙g kx2021.1 其永用之  湛之行簠乙q kx2021.1 其永用之	 湛之行鬲甲 kx2021.1 其永用之 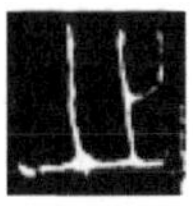 湛之行鬲乙 kx2021.1 其永用之	 湛之行鬲丙 kx2021.1 其永用之  湛之行鬲丁 kx2021.1 其永用之	 湛之行壺g kx2021.1 其永用之  湛之行壺q kx2021.1 其永用之	  湛作季嬴鼎甲 kx2021.1 其永用之  湛作季嬴鼎乙 kx2021.1 其永用之
 甬巨簠 mx0480 甬巨之行𥂴  曾工差臣簠 mx0484 曾工佐臣之行𥂴	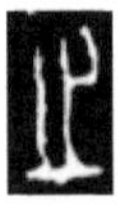 亘多壺 mx0810 亘多之行壺  亘多盤 mx0926 亘多之行盤	 曾孫喬壺 mx0814 曾孫喬之行壺  曾子虡戈 mx1157 曾子虡之用戈	 曾旨尹喬缶 mx0902 曾旨尹喬之𨑓缶  曾旨尹喬匜 ms1245 曾旨尹喬之升	 曾关臣匜 eb948 曾关臣之會□  曾季关臣盤 eb933 永用之	 曾子季关臣簠 eb463 季关臣之飤𥂴  曾子季关臣簠 eb464 季关臣之飤𥂴
曾					

 湛作季嬴鼎丙 kx2021.1 其永用之  湛作季嬴簋甲 kx2021.1 其永用之	 湛作季嬴簋甲 kx2021.1 其永用之  湛作季嬴簋丙 kx2021.1 其永用之	 湛作季嬴簋丁 kx2021.1 其永用之 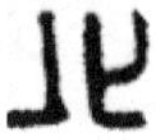 湛作季嬴鬲甲 kx2021.1 其永用之	 湛作季嬴鬲乙 kx2021.1 其永用之 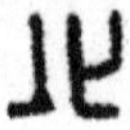 湛作季嬴鬲丙 kx2021.1 其永用之	 湛作季嬴鬲丁 kx2021.1 其永用之   湛作季嬴簠 kx2021.1 其永用之	 湛作季嬴壺甲q kx2021.1 其永用之  湛作季嬴壺乙g kx2021.1 其永用之
 曾大師奠鼎 xs501 曾太師奠之廚鼎  曾姬盤 eb924 曾姬之盤	 仲姬敦g xs502 仲姬彥之盞  仲姬敦q xs502 仲姬彥之盞	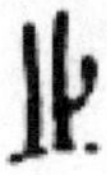 曾子義行簠g xs1265 永保用之  曾子義行簠q xs1265 永保用之	 曾孫無期鼎 02606 永寶用之  曾孫史夷簠 04591 永寶用之	 曾子遡簠 04488 曾子遡之行簠  曾子遡簠 04489 曾子遡之行簠	 曾子缶 09996 曾子遡之行缶  隨大司馬戈 mx1215 隨大司馬戲有之行戈
		曾			

 湛作季嬴壺乙q kx2021.1 其永用之	 𡢁加鎛乙 ms1283 民之氐巨	 𡢁加編鐘 kg2020.7 帥禹之堵	 𡢁加編鐘 kg2020.7 穆之元子	 𡢁加編鐘 kg2020.7 吾仇匹之	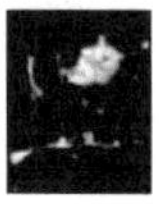 加𡢁簋 mx0375 加𡢁之行簋
	 𡢁加鎛丁 ms1285 石(庶)保用之	 𡢁加編鐘 kg2020.7 文王之孫	 𡢁加編鐘 kg2020.7 之邦于曾	 曾夫人鬲 ms0306 曾夫人𡠀之𨘥鬲	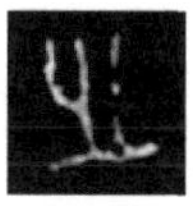 加𡢁簋 mx0375 其永用之
 曾侯郕戈 11174 曾侯郕之用戈	 曾侯郕戟 11176a 曾侯郕之行戟	 曾侯郕戟 11177a 曾侯郕之行戟	 曾侯郕戟 11098a 曾侯郕之戟	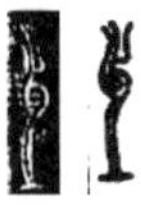 曾侯郕殳 11567 曾侯郕之用殳	
 曾侯郕戟 11175 曾侯郕之行戟	 曾侯郕戟 11176b 曾侯郕之行戟	 曾侯郕戟 11177b 曾侯郕之行戟	 曾侯郕戟 11098b 曾侯郕之戟		
曾					

 加孎簠g ms0556 加孎之行簠	 加孎簠g ms0556 其永用之	 曾侯宏鼎 mt02219 永用之	 曾侯宏簋 mt04975 永用之	 曾侯宏壺 mt12390 永用之	 曾侯宏鼎 mx0185 永用之
 加孎簠q ms0556 加孎之行簠	 加孎簠q ms0556 其永用之	 曾侯宏鼎 mx0187 永用之	 曾侯宏簋 mt04976 永用之	 曾侯寶鼎 ms0265 永用之	 曾侯宏鼎 mx0186 永用之
曾					

 曾公子叔淺簠g mx0507 其永寶用之  叔旞鼎g mx0139 大曾文之孫	 叔𧬊鼎g mx0139 叔𧬊之飤鼎  曾子南戈丙 ms1421 曾子南之用戈	 曾子叔交戈 ms1422 曾子叔交之執  曾仲鄔君鎮墓獸方座　xs521 曾仲㠱君腱之且埶(藝)	 曾孟嬭諫盆 10332.1 其眉壽用之  曾孟嬭諫盆 10332.2 其眉壽用之	 連迂鼎 02083 連迂之御蕘  連迂鼎 mt01468 連迂之行鼾	 連迂鼎 02084.1 連迂之行鼾  連迂鼎 02084.2 連迂之行鼾
曾					

 蔡大善夫趣簠g xs1236 永寶用之  蔡大善夫趣簠q xs1236 永寶用之					
 鄦中姬丹匜 xs472 永保用之  蔡侯朱缶 09991 蔡侯朱之缶	 蔡大司馬燮盤 eb936 永保用之 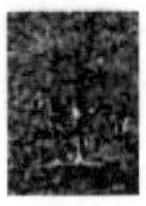 蔡大司馬燮匜 mx0997 永保用之				
 蔡侯鼾 02215 蔡侯龖之飤鼾  蔡侯鼾 02216 蔡侯龖之飤鼾	 蔡侯龖鼎 02217.1 蔡侯龖之飤鼎  蔡侯龖鼎 02217.2 蔡侯龖之飤鼎	 蔡侯殘鼎 02218 蔡侯龖之飤鼎  蔡侯殘鼎 02219 蔡侯龖之飤鼎	 蔡侯殘鼎 02220 蔡侯龖之飤鼎  蔡侯殘鼎蓋 02221 蔡侯龖之飤鼎	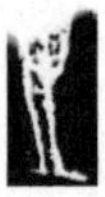 蔡侯殘鼎蓋 02222 蔡侯龖之頭鼎  蔡侯殘鼎 02225 蔡侯龖之飤鼾	 蔡侯殘鼎 02226 蔡侯龖之□□ 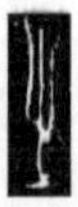 蔡侯龖簠 03592.1 蔡侯龖之䵼簠
蔡					

 蔡侯𬇙簋 03594.1 蔡侯𬇙之䵼簋  蔡侯𬇙簋 03595.2 蔡侯𬇙之䵼簋	 蔡侯𬇙簋 03597.1 蔡侯𬇙之䵼簋  蔡侯𬇙簋 03597.2 蔡侯𬇙之䵼簋	 蔡侯𬇙簋 03598.1 蔡侯𬇙之䵼簋  蔡侯𬇙簋 03598.2 蔡侯𬇙之䵼簋	 蔡侯𬇙簋 03599 蔡侯𬇙之䵼簋  蔡侯𬇙簠 04490.1 蔡侯𬇙之飤蓋	 蔡侯𬇙簠 04490.2 蔡侯𬇙之飤蓋  蔡侯𬇙簠 04491 蔡侯𬇙之飤蓋	 蔡侯𬇙簠 04492.1 蔡侯𬇙之飤蓋  蔡侯𬇙簠 04492. 2 蔡侯𬇙之飤蓋
蔡					

 蔡侯𨝫簠 04493.1 蔡侯𨝫之飤簠  蔡侯𨝫簠 04493.2 蔡侯𨝫之飤簠	 蔡侯𨝫尊 06010 永保用之  蔡侯𨝫缶 09994 蔡侯𨝫之尊缶	 蔡侯方壺 09573 蔡侯𨝫之𩰫壺  蔡侯𨝫瓶 09976 蔡侯𨝫之瓶	 蔡侯𨝫缶 09992.1 蔡侯𨝫之盥缶  蔡侯𨝫缶 09992.2 蔡侯𨝫之盥缶	 蔡侯𨝫缶 09993.1 蔡侯𨝫之尊缶  蔡侯𨝫缶 09993.2 蔡侯𨝫之尊缶	 蔡侯𨝫盤 10171 永保用之  蔡侯𨝫盤 10072 蔡侯𨝫之尊盤
蔡					

 蔡侯䵼匜 10189 蔡侯䵼之盥匜  蔡侯䵼鑑 10290 蔡侯䵼之尊匜	 蔡侯䵼戈 11141 蔡侯䵼之用戈  蔡加子戈 11149 蔡加子之用戈	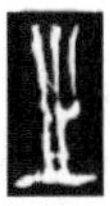 蔡侯紐鐘 00211.2 子孫鼓之  蔡侯紐鐘 00216.2 子孫鼓之	 蔡侯紐鐘 00217.2 子孫鼓之  蔡侯鎛 00222.2 子孫鼓之	 蔡侯紐鐘 00212 蔡侯䵼之行鐘 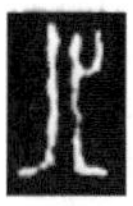 蔡侯紐鐘 00213 蔡侯䵼之行鐘	 蔡侯紐鐘 00215 蔡侯䵼之行鐘  蔡侯紐鐘 00218.2 子孫鼓之
蔡					

 蔡侯𪊲簠 mt05775 蔡侯𪊲之飤𠤳  蔡侯𪊲簠 mt05776 蔡侯𪊲之飤𠤳	 蔡侯𪊲鼎蓋 mt01588 蔡侯𪊲之頭鼎  蔡侯𪊲戈 11140 蔡侯𪊲之行戈	 蔡叔季之孫䢔匜　10284 蔡叔季之孫  蔡叔季之孫䢔匜　10284 孟姬有之婦	 蔡叔季之孫䢔匜　10284 永寶用之  蔡侯簠g xs1896 永寶用之	 蔡侯簠q xs1896 永寶用之  蔡公孫鱄戈 mx1200 鱄之用戈	 蔡侯朔戟 mx1161 蔡侯朔之用戟  蔡侯朔劍 mx1301 蔡侯朔之用劍
蔡					

 蔡侯班戈 mx1163 蔡侯班之用戈  蔡叔𪊨敄戟 mx1170 蔡叔𪊨敄之行	 蔡公子戈 mx1173 蔡公子□之用  蔡公子吳戈 ms1438 蔡公子吳之用	 蔡侯簠 ms0582 永寶用之  雌盤 ms1210 蔡莊君之孫	 雌盤 ms1210 子越之子雌  蔡□□戟 11150 蔡侯朔之用戟	 蔡侯産戈 xs1311 蔡侯産之用戈  蔡侯産劍 11587 蔡侯産之用劍	 蔡大師鼎 02738 永寶用之
蔡					

 蔡公子果戈 11146 蔡公子果之用  蔡公子果戈 11147 蔡公子果之用	 蔡公子果戈 mx1174 蔡公子果之用 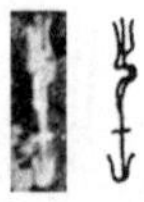 蔡侯飁戈 11142 蔡侯飁之用戈	 蔡公子縝戈 mx1176 蔡公子縝之用  蔡公子宴戈 mx1172 蔡公子宴之用	 蔡公子頒戈 eb1146 蔡公子頒之用  蔡侯劍 11601 囗叔之用	 蔡公子從劍 mt17837 蔡公子從之用  蔡公子從劍 mt17838 蔡公子從之用	 蔡叔戟 mt16810 蔡叔囗所之造  蔡襄尹啓戈 ms1444 蔡襄尹啓之戈
蔡					

 蔡侯産戈 ms1448 蔡侯産之用戈	 蔡侯産戈 mx1166 蔡侯産之用戈	 蔡侯産戟 mt16840 蔡侯産之用戟	 蔡侯産劍 xs1267 蔡侯産之用劍	 蔡叔子宴戈 mx1171 蔡叔子宴之用	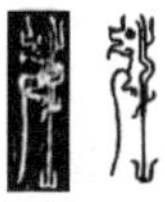 蔡侯産戈 xs1677 蔡侯産之用戈
 蔡侯産戟 mx1169 蔡侯産之用戟	 蔡侯産戈 mx1167 蔡侯産之用戈	 蔡侯産劍 xs1267 蔡侯産之用劍	 蔡侯産劍 11604 蔡侯産之用劍	 蔡公子義工簠 04500 義工之飤簠	 之用戈 mt16508 之用戈
蔡					

		 彭伯壺g xs315 永寶用之  彭伯壺q xs315 永寶用之	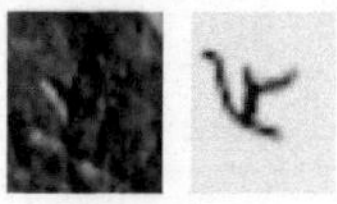 申伯戈 zy2020.5 申伯□之用戈  彭伯壺q xs316 永寶用之	 鄦公彭宇簠 04610 永寶用之  鄦公彭宇簠 04611 永寶用之	 矩甗 xs970 永寶用之
 蔡公子從戈 xs1676 蔡公子從之用  蔡侯産戈 11144 蔡侯産之用戈	 蔡公子加戈 11148 蔡公子加之用  蔡侯産戈 11143 蔡侯産之用戈	 彭公孫無所鼎 eb299 彭公之孫  無所簠 eb474 彭公之孫	 彭公孫無所鼎 eb299 永保用之  無所簠 eb474 永保用之	 彭子射繁鼎g mt01666 彭子射之行繁  彭子射繁鼎q mt01666 彭子射之行繁	 彭子射湯鼎 mt01667 彭子射之湯鼎  彭子射盂鼎 mt02264 申公之孫
蔡		CE			

 彭子射盂鼎 mt02264 永保用之  彭子射兒簠 mt05884 永寶用之	 彭子射盤 mt14388 彭子射之行盤  彭子射匜 mt14878 彭子射之行會匜	 射戈 mt16504 射之用  射戟 mt16505 射之用	 申伯壺 xs379 申伯諺多之行  申公壽簠 mx0498 永保用之	 彭子壽簠 mx0497 永保用之  彭子壽簠 mx0497 永保用之	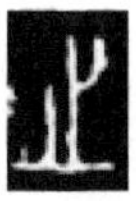 壽盤 mx0982 壽之盥盤  壽匜 mx0982 壽之會匜
CE					

 彭啓戈 ww2020.10 彭啓之戈	 彭啓簋甲 ww2020.10 永保用之	 彭啓簋丙q ww2020.10 永保用之	 叔姜簋q xs1212 永保用之	 叔姜簋g xs1212 永保用之	 申文王之孫簋 mt05943 申文王之孫
 彭啓戟 ww2020.10 彭啓之行戟	 彭啓簋丙g ww2020.10 永保用之	 叔姜簋q xs1212 (申)王之孫	 叔姜簋g xs1212 申王之孫	 童之御皮甲 ww2020.10 童之御	 申文王之孫簋 mt05943 永保用之
CE					

	 鄀公簠蓋 04569 永寶用之  蒍兒罍 xs1187 永保用之		 邛季之孫戈 11252a 邛季之孫  邛季之孫戈 11252b □方或之元	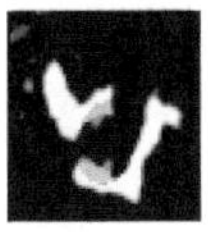 邛君婦龢壺 09639 永寶用之  伯戔盤 10160 邛仲之孫	 伯戔盆g 10341 邛仲之孫  伯戔盆q 10341 邛仲之孫
	 上鄀公簠g xs401 永寶用之  上鄀公簠q xs401 永寶用之	 上鄀府簠 04613.1 永寶用之 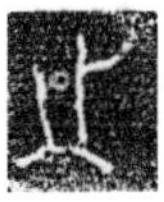 上鄀府簠 04613.2 永寶用之	 江叔螽鬲 00677 永寶用之  叔師父壺 09706 永寶用之	 𡫑君季𦗏鑑 mx0535 邛伯歐之孫	
 丁兒鼎蓋 xs1712 應侯之孫  丁兒鼎蓋 xs1712 永保用之					
CE					

 伯戔盆g 10341 永保用之  伯戔盆q 10341 永保用之	 伯戔盤 10160 永寶用之				
		 鄝叔義行戈 mx1146 鄝叔義行之用	 鄝子妝戈 xs409 鄝子妝之用 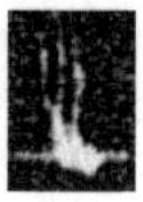 鄝子妝戈 mx1123 鄝子妝之用	 郳子行盆 10330.1 永寶[用]之  郳子行盆 10330.2 永寶用之	 鄬伯受簠 04599.1 其永用之  鄬伯受簠 04599.2 其永用之

	 廍季伯歸鼎 02644 廍季之伯歸𡍮  廍季伯歸鼎 02645 廍季之伯歸𡍮	 廍季伯歸鼎 02644 永寶用之 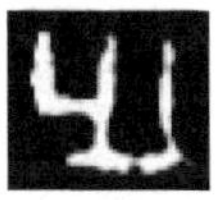 廍季伯歸鼎 02645 永寶用之	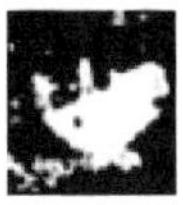 伯歸𡍮盤 mt14484 廍季之伯歸𡍮  伯歸𡍮盤 mt14484 永用之	 郘君虞鼎 mx0198 永用之 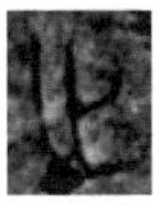 郘君虞鼎 mx0198 則明□之	 幻伯隹壺 xs1200 子孫用之  彭子仲盆蓋 10340 永寶用之
 鄻子白鐸 xs393 鄻子白受之鐸	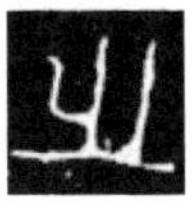 盜叔壺 09625 永用之 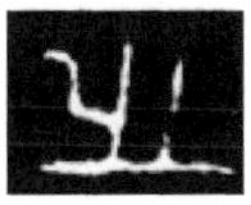 盜叔壺 09626 盜叔之尊壺	 盜叔壺 09626 永用之  洚叔鼎 02355 洚叔之行鼎	 洚叔鼎 02355 永用之  盜叔戈 11067 盜叔之行戈	 蛊鼎 02356 蛊之升鼎 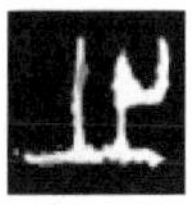 蛊鼎 02356 其永用之	 子諆盆 10335.2 永壽用之  子諆盆 10335.1 永壽用之
	 𪔂侯之孫䧢鼎 02287 𪔂侯之孫  𪔂侯之孫䧢鼎 02287 𪔂侯之孫䧢之 鼾	 義子鼎 eb308 永保用之  君臣戈 mx1132 君臣之用戈	 卲方豆 04660 卲之卮  卲方豆 04661 卲之卮	 遊孫癸鼎 ms0188 遊孫癸之飤宕 鉈  侯古堆鎛 xs276 其永鼓之	 侯古堆鎛 xs276 遂以之□ 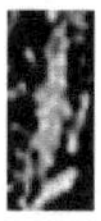 侯古堆鎛 xs277 遂以之□

CE

			 考叔㿻父簠 04608.1 永寶用之  考叔㿻父簠 04608.2 永寶用之	 考叔㿻父簠 04609.1 永寶用之	 郘侯戈 11202 郘侯之造戈  塞公孫㿻父匜 10276 永寶用之
 諆余鼎 mx0219 永寶用之  鄦膚簠 mx0500 永保用之	 曈戈 xs1971 吕王之孫  曈戈 xs1971 吕王之孫	 䔉子鰍盞g xs1235 永保用之  邵子栽盤 xs1372 子孫用之	 楚子暖簠 04575 永保之  楚子暖簠 04576 永保之	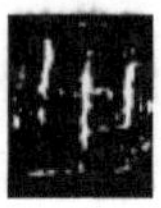 楚子暖簠 04577 永保之	 王子嬰次爐 10386 王子嬰次之炒爐  王子申盞 04643 永保用之
 侯古堆鎛 xs279 遂以之□  侯古堆鎛 xs279 其永鼓之	 侯古堆鎛 xs281 其永鼓之  侯古堆鎛 xs281 遂以之□	 侯古堆鎛 xs282 其永鼓之  侯古堆鎛 xs282 遂以之□	 楚子適鼎 02231 楚子適之飤繁  楚旅鼎 xs1197 楚旅之石沱	 楚叔之孫途盉 09426 楚叔之孫  楚叔之孫途盉 09426 楚叔之孫	 楚子𥁰鄴敦 04637 楚子边鄴之飤□  鄴戈 11027 鄴之寶戈
CE			楚		

 楚太師登鐘 mt15512b 永寶鼓之  楚太師登鐘 mt15513b 永寶鼓之	 楚太師登鐘 mt15514b 永寶鼓之  楚太師登鐘 mt15516b 永寶鼓之	 楚太師鄧子辥慎鎛　mx1045 永寶鼓之  楚王鐘 00072 永保用之			
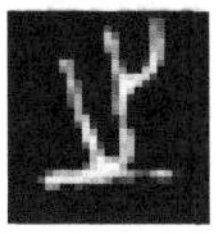 楚屈叔佗戈 11393.1 楚王之元右王鐘 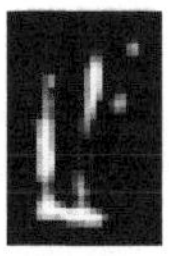 楚屈叔佗戈 11393.2 屈口之孫	 楚屈叔佗戈 11198 楚屈叔佗之元用  楚王酓審盂 xs1809 楚王酓審之盂	 克黃鼎 xs499 克黃之䵼  克黃鼎 xs500 克黃之䵼	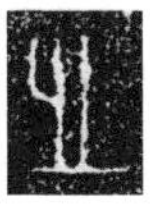 楚屈子赤目簠 04612 永保用之  楚屈子赤目簠 xs1230 永保用之	 以鄧匜 xs405 楚叔之孫  以鄧鼎g xs406 楚叔之孫	 以鄧鼎g xs406 永寶用之  以鄧鼎q xs406 楚叔之孫
 子季嬴青簠 04594.1 永寶用之  子季嬴青簠 04594.2 永寶用之	 楚屈喜戈 eb1126 楚屈喜之用  欒書缶 10008.2 欒書之子孫	 秦王鐘 00037 俾命競平王之定  卲王之諻鼎 02288 卲王之諻(媓)	 卲王之諻鼎 02288 諻(媓)之饋鼎  卲王之諻簋 03634 卲王之諻(媓)	 卲王之諻簋 03634 諻(媓)之薦簋  卲王之諻簋 03635 卲王之諻(媓)	 郙子𦗴缶 09995 郙子𦗴之赴缶 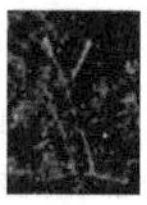 王子申匜 xs1675 王子申之鎗匜
楚					

 以鄧戟 xs408 以鄧之戟  仲改衛簠 xs400 子子孫孫用之	 何次簠 xs402 永保用之  何次簠q xs403 永保用之	 何次簠g xs404 永保用之  何次簠q xs404 永保用之	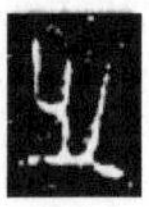 東姬匜 xs398 永寶用之  東姬匜 xs398 宣王之孫	 東姬匜 xs398 雍子之子東姬	 孟縢姬缶 10005 永保用之  孟縢姬缶 xs416 永保用之
 褱鼎 02551.1 永保用之  褱鼎 02551.2 永保用之	 南君旛鄒戈 xs1180 南君旛鄒之車戈  南君旛鄒戈 mt17052 南君旛鄒之車戈	 永陳缶蓋 xs1191 永陳之尊缶  競孫旟也鬲 mt03036 永保之用享	 龏王之卯戈 mt17058 龏(共)王之卯 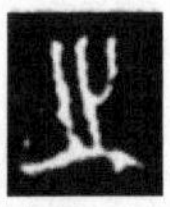 龏王之卯戈 mt17058 龏(共)王之卯之造戈	 臧之無咎戈 mt16706 臧(莊)之無咎	 鄦鐘 xs482a 千歲鼓之  鄦鐘 xs483b 千歲鼓之

楚

 敬事天王鐘 00074 江漢之陰陽	 敬事天王鐘 00077 江漢之陰陽	 敬事天王鐘 00079 江漢之陰陽	 敬事天王鐘 00081.1 江漢之陰陽	 敬事天王鐘 00074 以之大行	 敬事天王鐘 00081.2 以之大行
 敬事天王鐘 00074 百歲之外	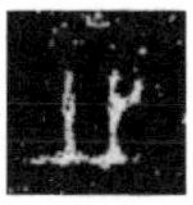 敬事天王鐘 00077 百歲之外	 敬事天王鐘 00079 百歲之外	 敬事天王鐘 00081.2 百歲之外	 敬事天王鐘 00079 以之大行	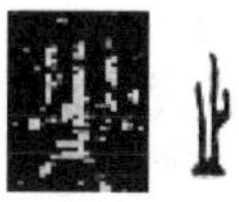 王子午戟 xs468 王子午之行戟
 𪄳鎛 xs489a 永保鼓之	 𪄳鎛 xs491b 千歲鼓之	 𪄳鎛 xs495a 千歲鼓之	 𪄳鐘 xs485a 楚成王之盟僕	 𪄳鐘 xs497 余呂王之孫	 𪄳鎛 xs491b 呂王之孫
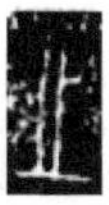 𪄳鎛 xs490a 永保鼓之	 𪄳鎛 xs492a 千歲鼓之	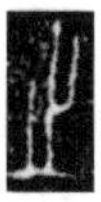 𪄳鐘 xs483b 呂王之孫	 𪄳鐘 xs488a 余呂王之孫	 𪄳鎛 xs490b 余呂王之孫	 𪄳鎛 xs493a 余呂王之孫

楚

 王孫誥鐘 xs418 永保鼓之	 王孫誥鐘 xs421 永保鼓之	 王孫誥鐘 xs424 永保鼓之	 王孫誥鐘 xs426 永保鼓之	 王孫誥鐘 xs428 永保鼓之	 王孫誥鐘 xs431 永保鼓之
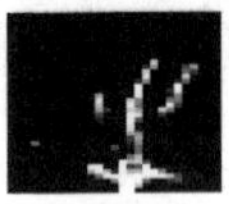 王孫誥鐘 xs419 永保鼓之	 王孫誥鐘 xs422 永保鼓之	 王孫誥鐘 xs425 永保鼓之	 王孫誥鐘 xs427 永保鼓之	 王孫誥鐘 xs429 永保鼓之	 王孫誥鐘 xs436 永保鼓之
 𪒠鎛 xs495b 𪒠余呂王之孫	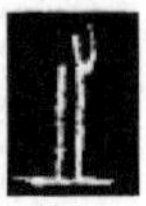 𪒠鎛 xs489b 楚成王之盟僕	 𪒠鎛 xs491b 楚成王之盟僕	 𪒠鎛 xs495b 楚成王之盟僕	 𪒠鎛 xs489b 男子之埶(藝)	 𪒠鎛 xs491b 男子之埶(藝)
 𪒠鐘 xs488b 楚王之盟僕	 𪒠鎛 xs490b 楚成王之盟僕	 𪒠鎛 xs493a 楚成王之盟僕	 𪒠鐘 xs485b 男子之埶(藝)	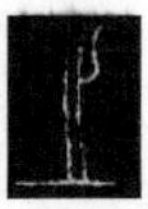 𪒠鎛 xs490b 男子之埶(藝)	 𪒠鎛 xs493b 男子之埶(藝)

楚

 王孫誥鐘 xs437 永保鼓之	 王孫誥鐘 xs442 永保鼓之	 王子午鼎 02811.1 倗之䵼鼾	 王子午鼎g xs449 倗之䵼鼾	 楚叔之孫倗鼎 02357.1 楚叔之孫	 楚叔之孫倗鼎 02357.1 倗之飤盤
 王孫誥鐘 xs438 永保鼓之	 王孫遺者鐘 00261.1 永保鼓之	 王子午鼎g xs444 倗之䵼鼾	 王子午鼎g xs447 倗之䵼鼾	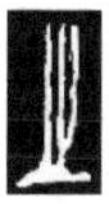 楚叔之孫倗鼎 xs411 楚叔之孫	 楚叔之孫倗鼎 xs411 倗之飤盤
 𪒠鎛 xs495b 男子之埶(藝)	 𪒠鐘 xs485b 在天之下	 𪒠鎛 xs490b 在天之下	 𪒠鎛 xs493b 在天之下	 競之定鬲 mt03015 競之定救秦戎	 競之定鬲 mt03016 競之定救秦戎
	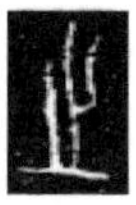 𪒠鎛 xs489b 在天之下	 𪒠鎛 xs491a 在天之下	 𪒠鎛 xs495b 在天之下	 競之定鬲 mt03015 洛之戎	 競之定鬲 mt03016 洛之戎
楚					

 楚叔之孫倗鼎g xs410 楚叔之孫	 楚叔之孫倗鼎g xs410 倗之飤䵼	 倗之䲔鼎g xs456 楚叔之孫	 倗尊缶 09988.1 倗之尊缶	 倗尊缶q xs415 倗之尊缶	 倗鼎 xs451 倗之飤䵼
 楚叔之孫倗鼎q xs410 楚叔之孫	 楚叔之孫倗鼎q xs410 倗之飤䵼	 倗之䲔鼎q xs456 楚叔之孫	 倗尊缶 09988.2 倗之尊缶	 倗鼎 xs450 倗之飤𪔂	 倗鼎 xs452 倗之飤𪔂
 競之定鬲 mt03017 競之定救秦戎	 競之定鬲 mt03018 競之定救秦戎	 競之定鬲 mt03019 競之定救秦戎	 競之定鬲 mt03020 競之戎<定>	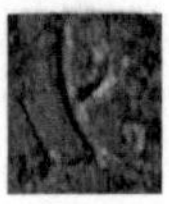 競之定鬲 mt03021 競之戎<定>	 競之定鬲 mt03022 競之戎<定>
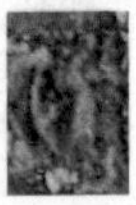 競之定鬲 mt03017 洛之戎	 競之定鬲 mt03018 洛之戎	 競之定鬲 mt03019 洛之戎	 競之定鬲 mt03020 洛之定<戎>	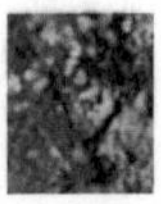 競之定鬲 mt03021 洛之定<戎>	 競之定鬲 mt03022 洛之定<戎>
楚					

 倗鼎 xs454 倗之飤鬻  倗鼎 xs455 倗之飤□	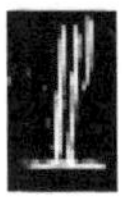 倗之遳鼎q xs456 倗之遳鼎  鄬子倗簠 xs457 鄬子倗之□	 鄬子倗浴缶g xs459 楚叔之孫  鄬子倗浴缶q xs459 楚叔之孫	 鄬子倗浴缶g xs459 鄬子倗之浴缶 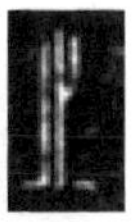 鄬子倗浴缶q xs459 鄬子倗之浴缶	 鄬子倗浴缶g xs460 楚叔之孫  鄬子倗浴缶q xs460 楚叔之孫	 鄬子倗浴缶g xs460 鄬子倗之浴缶  鄬子倗浴缶q xs460 鄬子倗之浴缶
 競之定簋 mt04978 競之定救秦戎 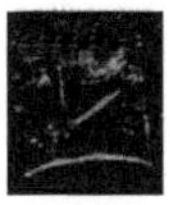 競之定簋 mt04978 洛之戎	 競之定簋 mt04979 競之定救秦戎  競之定簋 mt04979 洛之戎	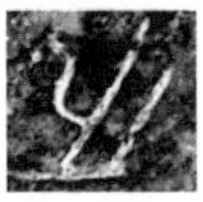 競之𤕌鼎 mx0178 競之𤕌自作쀍 彝䵼盎  競之朝鼎 hnbw 競之朝	 楚王孙篚 ms0551 楚王孫𣄰之𨭬瞌  楚王戈 ms1488 楚王之用	 郳夫人𡉚缶 ms1179 郳夫人𡉚之辻 缶  大府戟 mx1129 大府之行戟	 倗矛 xs470 倗之用矛

楚

 倗缶 xs479 倗之缶  倗鼎g xs474 倗之飤鼎	 倗缶g xs480 倗之缶  倗缶q xs480 倗之缶	 倗盤 xs463 倗之盥盤  倗匜 xs464 倗之盥盤	 楚叔之孫倗鼎q xs473 楚叔之孫  楚叔之孫倗鼎q xs473 永保用之	 薦鬲 xs458 永保用之  飤簠g xs475 永保用之	 飤簠q xs475 永保用之  飤簠q xs475 自之<作>飤𥂴
 復公仲壺 09681 萬壽用之  虎𨜨公佗戈 mx1150 虎𨜨公佗之用					
楚					

 楚王鼎g mt02318 永寶用之	 發孫虜簠 xs1773 永保用之	 發孫虜鼎g xs1205 永保用之	 飤簠g xs478 永保用之	 飤簠g xs477 □之飤䀇	 飤簠g xs476 永保用之
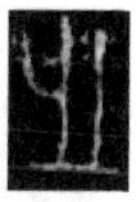 。 楚王鼎q mt02318 永寶用之	 鼎之伐鼎 01955 鼎之伐□	 發孫虜鼎q xs1205 永保用之	 飤簠q xs478 永保用之	 飤簠q xs477 子□□□用之	 飤簠q xs476 永保用之

楚

 楚王鼎 mx0210 永寶用之  楚王鼎 mx0188 永保用之	 楚王媵嬭加缶 kg2020.7 永保用之  王子吴鼎 02717 永保用之	 鄬子受戟 xs524 倗子受之用戟  鄬子受戟 xs525 倗子受之用戟	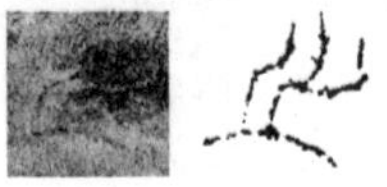 鄬子受鼎 xs527 倗子受之鬻升  鄬子受鬲 xs529 倗子受之鬻鬲	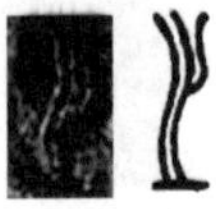 克黄豆 mt06132 楚叔之孫  克黄豆 mt06132 克黄之錡	 王子吴鼎 mt02343b 永保用之
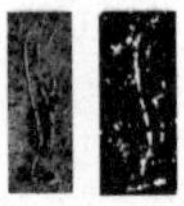 闇尹戅鼎 xs503 闇尹戅之廚鼎	 鄬子孟升嬭鼎g xs523 孟升嬭之飤鼎  鄬子孟升嬭鼎q xs523 孟升嬭之飤鼎	 鄬子辛簠g xs541 倗子辛之飤簠  鄬子辛簠q xs541 倗子大之飤簠	 鄬子昃鼎g xs532 倗子昃之飤鼎  鄬子昃鼎q xs532 倗子昃之飤鼎	 鄬子昃鼎g xs533 倗子昃之飤鼎  鄬子昃鼎q xs533 倗子昃之飤鼎	 醻祋想簠g xs534 醻祋想之飤簠  醻祋想簠q xs534 醻祋想之飤簠
楚					

 王子午鼎 02811.2 殹民之所亟  王子午鼎q xs444 殹民之所亟	 王子午鼎 xs445 殹民之所亟  王子午鼎 xs446 殹民之所亟	 王子午鼎q xs447 殹民之所亟  王子午鼎 xs448 [殹民]之所亟	 王子午鼎 xs449 殹民之所亟  倗簠g xs413 倗之蓝	 倗簠 04471.1 倗之蓝  倗簠 04471.2 倗之蓝	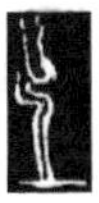 倗缶 xs461 鄬子倗之尊缶  倗缶 xs462 鄬子倗之尊缶
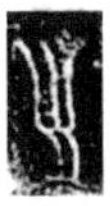 郕夫人嬭鼎 mt02425 孟春才(在)奎之远  郕夫人嬭鼎 mt02425 郕大君羸作之	 楚王孫漁戈 11152 楚王孫漁之用  楚王孫漁戈 11153 楚王孫漁之用	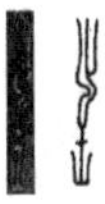 楚王孫漁矛 eb1268 楚王孫漁之用  王孫名戟 mt16848 王孫名之用戟	 楚王孫漁戈 ms1435 楚王孫漁之用  競孫戈 ms1436 競孫旟之用戈	 卲之瘠夫戈 mt17057 卲之瘠夫之行戈  卲之瘠夫戈 mt17057 卲之瘠夫之行戈	 玄鏐戟 xs535 玄鏐之用戟  玄鏐戟 xs536 玄鏐之用戟
楚					

 王孫誥戟 xs465 王孫誥之行戟  王孫誥戟 xs466 王孫誥之行戟					
 玄鏐戟 xs537 玄鏐之用戟  玄鏐戟 xs538 玄鏐之用	 玄鏐戟 xs539 玄鏐之用	 鄬子孟孀青簠g xs522 孟孀青之飤藍  鄬子孟孀青簠q xs522 孟青孀之飤藍	 競之定豆 mt06151 競之定救秦戎  競之定豆 mt06151 洛之戎	 競之定豆 mt06150 競之定救秦戎  競之定豆 mt06150 洛之戎	 王孫家戈 mt16849 王孫家之用戈  競孫不服壺 mt12381 永保之用享

楚

	 柏之盨 mx0476 柏之盨  童麗君柏鐘 mx1016 鍾離之金	 童麗君柏鐘 mx1018 鍾離之金  童麗君柏鐘 mx1019 鍾離之金	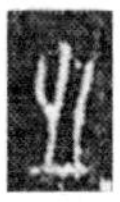 童麗君柏鐘 mx1020 鍾離之金  童麗君柏鐘 mx1021 鍾離之金	 童麗君柏鐘 mx1023 鍾離之金  童麗君柏鐘 mx1024 鍾離之金	 童麗公柏戟 mx1145 鍾離公柏之用戟  童麗公柏戟 mt17055 鍾離公柏之用戟
 羅兒匜 xs1266 余吴王之甥 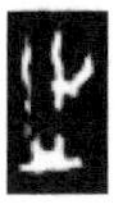 羅兒匜 xs1266 學卯□□臺之子	 九里墩鼓座 00429.1 余受此于之玄孫  九里墩鼓座 00429.4 至于淮之上				
羅	鍾離				

 季子康鎛 mt15787a 余茂厥于之孫  季子康鎛 mt15787a 鍾離公柏之季子康	 季子康鎛 mt15787a 自作龢鐘之□  季子康鎛 mt15788 b 柏之季康是良	 季子康鎛 mt15789a 余茂厥于之孫  季子康鎛 mt15789a 鍾離公柏之季子康	 季子康鎛 mt15789a 自作龢鐘之□  季子康鎛 mt15789b 柏之季康是良	 季子康鎛 mt15790a 茂厥于之孫  季子康鎛 mt15790a 鍾離公柏之季子康	 季子康鎛 mt15790a 自作龢鐘之□ 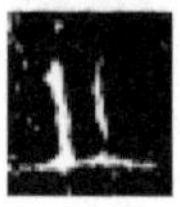 季子康鎛 mt15790b 柏之季康是良

鍾離

	 郤大子鼎 02652 永寶用之				
 季子康鎛 mt15791a 鍾離公柏之□  季子康鎛 mt15791a 余茂厥于之孫	 郤子汆鼎 02390 徐子汆之鼎  郤子汆鼎 02390 百歲用之	 次□缶 xs1249 利之元子  次□缶 xs1249 永保用之	 宜桐盂 10320 季糧之孫  宜桐盂 10320 永壽用之	 徐子伯𠛱此戈 mx1248 余子白耴此之 元戈	 庚兒鼎 02715 徐王之子  庚兒鼎 02716 徐王之子
	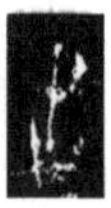 沇兒鎛 00203.1 徐王庚之淑子  沇兒鎛 00203.1 永保鼓之	 徐王子旃鐘 00182.1 萬世鼓之  義楚觶 06462 義楚之祭鍴	 余贎逐兒鐘 00183.1 子孫用之  余贎逐兒鐘 00183.2 逐之字(慈)父	 余贎逐兒鐘 00184.1 逐之字(慈)父  余贎逐兒鐘 00184.1 子孫用之	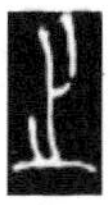 余贎逐兒鐘 00185.2 余达斯于之孫  余贎逐兒鐘 00185.2 余兹佫之元子
鍾離	徐				

 徐王義楚之元子劍 11668 徐王義楚之元子  郘令尹者旨𥁕 10391 痰君之孫	 郘王㞢又觶 06506 徐王㞢又之耑  郘王㞢又觶 06506 鍴溉之炳	 徐王之子戈 11282 徐王之子  徐王之子戈 11282 叚之元用戈	 郘王盧 10390 徐王之元子  郘王盧 10390 元子柒之小爂爐	 郘𩕣尹𧮯鼎 02766.1 永保用之  郘𩕣尹𧮯鼎 02766.2 永保用之	 三兒簋 04245 余吕以□之孫  三兒簋 04245 □又之□

徐

 嬰同盆 ms0621 𫊟句郤之孫  嬰同盆 ms0621 □旨□之子	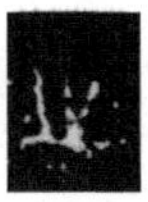 嬰同盆 ms0621 保𧶠公之妻  之乘辰鐘 xs1409 之乘辰曰	 之乘辰鐘 xs1409 徐王旨後之孫  之乘辰鐘 xs1409 足剸次留之元子	 之乘辰鐘 xs1409 䍃夫亝之貴甥  之乘辰鐘 xs1409 世世鼓之	 夫跌申鼎 xs1250 甫遽昧甚六之妻  遷沬鐘 mt15520 舒王之孫	 遷沬鐘 mt15520 尋楚𢽴之子  遷沬鐘 mt15520 永保用之
徐				舒	

<table>
<tr><td></td><td></td><td></td><td></td><td></td><td></td></tr>
<tr><td></td><td></td><td></td><td></td><td></td><td></td></tr>
<tr>
<td>
遷沵鐘
mt15521
舒王之孫

遷沵鐘
mt15521
尋楚猷之子</td>
<td>
遷沵鐘
mt15521
永保用之

遷沵鎛
mt15794
舒王之孫</td>
<td>
遷沵鎛
mt15794
尋楚猷之子遷沵

遷沵鎛
mt15796
舒王之孫</td>
<td>
遷沵鎛
mt15796
尋楚猷之子

遷沵鎛
mt15794
永保用之</td>
<td>
遷沵鎛
mt15796
永保用之

遷沵鐘
mx1027
舒王之孫</td>
<td>
遷沵鐘
mx1027
尋楚猷之子

遷沵鐘
mx1027
永保用之</td>
</tr>
<tr><td colspan="6">舒</td></tr>
</table>

 者𣶃鐘 00197.1 皮難之子者減  者𣶃鐘 00198.1 皮難之[子者減]	 者𣶃鐘 00199 [永保]用之 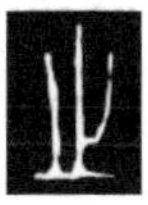 者𣶃鐘 00200 [皮難]之子者減	 者𣶃鐘 00200 永保用之 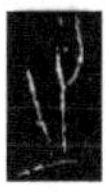 者𣶃鐘 00201 永保用之	 者𣶃鐘 00202 皮難之子者減  者𣶃鐘 00202 永保用之	 卑梁君光鼎 02283 卑梁君光之飤鼎	
 工盧王姑發者坂劍　ms1617 余處江之陽  攻吴王姑發邚之子劍　xs1241 姑發邚之子	 姑發䣄反劍 11718 在行之先  姑發䣄反劍 11718 余處江之陽	 吴王壽夢之子劍　xs1407 壽夢之子 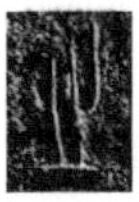 吴王壽夢之子劍　xs1407 攻之	 吴王餘眜劍 mx1352 余壽夢之子  吴王餘眜劍 mx1352 余叡䖒邻之嗣弟	 工觑王劍 11665 其江之台  諸樊之子通劍 xs1111 姑發者反之子通	 姑發諸樊之弟劍　xs988 姑發䣄反之弟子 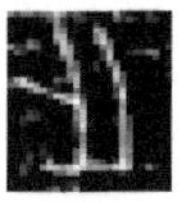 工吴王叡斪工吴劍　mt17948 其知之

吴

 吴王光鐘 0223.1 嚴天之命	 吴王光鐘 00224.22 [嚴]天之命	 臧孫鐘 00093 攻敔仲終歲之外孫	 臧孫鐘 00096 攻敔仲終歲之外孫	 臧孫鐘 00098 攻敔仲終歲之外孫	 臧孫鐘 00100 攻敔仲終歲之外孫
 吴王光鐘 00224.2 □嚴天之□	 吴王光鐘 00224.28 [嚴天]之命	 臧孫鐘 00095 攻敔仲終歲之外孫	 臧孫鐘 00097 攻敔仲終歲之外孫	 臧孫鐘 00099 攻敔仲終歲之外孫	 臧孫鐘 00101 攻敔仲終歲之外孫
吴					

 臧孫鐘 00093 坪之子臧孫  臧孫鐘 00094 坪之子臧孫	 臧孫鐘 00095 坪之子臧孫  臧孫鐘 00096 坪之子臧孫	 臧孫鐘 00097 坪之子臧孫  臧孫鐘 00098 坪之子臧孫	 臧孫鐘 00099 坪之子臧孫  臧孫鐘 00100 坪之子臧孫	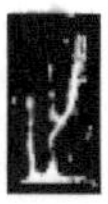 臧孫鐘 00101 坪之子臧孫  吴王夫差盉 xs1475 鑄女子之器吉	 配兒鉤鑃 00427.2 子孫用之  覇服晋邦劍 wy054 □之與成□
吴					

 冉鉦鋮 00428 □□之孫  冉鉦鋮 00428 萬世之外	 𫊟巢鎛 xs1277 攻王之玄孫  吴王孫無土鼎 02359.1 吴王孫無土之廚鼎	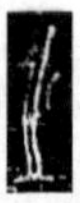 吴王孫無土鼎 02359.2 吴王孫無土之廚鼎  吴王之子帶勾 ms1717 吴王之子	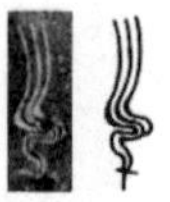 王子玫戈 11207.1 王子玫(于)之用戈  王子玫戈 11208 王子玫(于)之用戈	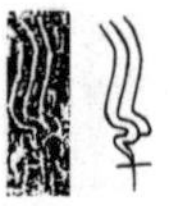 吴季子之子逞劍　11640 吴季子之子逞  吴季子之子逞劍　11640 逞之元用劍	 吴季子之子逞劍　mx1344 吴季子之子逞  吴季子之子逞劍　mx1344 逞之元用劍
吴					

 吴王之子帶鉤 wy037 吴王之子  玄膚戈 xs975 玄膚(鏞)之用	 玄膚之用戈 xs584 玄膚(鏞)之用  玄鏐戈 mt16536 玄壁之	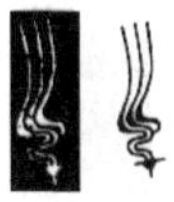 玄鏐戈 xs1289 玄鏐赤鏞之用戈  玄膚之用戈 ms1410 玄膚之用	 玄翏戈 xs1878 玄翏之戈  玄翏夫吕戟 xs1381 玄翏夫吕之吉用	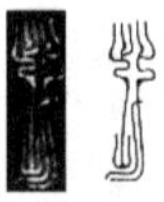 玄翏戈 xs741 玄翏之用戈 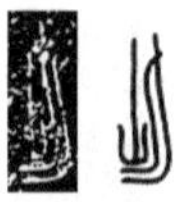 玄鏐之用戈 mt16797 玄壁之元用	 玄鏐之用戈 mt16713 玄鏐之用 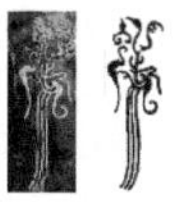 玄鏐戟 ww2020.10 玄鏐之用
吴					

 玄夫戈 11091 之	 姑馮昏同之子句鑃　00424.1 姑馮昏同之子 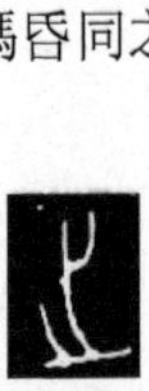 姑馮昏同之子句鑃　00424.2 永保用之	 其次句鑃 00421 永保用之 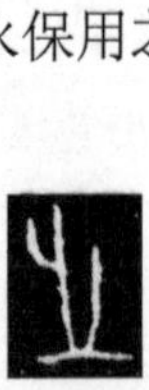 其次句鑃 00422A 永保用之	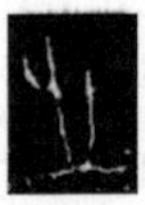 其次句鑃 00422B 永保用之 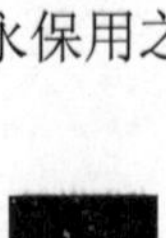 者尚余卑盤 10165 永寶用之	 越王者旨於賜鐘　00144 日日以鼓之  越王者旨於賜鐘　00144 用之勿相(喪)	 越王勾踐之子劍　11594.2 越王之子  能原鎛 00155.2 可利之於□□者
	越				

 能原鎛 00155.2 郲曰之 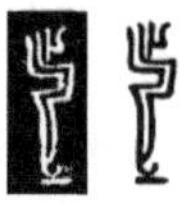 能原鎛 00156.2 大口之主越	 越王丌北古劍 11703 自作元之用之劍  越王丌北古劍 11703 自作元之用之劍	 越王丌北古劍 xs1317 自作元之用之劍  越王丌北古劍 xs1317 自作元之用之劍	 越王丌北古劍 wy098 自作永用之  越王丌北古劍 wy098 自作永用之	 越王丌北古劍 wy098 自作永之用之劍  越王丌北古劍 wy098 自作永之用之劍	 忾不余席鎮 mx1385 越王之子忾不余  忾不余席鎮 mx1385 口之孫唯寶

越

 戉王句戔之子劍　11595A2 越王之子勾踐	 玄鏐夫鋁戈 11137 玄翏夫(鏞)鋁之用  玄鏐夫鋁戈 11138 玄翏(鏐)夫(鏞)鋁之用	 玄鏐鏞鋁戈 mt16920 用翏(鏐)夫吕之玄  囗之用玄翏戈 11139 玄翏(鏐)夫(鏞)鋁之用	 囗翏戈 10970 玄翏(鏐)夫(鏞)鋁之[用]  玄鏐鏞鋁戈 mt16916 玄翏(鏐)夫吕之用	 玄鏐鏞鋁戈 xs1901 玄翏(鏐)夫(鏞)鋁之用  玄翏夫睸戈 11163 玄翏(鏐)夫睸(鋁)之用	 玄鏐鏞鋁戈 xs1185 玄翏(鏐)夫鋁之用
越					

 鄦大嗣攻鬲 00678 永保用之	 考仕君季鼎 02519 永寶用之	 武生毀鼎 02522 永寶用之	 隹仲之孫簋 04120 隹中(仲)之孫	 叔家父簠 04615 孫子之甦(貺)	 恿公戈 11280 恿公之元戈
 王孫壽甗 00946 永保用之	 叔液鼎 02669 永壽用之	 武生毀鼎 02523 永寶用之	 伯其父簠 04581 永寶用之	 𢍰作之元戈 11066 𢍰作之元戈	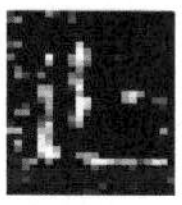 恿公戈 11280 壽之用交(效)
 嘉子孟嬴指缶 xs1806 永用之	 公父宅匜 10278 浮公之孫	 郹子詠臣戈 11253 郹子詠臣之元 允戈	 上將軍牌飾 ms1730 上將軍之□		
 鐘伯侵鼎 02668 永寶用之	 公父宅匜 10278 永寶用之				
 嘉子昜伯臚簠 04605.1 永壽用之	 蔡子林鼎 02087 蔡子林之鼎	 □之簠蓋 04472 □之𥫱	 慶孫之子峠簠 04502.1 慶孫之子峠	 慶孫之子峠簠 04502.1 峠之饙𥫱	 石買戈 11075 石買之用戈
 嘉子昜伯臚簠 04605.2 永壽用之	 乙鼎 02607 永保用之	 𣲙簠 04475 𣲙之行𥫱	 慶孫之子峠簠 04502.2 慶孫之子峠	 慶孫之子峠簠 04502.2 峠之饙𥫱	 徹子戈 11076 徹子之造戈

 伯剌戈 11400 □□王之孫	 □伯侯盤 xs1309 永□用之	 圃公鼎 xs1463 永寶用之	 武墜之王戈 xs1893 武墜之王戈	 伯□邛戈 xs1973 伯□邛之用戟	 自盤 ms1195 用之
 伯剌戈 11400 嚻仲之子		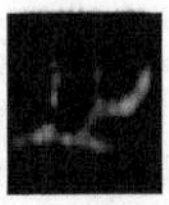 叔元果戈 xs1694 叔元果兼之戈	 冒王之子戈 xs1975 冒王之子□□	 伯□邛戈 xs1973 武王之孫	 王子寅戈 ms1401 王子寅之用
 子陳□之孫鼎 02285 子陳□之孫	 吴買鼎 02452 畢父之走馬	 深伯鼎 02621 永寶用之	 般仲柔盤 10143 永寶用之	 □子季□盆 10339 永寶用之	 作司□匜 10260 唯之百□
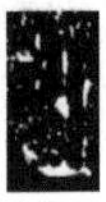 鎬鼎 02478 □□用之	 瘀鼎 02569 永寶用之	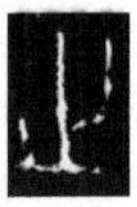 匽君壺 09680 永保用之	 侃孫奎母盤 10153 永保用之		 作司□匜 10260 雩之四方
 中央勇矛 11566.1 五酉之後	 與子具鼎 xs1399 永保用之	 伯怡父鼎 eb312 永保用之	 郯竝果戈 xs1485 郯竝果之造戈	 王子戈 mt16814 王子□之用戈	 工尹坡盞 mt06060 工尹坡之桒(饙)鍙(盞)
 中央勇矛 11566.2 □之後		 伯怡父鼎 eb313 永保用之	 皷孫宋鼎 xs1626 皷孫宋之飤緐	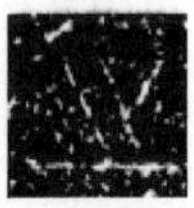 塞之王戟 xs1867 鄹之王戟	 舉子傀戈 mt16884 用之戟

 左之造戈 10968 左之造  王羕戈 11015 王羕之戈	 雍之田戈 11019 雍之田戈  瘃戈 xs1156 瘃之親用戈	 益余敦 xs1627 卲翏公之孫  益余敦 xs1627 永保用之	 伯剔戈 xs1969 伯剔之用  䣄子氏壺 ms1043 䣄子氏之造壺	 之用戈 11030 囗之用戈	
 雷子歸産鼎 ms0175 雷子歸産之鼒		 子可期戈 11072 子可䫆之用  䣄子劍 11578 䣄子之用	 蔡劍 mt17861 文公之用  蔡劍 mt17862 文公之用	 匜公戈 mx1106 匜公之用  者梁戈 mx1111 者梁之用	 玄鏐鏞鋁戟 ms1460 玄鏐鏞鋁之用戟  公孫疕戈 mx1233 公孫疕之玄翏鑄用戈

巿

	 國差𦉜 10361 攻(工)巿(師)  庚壺 09733.1B 右帀(師)				 鐘伯侵鼎 02668 太巿(師)
 宋右師延敦 CE33001 宋右巿(師)  宋左太師睪鼎 mt01923 宋左太巿(師)		 曾大師奠鼎 xs501 曾太巿(師)	 䝨于盞g 04636 䝨巿(師)䶵  䝨于盞q 04636 䝨巿(師)䶵	 蔡大師鼎 02738 蔡太巿(師)	 工口戈 10965 攻(工)師
宋	齊	曾		蔡	

師

 太师小子白歡父鼎　ms0261 太師	 太師盤 xs1464 太師  晋侯簋q mt04713 師氏	 晋侯簋g mt04712 師氏  晋侯簋q mt04712 師氏	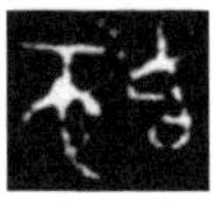 晋侯簋 ms0467 師氏	 鄭師□父鬲 00731 鄭師邍父	
					 郳太師戈 sh809 郳太師
芮	晋			鄭	郳

	 庚壺 09733.2B 與以□僉師	 叔夷鐘 00272.1 師于淄涶  叔夷鐘 00272.2 肅成朕師旟之政德	 叔夷鐘 00273.1 雩厥行師  叔夷鐘 00273.1 汝巩勞朕行師	 叔夷鐘 00276.1 敳厥靈師  叔夷鎛 00285.1 師于淄涶	 叔夷鎛 00285.2 肅成朕師旟之政德  叔夷鎛 00285.2 雩厥行師
 者兒戈 mx1255 滕師公					
滕	齊				

	 曾大師賓樂與鼎　mt01840 曾太師  曾師季𩏂盤 10138 曾師季𩏂		 楚太師登鐘 mt15511a 楚太師  楚太師登鐘 mt15512a 楚太師	 楚太師登鐘 mt15513a 楚太師  楚太師登鐘 mt15514a 楚太師	 楚太師登鐘 mt15516a 楚太師  楚太師登鐘 mt15517 楚太師
 叔夷鎛 00285.2 汝巩勞朕行師  叔夷鎛 00285.6 敳厥靈師		 叔師父壺 09706 叔師父			
齊	曾	CE	楚		

出

 楚太師登鐘 mt15518a 楚太師  楚太師鄧子鎛 mx1045 楚太師	 楚太師登鐘 mt15519a 楚太師				
			 大孟姜匜 10274 太師	 鄀公典盤 xs1043 丕用勿出	
		 冉鉦鋮 00428 余以行𠂤師	 師麻孝叔鼎 02552 師麻孝叔		 拍敦 04644 永世毋出
楚		吴		鄀	D

孛　　　南

 大嗣馬簠 04505.1 大司馬孛朮 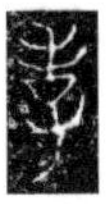 大嗣馬簠 04505.2 大司馬孛朮					
		 曾公畎鎛鐘 jk2020.1 卲王南行  曾公畎鎛鐘 jk2020.1 南土	 曾公畎鎛鐘 jk2020.1 南門  曾公畎鎛鐘 jk2020.1 南方	 曾公畎鎛鐘 jk2020.1 南公  曾公畎鎛鐘 jk2020.1 南公	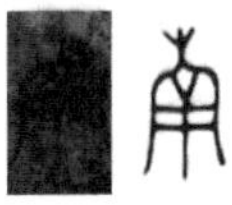 曾公畎甬鐘 A jk2020.1 南公 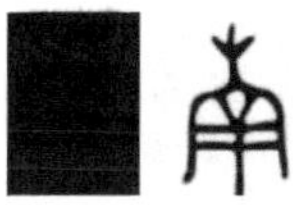 曾公畎甬鐘 A jk2020.1 卲王南行
	 洹子孟姜壺 09729 南宮子  洹子孟姜壺 09730 南宮子	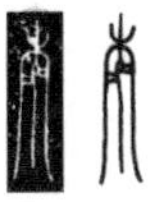 曾侯與鐘 mx1029 南公 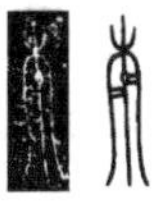 曾侯與鐘 mx1029 西政(征)南伐			
	齊	曾			

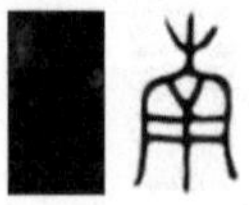 曾公畎甬鐘 A jk2020.1 南土	 曾公畎甬鐘 A jk2020.1 卲王南行	 曾公畎鎛鐘 jk2020.1 卲王南行	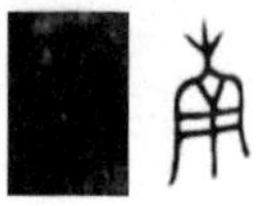 曾公畎甬鐘 A jk2020.1 南公	 曾公畎甬鐘 B jk2020.1 南土	 曾公畎甬鐘 B jk2020.1 南方
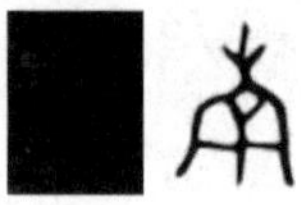 曾公畎甬鐘 A jk2020.1 南門	 曾公畎甬鐘 A jk2020.1 南方	 曾公畎鎛鐘 jk2020.1 南土	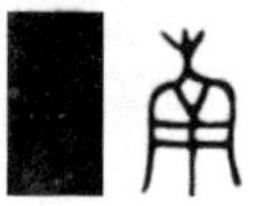 曾公畎甬鐘 A jk2020.1 南公	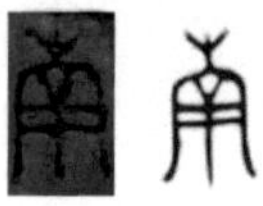 曾公畎甬鐘 B jk2020.1 南門	 曾公畎甬鐘 B jk2020.1 卲王南行

曾

				 楚王鐘 00072 邛仲孎(芈)南	
 曾公畎甬鐘B jk2020.1 南方 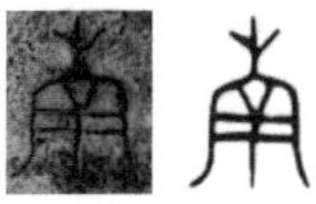 曾公畎甬鐘B jk2020.1 南公	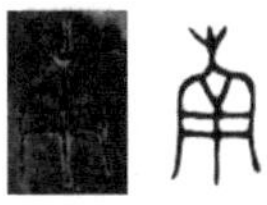 曾公畎甬鐘B jk2020.1 南公 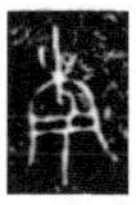 孎加編鐘 kg2020.7 南洍	 曾子南戈甲 jk2015.1 曾子南  曾子南戈乙 ms1420 曾子南	 曾子南戈丙 ms1421 曾子南		
				 南君旟鄒戈 xs1180 南君旟鄒  南君旟鄒戈 mt17052 南君旟鄒	 遷邟鐘 mt15520 我以夏以南  遷邟鐘 mt15521 我以夏以南
曾				楚	舒

生

<table>
<tr><td></td><td></td><td></td><td></td><td></td><td>
戎生鐘
xs1613
戎生

戎生鐘
xs1618
戎生</td></tr>
<tr><td></td><td></td><td></td><td></td><td>
盄和鐘
00270.2
萬生(姓)是敕</td><td></td></tr>
<tr><td>
遷沇鎛
mt15794
我以夏以南

遷沇鎛
mt15796
我以夏以南</td><td>
遷沇鐘
mx1027
我以夏以南</td><td>
姑發䏺反劍
11718
南行西行

工盧王姑發者坂劍　ms1617
北南西行</td><td>
工敔王劍
11665
北南西行

冉鉦鋮
00428
南疆</td><td></td><td></td></tr>
<tr><td colspan="2">舒</td><td colspan="2">吳</td><td>秦</td><td>晉</td></tr>
</table>

 毛虎壺q hx2021.5 既生霸  毛虎壺g hx2021.5 既生霸	 鄦奓魯生鼎 02605 鄦(許)奓魯生	 敶生𨾏鼎 02468 陳生𨾏	 魯内小臣床生 鼎　02354 小臣床生		
				 齊侯鎛 00271 用求考命彌生	 叔夷鐘 00276.1 雩生叔夷  叔夷鎛 00285.6 雩生叔夷
毛	許	陳	魯	齊	

 哀鼎g mt0231 㠱妟生(甥)之孫  哀鼎q mt0231 㠱妟生(甥)之孫		 鄧公匜 10228 唯鄧筿生(甥)吉酬鄧公金	 曾仲大父螽段 04203 既生霸  曾仲大父螽段 04204.1 既生霸	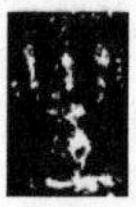 曾仲大父螽段 04204.2 既生霸	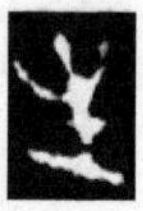 江小仲母生鼎 02391 江小仲母生
	 後生戈 mt16535 後生戈				
㠱	D	鄧	曾		CE

產

			 肅弃生鼎 02524 肅弃生作成媿賸鼎	 武生毀鼎 02522 武生毀作其羞鼎  武生毀鼎 02523 武生毀作其羞鼎	
			 □偖生鼎 02632 □偖生𣪕𦫳  □偖生鼎 02633 □偖生𣪕𦫳		
 九里墩鼓座 00429.4 余以酓同生(姓)九礼	 沇兒鎛 00203.2 龢會百生(姓)	 工𪔶季生匜 10212 工𪔶季生	 中央勇矛 11566.1 勇龠生安空  中央勇矛 11566.2 勇龠生[安空]		 哀成叔鼎 02782 余鄭邦之産
鍾離	徐	吴			鄭

 蔡侯産劍 11587 蔡侯産  蔡侯産戟 mx1169 蔡侯産	 蔡侯産戈 xs1311 蔡侯産  蔡侯産戈 ms1448 蔡侯産	 蔡侯産戈 mx1166 蔡侯産  蔡侯産戈 mx1167 蔡侯産	 蔡侯産劍 11602 蔡侯産  蔡侯産劍 11603 蔡侯産	 蔡侯産劍 11604 蔡侯産  蔡侯産戈 11143 蔡侯産	 蔡侯産戟 mt16840 蔡侯産  蔡侯産戈 xs1677 蔡侯産
蔡					

華

			 燕仲盤 kw2021.3 㚇(華)	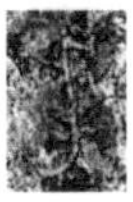 郳華妊鬲 mt02762 郳華妊  郳華妊鬲 mt02763 郳華妊	 己華父鼎 02418 己(紀)㚇(華)父
 蔡侯産劍 xs1267 蔡侯産  蔡侯産劍 xs1267 蔡侯産	 蔡侯産戈 11144 蔡侯産	 雷子歸産鼎 ms0175 雷子歸産		 鼄公華鐘 00245 郳公㚇(華)	
蔡			燕	郳	紀

 華孟子鼎 mx0207 雩(華)孟子					
	 曾侯與鐘 mx1034 嘉樹華英  曾侯與鐘 mx1035 嘉樹華英	 黝鐘 xs482b 靈色若華  黝鐘 xs486b 靈色若華	 黝鐘 xs484a 靈色若華	 黝鎛 xs489b 靈色若華  黝鎛 xs490b 靈色若華	 黝鎛 xs491a 靈色若華  黝鎛 xs492b 靈色若華
D	曾	楚			

			巢	桼	束
		 華母壺 09638 雩(華)母			 束仲𧊒父簋 mx0404 束仲𧊒父  束仲𧊒父簋蓋 03924 束仲𧊒父
 𪒠鎛 xs494b 靈色若華  𪒠鎛 xs496b 靈色若華	 吴王光鐘 00224.3 華英有慶		 𪊨巢鎛 xs1277 𪊨巢曰	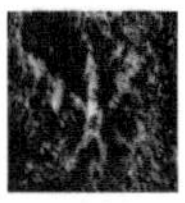 漆垣戈 mt16401 垣桼(漆)	
楚	吴		吴		

柬　　　　剌

		 秦公鐘 00262 剌剌卲文公  秦公鐘 00264 剌剌卲文公	 秦公鎛 00267.1 剌剌卲文公  秦公鎛 00268.1 剌剌卲文公	 晉姜鼎 02826 敏揚厥光剌(烈)	 宗婦鄁嬰鼎 02683 王子剌公  宗婦鄁嬰鼎 02684 王子剌公
 𨟭子鼎 mt02404A 勿或(有)柬(闌)已		 秦公簋 04315.1 剌剌趄趄  盄和鐘 00270.1 剌剌趄趄		 晉公盆 10342 我剌(烈)考□□  晉公盤 mx0952 我剌(烈)考憲公	
	 吴王光鐘 00224.26 柬柬(闌闌)[和鐘]  吴王光鐘 00224.32 柬柬(闌闌)[和鐘]				
齊	吴	秦		晉	BC

 宗婦鄁嫛鼎 02685 王子剌公	 宗婦鄁嫛鼎 02687 王子剌公	 宗婦鄁嫛鼎 02689 王子剌公	 宗婦鄁嫛𣪘 04077 王子剌公	 宗婦鄁嫛𣪘 04079 王子剌公	 宗婦鄁嫛𣪘 04081 王子剌公
 宗婦鄁嫛鼎 02686 王子剌公	 宗婦鄁嫛鼎 02688 王子剌公	 宗婦鄁嫛𣪘蓋 04076 王子剌公	 宗婦鄁嫛𣪘 04078 王子剌公	 宗婦鄁嫛𣪘 04080 王子剌公	 宗婦鄁嫛𣪘 04083 王子剌公
BC					

 宗婦鄁嬰𣪕 04084 王子剌公	 宗婦鄁嬰𣪕 04085 王子剌公  宗婦鄁嬰𣪕 04086.1 王子剌公	 宗婦鄁嬰𣪕 04086.2 王子剌公  宗婦鄁嬰𣪕 04087 王子剌公	 宗婦鄁嬰壺 09698.2 王子剌公  宗婦鄁嬰盤 10152 王子剌公		
				 與兵壺q eb878 皇考剌(烈)祖  與兵壺g eb878 皇考剌(烈)祖	 與兵壺 ms1068 剌(烈)祖  鄭莊公之孫盧鼎　mt02409 剌叔
BC				鄭	

		 曾子斿鼎 02757 惠于剌曲		 伯剌戈 11400 囂仲之子伯剌	 郐大子鼎 02652 □于㯱(棗)𧿬(次)
		 曾公畎鎛鐘 jk2020.1 南公之剌(烈)   曾公畎甬鐘A jk2020.1 南公之剌(烈)	  曾公畎甬鐘A jk2020.1 南公之剌(烈)   曾公畎甬鐘B jk2020.1 南公[之]剌(烈)		
 鄭莊公之孫盧鼎　mt02409 余剌疢之子  鄭莊公之孫盧鼎　mt02409 剌夫人	 封子楚簠g mx0517 剌之元子 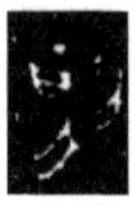 封子楚簠q mx0517 剌之元子				
鄭		曾			徐

國

 秦公鐘 00262 賞宅受或(國)	 秦公鐘 00264 賞宅受或(國)	 秦公鎛 00267.1 賞宅受或(國)	 秦公鎛 00268.2 康奠協朕或(國)	 秦公鎛 00269.2 康奠協朕或(國)	 國子碩父鬲 xs48 虢仲之嗣或(國) 子碩父
 秦公鐘 00262 康奠協朕或(國)	 秦公鐘 00265 康奠協朕或(國)	 秦公鎛 00267.2 康奠協朕或(國)	 秦公鎛 00269.1 賞宅受或(國)		 國子碩父鬲 xs49 虢仲之嗣或(國) 子碩父
 盄和鐘 00270.1 竈(肇)有下國					
秦					虢

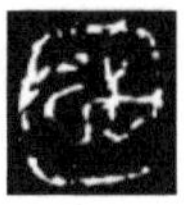 宗婦鄁嫛鼎 02683 鄁國  宗婦鄁嫛鼎 02684 鄁國	 宗婦鄁嫛鼎 02685 鄁國  宗婦鄁嫛鼎 02686 鄁國	 宗婦鄁嫛鼎 02687 鄁國  宗婦鄁嫛鼎 02688 鄁國	 宗婦鄁嫛鼎 02689 鄁國  宗婦鄁嫛毁蓋 04076 鄁國	 宗婦鄁嫛毁 04077 鄁國  宗婦鄁嫛毁 04078 鄁國	 宗婦鄁嫛毁 04079 鄁國  宗婦鄁嫛毁 04080 鄁國
 晋公盆 10342 保乂王國  晋公盤 mx0952 保乂王國					
晋	BC				

 宗婦鄁嬰𣪕 04081 鄁國	 宗婦鄁嬰𣪕 04083 鄁國	 宗婦鄁嬰𣪕 04085 鄁國	 宗婦鄁嬰𣪕 04086.2 鄁國	 宗婦鄁嬰壺 09698.2 鄁國	 宗婦鄁嬰盤 10152 鄁國
 宗婦鄁嬰𣪕 04082 鄁國	 宗婦鄁嬰𣪕 04084 鄁國	 宗婦鄁嬰𣪕 04086.1 鄁國	 宗婦鄁嬰𣪕 04087 鄁國	 宗婦鄁嬰壺 09699.1 鄁國	

BC

 伯國父鼎 mx0194 許大或伯國(國)父	 國子山壺 mt12270 齊大司徒國(國)子山			 曾子斿鼎 02757 事于四國	
	 國差罎 10361 國(國)差(佐)				
	 國子鼎 01348.1 國(國)子  國子鼎 01348.2 國(國)子	 國子鼎 mt00702 國(國)子  國子鼎 mt00703 國(國)子	 國子中官鼎 01935.2 國(國)子	 曾孫伯國甗 mx0277 曾孫伯國(國)  曾大司馬國鼎 mx0128 曾大司馬國(國)	 曾大司馬伯國簠 mx0488 曾大司馬伯國(國)
許	齊	齊		曾	

			 章子鄍戈 11295A 章子鄍(國)尾其元金	 王孫誥鐘 xs418 聞于四或(國)  王孫誥鐘 xs419 聞于四或(國)	 王孫誥鐘 xs420 聞于四或(國)  王孫誥鐘 xs421 聞于四或(國)
 蔡侯紐鐘 00210.2 建我邦或(國)  蔡侯紐鐘 00211.2 建我邦或(國)	 蔡侯紐鐘 00217.2 建我邦或(國)  蔡侯鎛 00221.2 建我邦或(國)	 蔡侯鎛 00222.2 建我邦或(國)			
蔡			CE	楚	

王孫誥鐘
xs422
聞于四國(國)

王孫誥鐘
xs423
聞于四國(國)

王孫誥鐘
xs425
聞于四國(國)

王孫誥鐘
xs426
聞于四國(國)

王孫誥鐘
xs427
聞于四國(國)

王孫誥鐘
xs428
聞于四國(國)

王孫誥鐘
xs429
聞于四國(國)

王孫誥鐘
xs430
聞于四國(國)

王孫誥鐘
xs436
聞于四國(國)

王孫誥鐘
xs432
聞于四國(國)

王孫誥鐘
xs439
聞于四國(國)

王孫誥鐘
xs440
聞于四國(國)

楚

囿		圃		𣅀	
			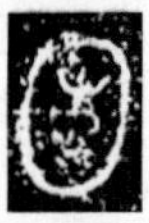 圃公鼎 xs1463 圃公□□		
 王孫遺者鐘 00261.2 余尃(溥)徇于國(國)	 秦公簋 04315.2 竈(造)囿四方			 盄和鐘 00270.2 厥名曰𣅀邦	 晉公盆 10342 𣅀(柔)燮萬邦  晉公盆 10342 𣅀(柔)順百黹
		 鵙公劍 11651 鵙公圃			
楚	秦	D		秦	晉

<table>
<tr><th></th><th>圍</th><th>困</th><th colspan="2">⿴囗昆</th><th>⿴囗貈</th></tr>
<tr><td></td><td></td><td></td><td>
⿴囗昆君婦媿靁壺
mt12353
⿴囗昆君婦

⿴囗昆君婦媿靁鎣
09434
⿴囗昆君婦</td><td>
⿴囗昆君鼎
02502
⿴囗昆君婦

⿴囗昆君婦媿靁壺
ms1055
⿴囗昆君婦</td><td></td></tr>
<tr><td>
晉公盤
mx0952
旹(柔)燮萬邦

晉公盤
mx0952
旹(柔)順百嵩</td><td>
庚壺
09733.1B
齊三軍圍萊</td><td>
文公之母弟鐘
xs1479
余不敢困䀁</td><td></td><td></td><td>
宋公⿴囗貈鋪
mt06157
宋公⿴囗貈

宋公⿴囗貈鋪
mx0532
宋公⿴囗貈</td></tr>
<tr><td></td><td></td><td></td><td></td><td></td><td></td></tr>
<tr><td>晉</td><td>齊</td><td></td><td colspan="2">郳</td><td>宋</td></tr>
</table>

		圜		員	貝
					 鄍伯貝懋盤 mx0941 鄍伯貝懋
 宋公圝鼎g mx0209 宋公圝  宋公圝鼎q mx0209 宋公圝					
	 曾侯與鐘 mx1029 余申圝(固)楚成 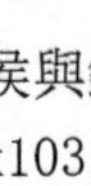 曾侯與鐘 mx1031 余申圝(固)楚成	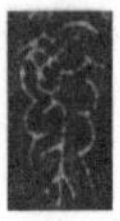 齐侯作孟姜敦 04645 齐侯作媵寡圜孟姜膳敦  齊侯鼎 mt02363 作媵寡圜孟姜膳鼎	 齊侯匜 10283 作媵寡圜孟姜盥盂  齊侯盤 10159 作媵寡圜孟姜盥盤	 攻吴王姑發郕之子劍 xs1241 姑發郕之子曹□□尋鼏(員)	
宋	曾	齊		吴	CE

 倗夫人嫘鼎 mt02425 長賸□其吉	 余賸逐兒鐘 00183.2 余賸逐兒得吉金鎛鋁  余賸逐兒鐘 00184.1 余賸逐兒得吉金鎛鋁	 杕氏壺 09715 杕氏福及歲賢鮮虞	 吕大叔斧 11786 貣(貳)車  吕大叔斧 11787 貣(貳)車	 郘大叔斧 11788 貣(貳)車	 蔡侯紐鐘 00211.2 不愆不貣(忒)  蔡侯紐鐘 00216.1 不愆不貣(忒)
楚	徐	燕	晉		蔡

 蔡侯紐鐘 00218.2 不愆不貣(忒)  蔡侯鎛 00222.2 不愆不貣(忒)	 𪒠鐘 xs485b 余不貣(忒)在天之下  𪒠鎛 xs489b 余不貣(忒)在天之下	 𪒠鎛 xs490b 余不貣(忒)在天之下  𪒠鎛 xs491a 余不貣(忒)在天之下	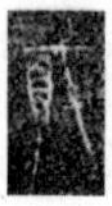 𪒠鎛 xs493b 余不貣(忒)在天之下  𪒠鎛 xs495b 余不貣(忒)在天之下	 競孫旟也鬲 mt03036 吉辰不貣(忒)  競孫不服壺 mt12381 吉辰不貣(忒)	 越王者旨於睗鐘　00144 夙暮不貣(忒)
蔡				楚	越

賸

芮	晉	虢	許		蘇
 内公鼎 00743 賸(媵)鬲		 虢季甗 ws2020.1 賸（媵）甗			 穌冶妊鼎 02526 作虢改魚母賸(媵)
	 長子沫臣簠 04625.1 賸(媵)簠  長子沫臣簠 04625.2 賸(媵)簠		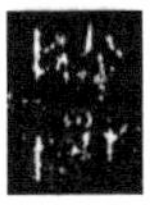 許公簠g mx0510 賸(媵)簠  許公簠g mx0511 賸(媵)簠	 許公簠q mx0511 賸(媵)簠	
	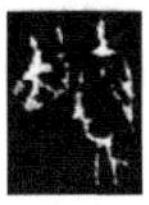 晉公盆 10342 賸(媵)蠤四酉		 鄦子妝簠 04616 用賸(媵)孟姜秦嬴		

 宋眉父鬲 00601 賸(媵)鬲	 魯伯厚父盤 10086 賸(媵)盤  魯伯厚父盤 mt14413 賸(媵)盤	 魯大司徒子仲白匜　10277 賸(媵)匜  魯宰駟父鬲 00707 賸(媵)鬲	 魯伯大父作季姬婧簋　03974 賸(媵)簋  魯大宰遵父簋 03987 賸(媵)簋	 魯伯大父作孟姜簋　03988 賸(媵)簋  魯伯大父作仲姬俞簋　03989 賸(媵)簋	 郜仲簠g xs1045 賸(媵)…寶藍  郜仲簠q xs1045 賸(媵)…寶藍
宋	魯				郜

 邿仲簠 xs1046 賸(媵)…寶簠	 弗奴父鼎 02589 賸(媵)鼎	 齊伯里父匜 mt14966 賸(媵)匜		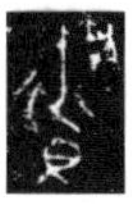 鄩仲盤 10135 賸(媵)…寶盤  鄩仲匜 10266 賸(媵)…寶匜	
					 取膚上子商盤 10126 用賸(媵)之麗 奺  取膚上子商匜 10253 用賸(媵)之麗 奺
		 齊侯匜 10283 賸(媵)…盥盂  齊侯盤 10159 賸(媵)…盥盤	 齊侯鼎 mt02363 賸(媵)…善鼎		
邿	費	齊		鄩	D

		 樊君鬲 00626 賸(媵)器寶鬲		 曾侯簠 04598 賸(媵)器  曾侯鼎 ms0224 賸(媵)□	
 華孟子鼎 mx0207 賸(媵)寶鼎	 鄧子盤 xs1242 賸(媵) …盥盤		 黃太子白克盤 10162 賸(媵)盤		 鄬中姬丹盤 xs471 賸(媵)…盥盤  鄬中姬丹匜 xs472 賸(媵)…會匜
 賈孫叔子屖盤 mt14512 賸(媵)盥盤				 曾子原彝簠 04573 賸(媵)藍	 蔡大師鼎 02738 賸(媵)…飤鐈  蔡叔季之孫貫匜　10284 賸(媵)…沬盤
D	鄧	樊	黃	曾	蔡

			 鄂侯作孟姬壺 ms1044 賸(媵)壺		 楚季咩盤 10125 作芈尊賸(媵)盥盤
 蔡大司馬燮盤 eb936 賸(媵)…盥盤  蔡大司馬燮匜 mx0997 賸(媵)…盥匜		 上鄀公簠g xs401 賸(媵)藍  上鄀公簠q xs401 賸(媵)藍		 䣄伯受簠 04599.1 賸(媵)𩞁饙藍  䣄伯受簠 04599.2 賸(媵)𩞁藍	 楚王鼎g mt02318 賸(媵)…飤緐  楚王鼎q mt02318 賸(媵)…飤緐
 蔡侯簠g xs1896 賸(媵)…寶�  蔡侯簠q xs1896 賸(媵)…寶匡藍	 蔡侯簠 xs1897 賸(媵)…寶匡藍  蔡侯簠 ms0582 賸(媵)…飤藍				
蔡		CE			楚

賜

 楚王鐘 00072 賸(媵)…龢鐘		 甯弁生鼎 02524 賸(媵)鼎)		 曾伯陭壺 09712.2 用腸(賜)眉壽  曾伯陭壺 09712.5 用腸(賜)眉壽	 蛣公諴簠 04600 用腸(賜)眉壽萬年  上鄀公敄人簋蓋 04183 用腸(賜)眉壽
 楚王鼎 mx0210 賸(媵)…飤緐  楚王鼎 mx0188 賸(媵) …盂鼎	 楚王媵嬭加缶 kg2020.7 賸(媵)…缶	 鄦膚簠 mx0500 爲羊兒鑄朕(媵)匬  侯孫老簠 g ms0586 (媵)匬	 庚壺 09733.2B 余以賜汝□		
 復公仲簋蓋 04128 孟嬉寡小尊賸(媵)簋		 行氏伯爲盆 mx0539 行氏伯爲…朕(媵)			
楚		CE	齊	曾	CE

賓

 都公平侯鼎 02771 用賜(賜)眉壽  都公平侯鼎 02772 用賜(賜)眉壽					 曾伯陭壺 09712.1 賓客  曾伯陭壺 09712.4 賓客
			 齊鞷氏鐘 00142.2 嘉賓		 孊加鎛乙 ms1283 嘉客
	 封子楚簠g mx0517 嘉賓	 鄦子盟自鎛 00153 嘉賓  鄦子盟自鎛 00154 嘉賓		 簷太史申鼎 02732 賓客	
CE	鄭	許	齊	莒	曾

 王孫誥鐘 xs418 嘉賓	 王孫誥鐘 xs421 嘉賓	 王孫誥鐘 xs423 嘉賓	 王孫誥鐘 xs425 嘉賓	 王孫誥鐘 xs427 嘉賓	 王孫誥鐘 xs429 嘉賓
 王孫誥鐘 xs420 嘉賓	 王孫誥鐘 xs422 嘉賓	 王孫誥鐘 xs424 嘉賓	 王孫誥鐘 xs426 嘉賓	 王孫誥鐘 xs428 嘉賓	 王孫誥鐘 xs431 嘉賓

楚

			 郗王鼎攞鼎 02675 賓客		
 王孫誥鐘 xs436 嘉賓  王孫誥鐘 xs437 嘉賓	 王孫誥鐘 xs438 嘉賓  王孫誥鐘 xs441 嘉賓	 王孫遺者鐘 00261.2 嘉賓			
			 沇兒鎛 00203.2 嘉賓  徐王子旃鐘 00182.1 嘉賓	  配兒鉤鑃 00427.2 賓客	 姑馮昏同之子句鑃　00424.2 賓客  越王者旨於睗鐘　00144 賓客
楚			徐	吴	越

責			質		賈
		 戎生鐘 xs1616 嘉遣鹵(漬)  晉姜鼎 02826 鹵責(漬)千兩			
	 秦公簋 04315.1 鼏宅禹責(蹟)		 曾公畎鎛鐘 jk2020.1 質(誓)應京社  曾公畎甬鐘 A jk2020.1 質(誓)應京社	 曾公畎甬鐘 B jk2020.1 質(誓)應京社	
 嘉賓鐘 00051 嘉賓					 賈孫叔子屖盤 mt14512 賈孫叔子屖
	秦	晉	曾		D

買			賕	貴	⿱尹貝
		 吴買鼎 02452 走馬吴買			
 鄦公買簋 04617.2 許公買擇厥吉金	 鄦公買簋g eb475 許公買擇厥吉金  鄦公買簋q eb475 許公買擇厥吉金	 石買戈 11075 石買之用戈	 滕侯賕鎛 mt15757 滕侯賕	 之乘辰鐘 xs1409 䜌夫吕之貴姓(甥)	 蔡叔季之孫⿱尹貝匜　10284 蔡叔季之孫⿱尹貝
許			滕	徐	蔡

貤		貿	[貝兒]	[貝兮]	賡
		 曾伯陭鉞 xs1203 用爲民貿非歷 毆井用爲民政			
			 文公之母弟鐘 xs1479 余不敢困[貝兒]		
 郳公鞁父鎛 mt15815 受貤(施)吉金 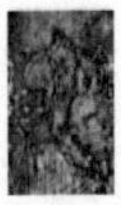 郳公鞁父鎛 mt15816 受貤(施)吉金	 郳公鞁父鎛 mt15817 受貤(施)吉金  郳公鞁父鎛 mt15818 受貤(施)吉金			 [貝兮]于盞g 04636 [貝兮]于敭之行盞  [貝兮]于盞q 04636 [貝兮]于敭之行盞	 吴王光鐘 0223.1 余嚴天之命入 成(城)不賡  吴王光鐘 00224.1 余嚴天之命入 成(城)不賡
郳		曾		曾	吴

賸	賚	朋	邑		
 賸金氏孫盤 10098 賸(賸)金氏			 戈伯匜 10246 衛邑		
		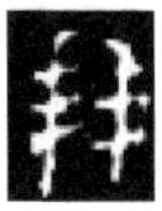 文公之母弟鐘 xs1479 朋友		 齊侯鎛 00271 侯氏賜之邑  齊侯鎛 00271 二百又九十又九邑	 庚壺 09733.1B 賞之以邑
	 郐䣄尹譬鼎 02766.1 郐賚(鼇)尹晉  郐䣄尹譬鼎 02766.2 郐賚(鼇)尹晉			 洹子孟姜壺 09729 郜邑  洹子孟姜壺 09730 郜邑	
虢	徐		戴	齊	

邦

滕	秦	虢	晉		
		 虢季鐘 xs2 用與其邦	 晉姜鼎 02826 晉邦		
	 盄和鐘 00270.2 百邦  盄和鐘 00270.2 厥名曰咎邦		 子犯鐘 xs1008 來復其邦  子犯鐘 xs1020 來復其邦	 晉公盆 10342 萬邦  晉公盆 10342 楚邦	 晉公盆 10342 晉邦
 者兒戈 mx1255 尃邑					

 晉公盤 mx0952 君百囗作邦  晉公盤 mx0952 晉邦	 晉公盤 mx0952 萬邦  晉公盤 mx0952 將廣啓邦	 晉公盤 mx0952 楚邦  晉公盤 mx0952 晉邦			
			 哀成叔鼎 02782 鄭邦	 鼄公華鐘 00245 邾邦	 郳公敽父鎛 mt15815 邦家  郳公敽父鎛 mt15816 邦家
晉			鄭	邾	郳

		 曾侯簠 04598 黃邦			
	 齊侯鎛 00271 齊邦  國差𦉜 10361 齊邦	 嬭加編鐘 kg2020.7 之邦于曾  嬭加鎛乙 ms1283 邦家	 嬭加編鐘 kg2020.7 曾邦		
 郳公韎父鎛 mt15817 邦家  郳公韎父鎛 mt15818 邦家		 曾侯與鐘 mx1029 荆邦		 蔡侯紐鐘 00210.2 庶邦  蔡侯紐鐘 00210.2 邦國	 蔡侯紐鐘 00211.2 庶邦  蔡侯紐鐘 00211.2 邦國
郳	齊	曾		蔡	

 蔡侯紐鐘 00217.2 庶邦  蔡侯紐鐘 00217.2 邦國	 蔡侯紐鐘 00218.2 庶邦 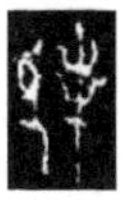 蔡侯鎛 00220.1 庶邦	 蔡侯鎛 00221.2 邦國  蔡侯鎛 00222.2 庶邦	 蔡侯鎛 00222.2 邦國	 復公仲簋蓋 04128 萬邦	  吴王壽夢之子劍　xs1407 攴七邦君  吴王餘眜劍 mx1352 未敗盧邦
蔡				楚	吴

都

			 齊侯鎛 00271 都鄙  叔夷鐘 00273.2 萊都	 叔夷鐘 00281 萊都  叔夷鎛 00285.3 萊都	
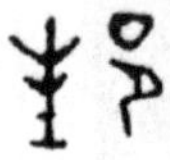 霸服晋邦劍 wy054 晋𨛜(邦)  霸服晋邦劍 wy054 百𨛜(邦)	 䖒鼎 q xs1237 下都  鄭莊公之孫䖒鼎　mt02409 下都	 中都戈 10906 中都			 曾都尹定簠 xs1214 曾都尹
吳	鄭	魯	齊		曾

鄭			𬩽	鄦	
			 齊侯鎛 00271 ⿰彐阝(𬩽)之民人 都鄙		
 與兵壺q eb878 鄭太子  與兵壺g eb878 鄭太子	 與兵壺 ms1068 鄭太子	 哀成叔鼎 02782 鄚(鄭)邦		 鄦子妝簠 04616 鄦(許)子 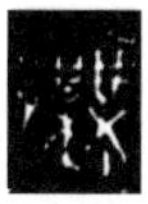 許子敦 eb478 鄦(許)子	 鄦子盟自鎛 00153 鄦(許)子  鄦子盟自鎛 00154 鄦(許)子
鄭			齊	許	

鄎　鄧

<table>
<tr><td></td><td></td><td></td><td></td><td></td><td></td></tr>
<tr>
<td></td>
<td>
鄎子行盆
10330.1
鄎(息)子

鄎子行盆
10330.2
鄎(息)子</td>
<td>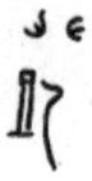
鄧子盤
xs1242
鄧子</td>
<td>
鄧公乘鼎
02573.1
豋(鄧)公

鄧公乘鼎
02573.2
豋(鄧)公</td>
<td>
以鄧匜
xs405
楚叔之孫以鄧(鄧)</td>
<td>
以鄧鼎g
xs406
楚叔之孫以鄧(鄧)

以鄧鼎q
xs406
楚叔之孫以鄧(鄧)</td>
</tr>
<tr>
<td>
蔡大師鼎
02738
鄦(許)叔姬</td>
<td></td>
<td>
鄧尹疾鼎
02234.1
鄧(鄧)尹

鄧子午鼎
02235
鄧(鄧)子</td>
<td>
鄧尹疾鼎
02234.2
鄧(鄧)尹</td>
<td></td>
<td></td>
</tr>
<tr><td>蔡</td><td>CE</td><td colspan="2">鄧</td><td colspan="2">楚</td></tr>
</table>

鄹		鄺	郢	郗	
			 郢侯戈 11202 御(郢)侯		
 以鄧戟 xs407 以𢍉(鄧)之用戟  以鄧戟 xs408 以𢍉(鄧)之用戟				 郗公鈺鐘 00102 郗公鈺	 郗太師戈 sh809 郗大師  郗公糧鐘 gs1・金1・13 郗公
	 襄王孫盞 xs1771 鄹(襄)王孫☐嬭	 虎鄺公佗戈 mx1150 虎鄺公		 郗大司馬戈 11206 郗大司馬	
楚	CE	CE	楚	郗	

	鄍	鄱			郜
	 孟爾克母簠g ms0583 邳(鄍)夫人  孟爾克母簠q ms0583 邳(鄍)夫人				
 能原鎛 00155.2 郳曰之  能原鎛 00156.2 連余大郳		 鄱子成周鐘 xs283 鄱子  鄱子成周鐘 mt15256 鄱子	 鄱子成周鐘 mt15257 鄱子	 疋鄱戈 10899 疋鄱	 洹子孟姜壺 09729 郜邑  洹子孟姜壺 09729 郜邑
越	CE	番			齊

邛

	 鄀史碩父尊 sh189 鄀史	 曾侯簠 04598 邛嬶	 邛季之孫戈 11252a 邛季之孫  邛君婦龢壺 09639 邛君婦	 伯戔盤 10160 邛仲之孫  伯戔盆g 10341 邛仲之孫	 伯戔盆q 10341 邛仲之孫
			 叔師父壺 09706 邛立<太>宰  蔡君季𪅞鑑 mx0535 邛伯𢿧之孫		
 洹子孟姜壺 09730 鄀邑					
齊	鄀	曾	CE		

郐

 楚王鐘 00072 邛仲嬭南	 伯□邛戈 xs1973 武王之孫伯□邛		 郐王鼎擽鼎 02675 郐(徐)王		
		 鍾離公柏戈 mx1248 郐(徐)人	 宜桐盂 10320 郐(徐)王	 庚兒鼎 02715 郐(徐)王  庚兒鼎 02716 郐(徐)王	
				 沇兒鎛 00203.1 郐(徐)王  徐王子旃鐘 00182.1 郐(徐)王	 郐王義楚觶 06513 郐(徐)王  徐王義楚盤 10099 郐(徐)王
楚		鍾離	徐		

 徐王義楚之元子劍　11668 郐(徐)王 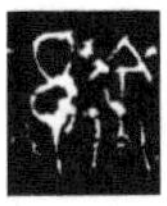 郐諮尹征城 00425.1 郐(徐)諮尹	 郐令尹者旨掔爐　10391 郐(徐)令尹  郐王耑又觶 06506 郐(徐)王	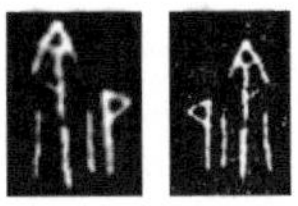 徐王之子戈 11282 郐(徐)王  郐王盧 10390 郐(徐)王	 郐𩂄尹𧾷鼎 02766.1 郐(徐)𩂄尹  郐𩂄尹𧾷鼎 02766.2 郐(徐)𩂄尹	 嬰同盆 ms0621 歔句郐(徐)  之乘辰鐘 xs1409 郐(徐)王	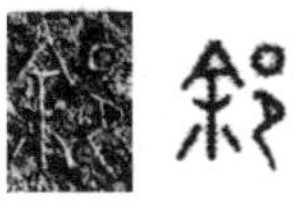 吴王壽夢之子劍　xs1407 荆伐郐(徐) 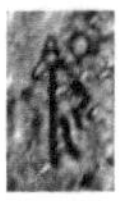 攻敔王虘𢦚此郐劍　mt17947 攻敔王虘𢦚此郐
徐					吴

郙

			 郙造譴鼎 02422 郙遣遣作寶鼎  郙伯鼎 02601 郙伯	 郙伯祀鼎 02602 郙伯  郙召簠g xs1042 郙嚳作爲其旅 筐	 郙召簠q xs1042 郙嚳作爲其旅 筐 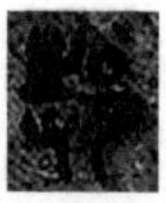 郙譴簋 mt05022 郙遣作寶簋
 冉鉦鍼 00428 余以伐郐(徐)	 攻吴王叡钺此 郐劍　xs1188 攻盧王叡钺此 郐(郐) 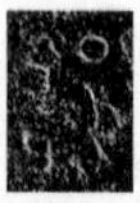  吴王壽夢之子 劍　xs1407 叡钺郐(郐)之 義□	 吴王餘眜劍 mx1352 叡钺此郐(郐)  吴王餘眜劍 mx1352 叡钺郐(郐)命 我爲王			
吴			郙		

邗

 鄀譴簋 04040.1 鄀遾作寶簋  鄀譴簋 04040.2 鄀遾作寶簋	 鄀遣盤 sh668 鄀遾作寶盤 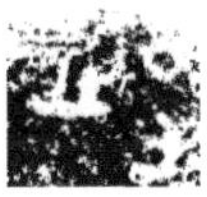 鄀仲簠g xs1045 蚝(鄀)仲媵孟 嬀寶簠	 鄀仲簠 xs1045q 蚝(鄀)仲媵孟 嬀寶簠  鄀仲簠 xs1046 蚝(鄀)仲媵孟 嬀寶簠			
			 趙孟庎壺 09678 遇邗王于黃池  趙孟庎壺 09678 邗王之賜金	 趙孟庎壺 09679 邗王  趙孟庎壺 09679 邗王	 邗王是埜戈 11263.1 邗王  邗王是埜戈 xs1638 邗王
鄀			晉		吳

郭　郳

	 郳左庀戈 10969 鄓（郳）左庀 （庫）				
 鄯郭公子戈 xs1129 鄯郭公子	 郳始鬲 00596 郳始逐母	 郳稃權 10381 郳稃之□			
	 郳公韍父鎛 mt15815 鄓（郳）公  郳公韍父鎛 mt15816 鄓（郳）公	 郳公韍父鎛 mt15817 鄓（郳）公  郳公韍父鎛 mt15818 鄓（郳）公	 郳大司馬彊盤 ms1216 隰（郳）大司馬  郳大司馬彊匜 ms1260 隰（郳）大司馬	 郳公戈 ms1492 郳公  郳大司馬鈚 ms1177 鼀（郳）大司馬	 郳公韍觥 mx0891 鄓（郳）公
D	郳				

戠	鄝			鄬	
 □鏞用戈 11334 戠(戴)大巢(酋)得臣					
	 鄝子妝戈 xs409 鄝子  鄝子妝戈 mx1123 鄝子	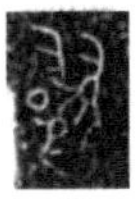 鄝公戈 ms1429 鄝公  鄝公戈 ms1430 鄝公	 鄝叔義行戈 mx1146 鄝叔		 鄬中姬丹盤 xs471 鄬仲姬  鄬中姬丹匜 xs472 鄬仲姬
				 曾仲鄬君鎮墓獸方座　xs521 曾仲㠯(鄬)君腱	
郳	鄝			曾	蔡

 倗缶 xs462 佖(鄬)子  倗缶 xs461 佖(鄬)子	 鄬子倗簠 xs457 鄺(鄬)子	 鄬子倗浴缶g xs459 鄺(鄬)子  鄬子倗浴缶q xs459 鄺(鄬)子倗	 鄬子倗浴缶g xs460 鄺(鄬)子  鄬子倗浴缶q xs460 鄺(鄬)子	 鄬子受鐘 xs505 佖(鄬)子  鄬子受鐘 xs507 佖(鄬)子	 鄬子受鐘 xs510 佖(鄬)子  鄬子受鎛 xs513 佖(鄬)子
				 鄬子孟孎青簠g xs522 佖(鄬)子  鄬子孟孎青簠q xs522 佖(鄬)子	 鄬子孟升孎鼎g xs523 佖(鄬)子  鄬子孟升孎鼎q xs523 佖(鄬)子
楚					

 鄬子受鎛 xs514 倗(鄬)子  鄬子受鎛 xs515 倗(鄬)子	 鄬子受鎛 xs516 倗(鄬)子  鄬子受鎛 xs520 倗(鄬)子	 鄬子受戟 xs524 倗(鄬)子  鄬子受戟 xs525 倗(鄬)子	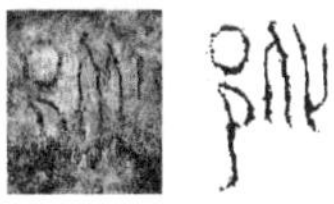 鄬子受鼎 xs527 倗(鄬)子	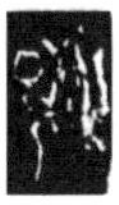 鄬子受鬲 xs529 倗(鄬)子	
 鄬子辛簠g xs541 倗(鄬)子  鄬子辛簠q xs541 倗(鄬)子	 鄬子昃鼎g xs532 倗(鄬)子  鄬子昃鼎q xs532 倗(鄬)子	 鄬子昃鼎g xs533 倗(鄬)子昃  鄬子昃鼎q xs533 倗(鄬)子昃	 倗夫人嫘鼎 mt02425 倗(鄬)夫人  倗夫人嫘鼎 mt02425 倗(鄬)大君	 倗夫人巠缶 ms1179 倗夫人	 鄀王劍 11611 鄀王
楚					CE

邶	帥	郝	邚	郙	六阝
 邶子良人甗 00945 邶子良人				 申比父豆g ms0604 郙(申)比父  申比父豆q ms0604 郙(申)比父	
	 帥子彭缶 09995 帀阝(帥)子	 嬟盤 mx0948 郝君	 攻吴王姑發邚之子劍 xs1241 攻䲧王姑發邚  姑發諸樊之弟劍 xs988 工䲧王姑發䎽邚		 六阝公卲僕戈 mx1210 郏(六)公卲僕  六阝公卲僕戈 mx1210 爲郏(六)造王 □
	楚	曾	吴	CE	楚

			⿰尼阝	⿰石阝	⿰叹阝
			 ⿰尼阝君鼎 mx0198 ⿰尼阝君盧作其鼎		
				 ⿰石阝子裁盤 xs1372 ⿰石阝子裁	
 ⿺辶臺⿰六阝鐘 mt15520 尋楚詸之子⿺辶臺⿰六阝  ⿺辶臺⿰六阝鐘 mt15521 尋楚詸之子⿺辶臺⿰六阝	 ⿺辶臺⿰六阝鎛 mt15796 尋楚詸之子⿺辶臺⿰六阝	 ⿺辶臺⿰六阝鎛 mt15794 尋楚詸之子⿺辶臺⿰六阝  ⿺辶臺⿰六阝鐘 mx1027 尋楚詸之子⿺辶臺⿰六阝			 曾侯⿰叹阝戈 11094 曾侯⿰叹阝  曾侯⿰叹阝戈 11095 曾侯⿰叹阝
舒			CE	CE	曾

 曾侯邚戟 11096 曾侯邚	 曾侯邚戟 11098a 曾侯邚	 曾侯邚戈 11174 曾侯邚	 曾侯邚戟 11176a 曾侯邚	 曾侯邚戟 11177a 曾侯邚	 曾侯邚戈 10981 曾侯邚
 曾侯邚戟 11097 曾侯邚	 曾侯邚戟 11098b 曾侯邚	 曾侯邚戟 11175 曾侯邚	 曾侯邚戟 11176b 曾侯邚	 曾侯邚戟 11177b 曾侯邚	 曾侯邚鼎 eb257 曾侯邚

曾

<table>
<tr><td></td><td></td><td></td><td></td><td></td><td></td></tr>
<tr><td></td><td></td><td></td><td></td><td></td><td></td></tr>
<tr>
<td>
曾侯邚殳
11567
曾侯邚

曾侯邚簠
eb460
曾侯邚</td>
<td>
曾侯邚簠
mx0477
曾侯邚</td>
<td>
邚王欿淺劍
11621.1
邚(越)王

邚王欿淺劍
11621.2
邚(越)王</td>
<td>
能原鎛
00155.1
□余□邚(越)□者

能原鎛
00155.1
邚(越)槃曰</td>
<td>
邚王者旨於睗劍　11600.1
邚(越)王

邚王者旨於睗劍　11600.1
邚(越)王</td>
<td>
越王諸稽於睗劍　mt17887
邚(越)王

越王諸稽於睗劍　mt17887
邚(越)王</td>
</tr>
<tr><td colspan="2">曾</td><td colspan="4">越</td></tr>
</table>

邛　　邦　　郘

 江叔螽鬲 00677 邛(江)叔螽					
	 邦戈 10902 邦戈	 郘黛鐘 00226 郘黛  郘黛鐘 00226 郘伯	 郘黛鐘 00227 郘黛  郘黛鐘 00231 郘伯	 郘黛鐘 00228 郘黛  郘黛鐘 00228 郘伯	 郘黛鐘 00230 郘黛  郘黛鐘 00230 郘伯
CE		晋			

				梁阝	郴
 郘黛鐘 00232 郘黛	 郘黛鐘 00233 郘黛	 郘黛鐘 00235 郘黛	 郘大叔斧 11788 郘大叔	 梁戈 10823 梁阝(梁)	 吴王餘眜劍 mx1352 命初伐郴(麻)
 郘黛鐘 00232 郘伯	 郘黛鐘 00233 郘伯	 郘黛鐘 00235 郘伯		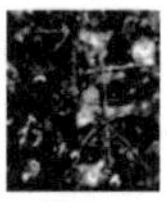 梁戈 m16292 梁阝(梁)	 吴王餘眜劍 mx1352 敗郴(麻)
晋				梁	吴

鄀

	 上鄀公敄人簋蓋　04183 唯鄀正二月  上鄀公敄人簋蓋　04183 上鄀公敄人	 鄀公敄人鐘 00059 鄀公敄人  鄀公平侯鼎 02771 唯鄀八月	 鄀公平侯鼎 02771 鄀公平侯  鄀公平侯鼎 02772 唯鄀八月	 鄀公平侯鼎 02772 鄀公平侯  鄀公簠蓋 04569 鄀公	 孟城瓶 09980 鄀□孟鹹  上鄀太子平侯匜　ms1252 上鄀
	 上鄀公簠g xs401 上鄀公	 上鄀府簠 04613.1 上鄀府  上鄀府簠 04613.2 上鄀府			
  吳王壽夢之子劍　xs1407 初命伐郙(麻)					
吳	CE				

	郤	𨛜	郲		鄍
 都于子瓶簠 04542 都于子瓶  都于子瓶簠 04543 都于子瓶			 郲季寬車匜 10234 郲季寬車  郲季寬車盤 10109 郲季寬車	 郲子宿車盆 10337 郲子宿車	 鄍公鼎 02714 鄍公  鄍公簋 04016 鄍公
	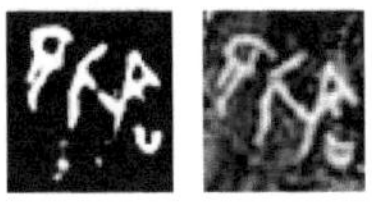 郤郭公子戈 xs1129 郤郭公子				
		 奇字鐘 mt15176 □立建城𨛜古			
CE	D	越	黄		CE

	郹	鄝		蒣	⿰幸阝
 ⿰冎阝公簋 04017.1 ⿰冎阝公  ⿰冎阝公簋 04017.2 ⿰冎阝公				 蒣仲盬鑪 mt14087 蒣仲盬	
			 鄝戈 10907 鄝戈		
	 伯怡父鼎 eb312 郹凡伯怡父  伯怡父鼎 eb313 郹凡伯怡父	 南君旟鄝戈 xs1180 南君旟鄝  南君旟鄝戈 mt17052 南君旟鄝			 ⿰幸阝戈 ms1321 ⿰幸阝
CE		楚		AB	

郭	𨜒	郘	𨛭		鄺
  郭伯貝懋盤 mx0941 郭伯貝懋					 鄺大嗣攻鬲 00678 鄺大司攻(工)
			 𨛭伯受簠 04599.1 𨛭(養)伯  𨛭伯受簠 04599.2 𨛭(養)伯	 𨛭子白鐸 xs393 𨛭子	
	 荆公孫敦 04642 𨜒(荆)公孫  荆公孫敦 mt06070 𨜒(荆)公孫	 冉鉦鋮 00428 余以伐郘	 𨛭戈 11027 𨛭之寶戈		
CE	D	吴	CE		

鄫 鄭 鄁

鄫	鄭	鄁			
		 宗婦鄁嫛鼎 02683 鄁嫛  宗婦鄁嫛鼎 02684 鄁嫛	 宗婦鄁嫛鼎 02685 鄁嫛  宗婦鄁嫛鼎 02686 鄁嫛	 宗婦鄁嫛鼎 02687 鄁嫛  宗婦鄁嫛鼎 02688 鄁嫛	 宗婦鄁嫛鼎 02689 鄁嫛  宗婦鄁嫛段蓋 04076 鄁嫛
 曾子原彝簠 04573 孟姬鄫					
	 楚子湼鄭敦 04637 楚子迈鄭				
曾	楚	BC			

 宗婦鄁嬰𣪘 04077 鄁嬰	 宗婦鄁嬰𣪘 04079 鄁嬰	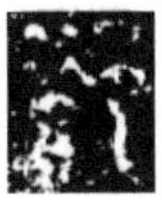 宗婦鄁嬰𣪘 04083 鄁嬰	 宗婦鄁嬰𣪘 04085 鄁嬰	 宗婦鄁嬰𣪘 04086.2 鄁嬰	 宗婦鄁嬰壺 09698.2 鄁嬰
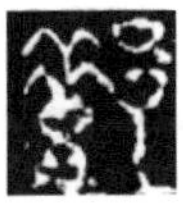 宗婦鄁嬰𣪘 04078 鄁嬰	 宗婦鄁嬰𣪘 04081 鄁嬰	 宗婦鄁嬰𣪘 04084 鄁嬰	 宗婦鄁嬰𣪘 04086.1 鄁嬰	 宗婦鄁嬰𣪘 04087 鄁嬰	 宗婦鄁嬰壺 09699.1 鄁嬰

BC

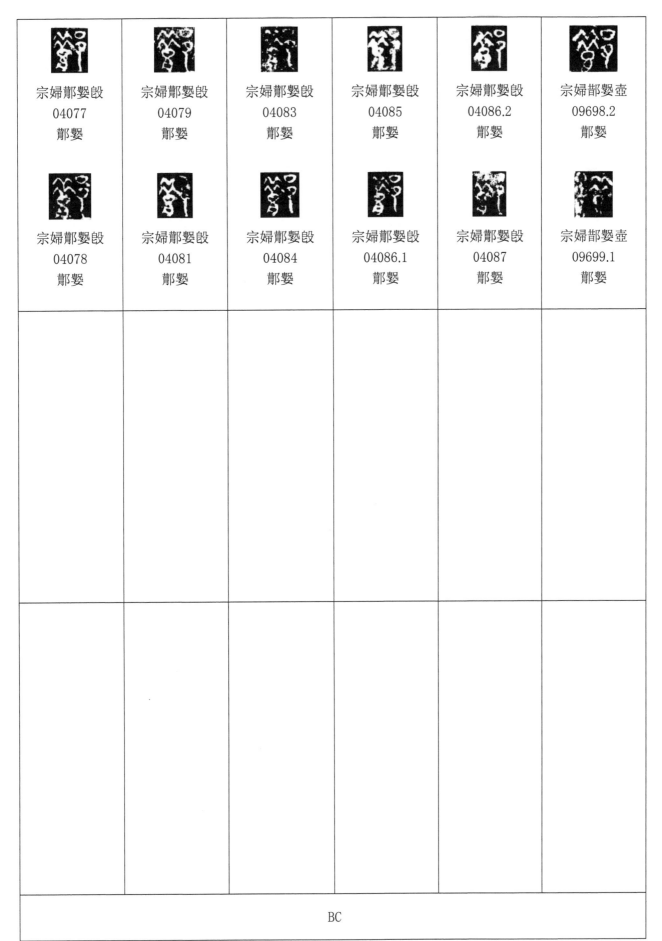

 宗婦鄁嫛盤 10152 鄁嫛	 宗婦鄁嫛鼎 02685 鄁國	 宗婦鄁嫛鼎 02687 鄁國	 宗婦鄁嫛鼎 02689 鄁國	 宗婦鄁嫛𣪘 04077 鄁國	 宗婦鄁嫛𣪘 04079 鄁國
 宗婦鄁嫛鼎 02684 鄁國	 宗婦鄁嫛鼎 02686 鄁國	 宗婦鄁嫛鼎 02688 鄁國	 宗婦鄁嫛𣪘蓋 04076 鄁國	 宗婦鄁嫛𣪘 04078 鄁國	 宗婦鄁嫛𣪘 04080 鄁國

BC

 宗婦鄁嬰𣪘 04081 鄁國  宗婦鄁嬰𣪘 04082 鄁國	 宗婦鄁嬰𣪘 04084 鄁國  宗婦鄁嬰𣪘 04085 鄁國	 宗婦鄁嬰𣪘 04086.1 鄁國  宗婦鄁嬰𣪘 04086.2 鄁國	 宗婦鄁嬰𣪘 04087 鄁國  宗婦鄁嬰壺 09698.2 鄁國	 宗婦鄁嬰壺 09699.1 鄁國  宗婦鄁嬰壺 09699.2 鄁國	 宗婦鄁嬰盤 10152 鄁國

BC

⿰塞阝	⿰緐阝	⿰罜阝	⿰尚阝	⿰蔡阝	
	 曾伯霥簠 04631 ⿰緐阝(繁)陽  曾伯霥簠 04632 ⿰緐阝(繁)陽		 鄧子伯鼎甲 jk2022.3 ⿰尚阝伯  鄧子伯鼎乙 jk2022.3 ⿰尚阝伯		
				 曾公畭鎛鐘 jk2020.1 藩郗(蔡)南門  曾公畭甬鐘 A jk2020.1 藩郗(蔡)南門	 曾公畭甬鐘 B jk2020.1 藩郗(蔡)南門
 塞之王戟 xs1867 ⿰塞阝之王戟		 ⿰罜阝子誎臣戈 11253 ⿰罜阝子誎臣			
CE	曾		鄧	曾	

		鄡		𨟻	䣜
 蔡侯産戈 11143 郗(蔡)侯	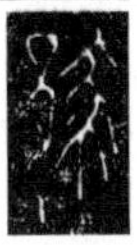 王孫霧簠 04501 郗(蔡)姬	 鄡子㙯簠 04545 鄡(邊)子  鄡子眞㙯鼎g 02498 鄡(邊)子	 鄡子眞㙯鼎q 02498 鄡(邊)子	 篖太史申鼎 02732 𨟻(郗)审之孫	 䣜戈 10897 䣜戈  䣜戈 10896 䣜戈
蔡	楚	邊		莒	D

	鄻	隓			⿰⿱𥫗畐阝
	 叔夷鎛 00285.3 余命汝司以鄻(萊)		 楚王鼎g mt02318 隓(隋)仲芈加  楚王鼎q mt02318 隓(隋)仲芈加	 楚王鼎 mx0210 隓(隋)仲芈加  楚王媵嬭加缶 kg2020.7 隨仲嬭加	 庚壺 09733.1B 入⿰⿱𥫗畐阝((莒)從河
 鄘戈 xs1025 鄘戈  鄘左庫戈 11022 鄘左庫戈		 隨大司馬戈 mx1215 隓(隨)大司馬			
D	齊	曾	楚		齊

 酅公戈 xs1033 酅(莒)公					
 酅侯少子簋 04152 酅(莒)侯  酅平壺 xs1088 酅(莒)太叔					
莒					